学思平治

名家谈
中华民族现代文明

王　蒙　朱永新　谢春涛　王伟光　叶小文　等　著

长安街读书会　张斗伟　主编

人民出版社

责任编辑：陈光耀　祝曾姿

装帧设计：汪　莹

图书在版编目（CIP）数据

学思平治：名家谈中华民族现代文明／王蒙等 著；长安街读书会，
　张斗伟 主编 . — 北京：人民出版社，2023.12（2024.3 重印）
ISBN 978－7－01－026145－4

I.①学…　II.①王…②长…③张…　III.①中华文化－文化发展－研究
IV.① G12

中国国家版本馆 CIP 数据核字（2023）第 224599 号

学 思 平 治
XUE SI PING ZHI
——名家谈中华民族现代文明

王　蒙　朱永新　谢春涛　王伟光　叶小文　等　著

长安街读书会　张斗伟　主编

人民出版社 出版发行

（100706　北京市东城区隆福寺街 99 号）

中煤（北京）印务有限公司印刷　新华书店经销

2023 年 12 月第 1 版　2024 年 3 月北京第 2 次印刷
开本：710 毫米 ×1000 毫米 1/16　印张：24
字数：272 千字

ISBN 978－7－01－026145－4　定价：75.00 元

邮购地址 100706　北京市东城区隆福寺街 99 号
人民东方图书销售中心　电话（010）65250042　65289539

目　录

第一编　文明起源

第二编　文明特性

第三编　文明互鉴

第四编 文明发展

第一编

文明起源

中国文化的特色与生命力

王　蒙

　　在党的十九大上，习近平总书记特别提出了什么是中国特色社会主义文化，指出"中国特色社会主义文化，源自于中华民族五千多年文明历史所孕育的中华优秀传统文化"。就是说，我们强调中华文化以丰富我们的精神资源，挖掘我们的历史传统，强化我们的文化自信。"熔铸于党领导人民在革命、建设、改革中创造的革命文化和社会主义先进文化"，"熔铸于"就是说传统文化已经进行了创造性转化和创新性发展，已经在革命、建设、改革当中得到了熔铸，形成了一套中国向前发展的、走向现代化的，而且是有中国特色的社会主义文化。"植根于中国特色社会主义伟大实践"，是说我们不管用多么大的热情宣传传统文化，不是回到汉代，不是回到清朝，也不是要回到民国，而是要建设自己的中国特色社会主义。我从一开始就非常反感一到9月份有些学校开学的时候穿的那种稀奇古怪的服装，而且捂得一身汗，甚至还要求背《三字经》、背《弟子规》，包括一些企业吸收工人时也要先背《弟子规》，如果都按《弟子规》的规矩办事，恐怕咱们工人的福利也许会出现问题。我们学传统文化不是要复古，而是要建设中国特色社会主义。

　　很早我就听赵启正先生说过，他有次带一个高级学者代表团在国外访问，到了一个国家，那个国家的人问道：你们到处讲中华文化博大精深，能不能稍微给我们讲几句怎么博大精深法？启正同志对同行一个学问最高的同志说，你讲一下。这个教授表示：没法讲，博大精深你能有法讲吗？又博大又精深，讲的话就得讲半年，开门课都可以。然而我说，怎么博大精深就没法讲了呢？我就觉得咱们得想办法让中华文化有法讲，讲得不太准确不太对可以，只要不断改进充实。所以我试一下，确有老虎吃天无从下口之感。有不成熟的地方或者硬伤的地方希望大家提出来，帮助我改正。

（一）中华文化的"三性"

我认为中华文化有三种特性。

第一是积极性。自强不息、厚德载物，你或许不能解释清楚生命的来源、归宿与终极意义，但是你必须积极地履行你的道德义务，知其不可而为之，这是积极性。

第二是此岸性。但不完全是按佛学的观点来讲，而是说此生此世当下就是此岸。孔子的说法是："未知生，焉知死"，"子不语怪力乱神"；荀子的说法是："圣人为不求知天"。不要求知天，但就在讲天道的一段里，荀子紧接着又说，想要了解天机、天意是不可能的，但是要尊重天的规律、天道、天理，这是可能的。人要敬畏"天"、服从"天"、顺着"天"来做事。就是说，要在这种不知道到底怎么回事、什么情况之下，还得好好地做好自己的事情。儒家讲"修齐治平"，道家讲无为而无不为，比如老子所谓"圣人无常心，以百姓之心为心"，其实也是讲另一种"修齐治平"。

第三是经世致用性，跟前面说的两个都有关系。有一个很有趣的现象，就是德国哲学家黑格尔瞧不起孔子，黑格尔曾说读了《论语》（当然是译本）后，觉得还不如不读。不读的话他本来非常尊重这位东方的大圣人，读了以后却觉得都是一些常识性的问题，他甚至指出孔子缺少抽象思维的能力。相反，黑格尔非常佩服和喜欢老子，尤其喜欢他"知白守黑"的绝妙提法。然而法国哲学家伏尔泰却对孔子赞许有加。这个原因很简单，黑格尔是专家，是大学者，孔子不是专家，不是学者，孔子还嘲笑自己说：自己种地不如老农，种菜不如老圃，一定要问特长，我只能答是赶车。孔子要做的不是专家，不是学者，是圣人。圣人是什么？挽狂澜于既倒，在一个礼崩乐坏的时期，把这个社会能再整理到"克己复礼""天下归仁"。他的人品、他的言行举止都成为社会的榜样，都能改变社会风气，优化社会风气，使正在堕落的社会恢复到像西周一样"郁郁乎文哉"的时代。孔子还主张"君子不器"，他看不起那种只会一两样绝活的人，他倡导的是整套"修齐治平"之道，是要建立大同社会。伏尔泰与黑格尔不同，他觉得孔子太了不起了，"己所不欲，勿施于人"，把世界上复杂的问题用简单的道理讲清楚，而且既没提圣母玛丽亚，也没提耶稣基督。这是因为伏尔泰是启蒙主义者，他所碰到的论述者都是用《圣经》来解释，要用另外一个世界的神来解释。

（二）中华文化的"三尚"

中华文化还有"三尚"。

第一点是"尚德"。这一点大家都明白，传统文化认为德是权力合法性的依据，"为政以德，譬如北辰。居其所而众星共之。"现在的提法也是以德为先。

我现在感兴趣的是第二点"尚一"。因为"一"代表天道，"一"代表太平，"一"代表幸福。孔子的说法就是"吾道一以贯之"。孟子的说法是"天下定于一"。老子的说法是"天得一以清，地得一以宁，神得一以灵，谷得一以盈，万物得一以生，侯王得一以为天下正"。同时我们对"一"的解释是非常复杂的。"一"是什么？"一"就是"多"的总和，用郭沫若的诗就是"一切的一，一的一切"。当然有更古老的考证，说"一切"来自《华严经》，并不是郭沫若的发明，中文这个"一切"也是很有意思的："一"是统一，"切"是许多的部分，既是"一"，又是"多"。天子的权力是"一"，但是得民心者得天下，民心是"多"，所以天子既是"一"，又是"多"，而这个"一"又是天道。"一"在中国有非常特殊的说法，首先是"天人合一"。有人说"天人合一"证明了中国早就关注环境，但那个时代环境问题并不突出。在"天人合一"中，体现了中国文化是一种循环论证——人性是美好的，人性是天生的，人性就是天性，天性集中起来再升华一下就是天道，那么天又是一个大的存在，天既是一个大的存在，又是一个道，而且"道法自然"，这里的"自然"跟我们讲的大自然意思并不一样，这里的自然不是主语也不是宾语，而是一个状语。什么叫"自然"呢？就是自己存在、自己运作、自己发展，这正是当今唯物主义的主旨。同时天又是高大上的概念综合。某种意义上，不管老百姓也好，圣人也好，实际上是把天看成上帝的，"苍穹"在汉英辞典里就翻译为 god，就是天国。比如说颜子死了，孔子就说"天丧予"。这里的天就是指上帝，天不仅是指自然界的天。

　　我对《道德经》做过一个统计，就是"天"字用得比"道"字多得多。这里的"天"是一个终极概念、神性概念，但是它和人合一，因为人性虽然有不同的说法，基本上是善良的。老子也认为人性是善良的，所以他才问：你能回到婴儿时代的单纯、美好、善良吗？我还看到一位老师分析：为什么马克思主义中国人容易接受？因为马克思主张性善论，西方的许多法制的设计则是出自于性恶的预计。虽然他们没有像中国人这么明确地来谈，但是马克思、恩格斯认为：人的自私是私有财产所造成的，如果没有私有财产，人就不会自私。他们所希望的就是能够达到国家消灭、政党消灭、阶级消灭、警察消灭、军队消灭、法庭消灭，实际上达到了无为而治的最高理想。

以孔子为代表的论述：人性是善良的，是天生的，没有在家里不爱自己的双亲的人，这就是孝；没有不爱自己的兄弟姊妹的人，这就是悌；既然在家里孝悌，你出门就爱你的长上，爱你的君王，爱天子，你就不会犯上作乱，所以你就是有了忠、有了信，然后各种美德就越发展越多。这就是用人性来证明天道，用天道来指导政治。用天道来规范德行，就是道德。当然古时"德"的意思跟我们现在说的道德不完全一样，德很多时候指功能性的东西，规律性的东西是道。它又能用来证明这个世界的美好。孔子说，"天何言哉？四时行焉，万物生焉"。庄子说，"天地有大美而不言"，这样就肯定了物质的存在、自然的存在，然后又用道德来证明权力的合法性、权力的崇高性。儒家在谈到理想的政治的时候，总要以周文王为例。因为周在开始的时候封地很小，方圆才100多里，但由于文王道德高尚，所做的一切都符合天道、符合人道、符合神道，也符合自然之道，当时叫作天下，他就把全天下老百姓的心都凝聚起来了。用姚雪垠《李自成》里的说法：民心就是天心。

所以中国的这种"一"的观念，既是一，又是混杂的，又是什么都掺和到一块的，一中有多，多中有一，天人合一，天、神、人、道、政合一。还有一个观念是"知行合一"，既然以人心、人的道德为圭臬，既然心好了就什么事都好了，所以孔子说："道之以政，齐之以刑，民免而无耻。"就是说一个人如果没有人格的尊严，只能用一些行政上的刑罚手段管着他；"道之以德，齐之以礼，有耻且格"，则是说人要有尊严，而且有了格调，才能够提高。

中国文化中还有很多说法，外国人都不容易理解，比如我们说"不为良相，便为良医"。这个说法非常可爱，因为都要治病救人，都要同情别人的甘苦，都要施以援手。智愚也是可以统一的，《论语》里面多次出现这个话，就是该傻的时候要傻，该聪明的时候要聪明。"宁武子，邦有道则知，邦无道则愚。其知也可及，其愚也不可及。"

第三点是"尚化"。中华文化的"尚化"，早在庄子的时候就提出来了，叫作"与时俱化"。"穷则变，变则通，通则久"，"见贤思齐，见不贤而内自省"等均体现了"与时俱化"，学习与包容的"尚化"思想。

（三）中华文化的"三道"

首先是君子之道。君子之道包括君子的一切，包括他的主张、行为和社会活动记录，也包括了他的言谈、话语、举止，包括了他的容色、面部表情。孔子要求到这一步，光尽赡养父母的责任还不叫孝，因为养一个动物也是养着，问题是容易"色难"，做到态度好并不容易。你觉着双亲老了，糊里糊涂，你的工作又多，于是开始烦他们，把钱往桌子上一扔，这个不叫孝。君子之道涵盖各个方面，要把君子之道分析得更加清晰。比如说"君子坦荡荡，小人长戚戚"。荀子谈到社会生活的时候比孔子还接地气，他形容君子既可以成功，也可以失败，小人成功不起，也失败不起，说得非常有趣。孟子也讲了关于孔子的一个故事，《论语》上并没有记载，我看了以后拍案叫绝。旁人问孟子：你整天说孔子多么伟大，孔子在鲁国做了几年大官，最后在主持一个祭祀时，竟然因为祭祀活动送来的熟肉不合乎标准而大怒,连主持祭祀的礼帽也没摘就辞职走了。孟子答道:你们懂什么?孔子为官是到处游历,来寻找实践自己政见的机会。其中,他受到最高礼遇之地是鲁国,但是快三年了,虽然鲁君对他态度一直很好,但是关于仁政、王道的思想却始终实现不了。孔子想辞职,但是又不希望酿成事件,不想有不良的影响,他还要在各地巡游寻找更好实现理想的机会,所以他必须和君王继续保持美好的关系,何况鲁君本来对他那么好,所以他要找个借口,这次肉不好就成了一个很好的借口。他宁愿让天下人说孔子这人急性子,但对鲁国没有什么影响。孔子对鲁国没有什么不满,这是符合君子之道的。所以孟子的分析算一绝。

第二是中庸之道。这一点孔子讲得很重,君子中庸,小人反中庸。中庸是什么意思呢?有一种说法,中不是指正中间的意思,"中"念四声,是准确的意思。庸也不是平庸,而是正常。中庸就是既准确又正常:不要不足,也不要过犹不及,这个在中国非常重要。西方的政治学讲究多元制衡,但中国作为一个大国有自己的国情,我们想实行权力分割、互相制约非发生内战不可,因此需要注意的是:中国不是靠制衡,而是靠中庸。三十年河东,三十年河西。在时间的纵轴上经常发生一种平衡和再平衡,在这种情况下讲中庸之道是有道理的。

1957 年在中国作协,我被邀请参加了批判丁玲、陈企霞的会议,连续开了好多次会议,我也受了教育。丁玲同志发言的时候提到:看一个人要看几十年,我当时听了吓一跳,因为当时我才 23 岁,要看几十年的话,那我还不能算人呢。我想,你"河东"时表现挺好,你"河西"时我再等你两年表现还好,这个人可用。如果河西的时候马上换了一副相貌,对不起我不用你。所以要看几十年,这也是中庸之道。

第三是韬晦坚韧之道。这个在其他国家的文化里是没有的,而在我们的神话里面就很丰富，如精卫填海、刑天舞干戚、愚公移山等等。还有豫让刺赵襄子的故事。豫让为了给恩主报仇，需要改变自己的容貌，所以浑身涂了油漆，然后还吞了炭来改变自己的嗓音，这都是不可想象的。还有越王勾践和赵氏孤儿的故事，中国自古就有这么一种看法，一个人要想干成点事就得受不可思议之苦，要在别人都认为不可能成功的时候，还能坚持下来。例如红军长征，就体现了这种苦斗精神。这种坚韧性、韬晦、以退为进，中国有很多这样的词汇，比如"忍辱负重"，想想这四个字有时候我的眼泪都能掉下来。

虽然刚才说了这么多有特色的地方，但是第一，它并不是奇葩，仍然和全世界的很多文化可以相通，比如"一就是一切，一切就是一"。我原来认为这是非常中国式的说法，但是 2016 年有一次我在旧金山渔人码头吃饭，回来的路上看见一个很大的商店，名字就叫"One is All"。我心想：美国人也懂这个？上网一查，有两个解释，一个说这是一个餐馆，这里什么饭菜都有；还有一个解释是这是家一元店，卖各种处理品，交一美元拿一样东西就走，所以也叫"一就是一切"。

第二，中国文化有它的有效性，有特别吸引人的地方。这一点我也说不清楚到底为什么，但起码有一条，就是中国的语言和文字是非常独特的，其信息的综合性和"尚一"有关系，一个字里面把什么意思都包括了，既有声音又有逻辑，既有形象又有结构。中国文化是一种有效的文化，又是一种能够自我调节的文化，一种随时能够改进的文化。为什么？比如孔子这句话我们一听就觉得了不起："见贤思齐焉，见不贤而内自省也。"见不贤而自省，那么联系一下，你有没有这样的问题？这是中国文化很了不起的地方。中国早就有些大人物，希望我们的文化能够不断地往前推进。中国文化推崇经世致用的人才，李白诗歌中讲道，"鲁叟谈五经，白发死章句。问以经济策，茫如坠烟雾。"他认为鲁国那些腐儒，实际上解决不了问题。李贺也是为艺术而艺术的人，但是连李贺的诗里头也写道："寻章摘句老雕虫，晓月当帘挂玉弓。不见年年辽海上，文章何处哭秋风。"后来的思想家朱熹、王阳明、王夫之等，也有这样一面。所以在中国，早就有对自身文化进行挑剔、期望它有所变化的思想。这和现在提出的"创造性转化、创新性发展"是一致的。

第三，我顺便谈一个观点，就是五四运动激活了中华文化、挽救了中华文化，五四运动使中华文化能够开始寻找自己的走向现代化的道路，绝不是说颂扬我们优秀的传统文化就等于否认五四运动。最近由于疫情的考验，习近平总书记在抗击新冠肺炎疫情的表彰大会上强调，这是中国文化和中国精神的胜利，特别提到了：生命至上、举国同心、舍生忘死、尊重科学、命运与共。习近平总书记还讲到了，千百年来，中国人民就以生命力的顽强、凝聚力的深厚、忍耐力的坚韧、创造力的巨大而闻名于世，我们都为自己是中国人感到骄傲和自豪！

【作者系"人民艺术家"国家荣誉称号获得者，中共第十二、十三届中央委员，第八、九、十届全国政协常委，原文化部部长，中国作家协会名誉副主席，著名作家】

古老优雅的汉语是我们五千年文明
最美丽的组成部分

卢新宁

最近，一则关于汉语的消息让人百感交集。

上海举行的一项翻译大赛爆出冷门：由于缺乏最好的译文，大赛不仅一等奖空缺，还将二等奖颁给了一位土生土长的新加坡人，其原因不仅在于他突出的英文水平，更在于他"流畅、优美的中文表达"。相形之下，国内选手提交的相当多的作品言不达意，其中用词不精当、标点符号误用等小错误"更比比皆是"。

这则消息让人隐约看到汉语的处境。

身为一个中国人，让我们能时时牢记自己身份的，除了身体发肤之外，就该是我们的母语了。在无数中国人心里，古老优雅的汉语是我们五千年文明最美丽的组成部分，也是我们之所以成为我们的文化标记。

横平竖直的方块字将我们民族胸中的丘壑山水，化为不尽的纸上烟云。音分四声，律有平仄，构成了汉语诗文一唱三叹、回环往复的音韵之美。千百年来，隽永有致的汉语承载着我们民族独特的思维，我们依靠它倾诉，运用它思想，通过它记载，凭借它穿越五千年历史文化隧道。

然而，在我们的生活中，汉语正面临着危机。一方面，在"全民学英语"的热潮中，以在校学生为主的庞大"外语族"的中文书面表达能力严重退化。托福成绩考试的高分可以一再打破，但即使是在高学历的青年中，也出现了中文水平滑落、日常语言单调的现象。

应当承认，在经济全球化的背景下，外语教学十分重要。但这并不意味着我们可以放弃母语、消解母语；不意味着我们可以将汉语视为不学自能的天赋。诗人余光中说得好：英文充其量是我们了解世界的一种工具而已，汉语才是我们真正的根。事实证明，忽视母语修养所导致的结果是十分严重的。它不仅造成了书写语言的失范，生活用词的平庸乏味，也让母语中独特的文化意韵在我们生活中日渐消退。

我们的后辈可能不再会用"恻隐之心"，不懂"虽千万人吾往矣"，不知道"执子之手，与子偕老"，只会说"我看你可怜""老子跟你拼了""我要和你结婚"。试想，一个将列祖列宗写成"劣祖劣宗"的人，怎能理解中国文化的丰富内涵？一个不懂得"虽不能至，心向往之"的人，又怎能感受精神世界的宏大深远？在我们这个时代，该如何守护那曾经被庄子、屈原、李白、杜甫骄傲地向世界展示过的、绵延着几千年文化命脉、最切近我们心灵的母语？

发人深思的是，当汉语在故乡受到冷落时，全球"汉语热"却在持续升温。目前，世界上有100多个国家的2300余所大学开设汉语课程，学习汉语的外国人达3000万，汉语成为学习人数增长最快的外语。

"语词破碎处，万物不复存"。纵然"汉语热"热遍全球，纵然我们的后代都能说一口标准的英语，但在汉语的故乡，在我们每一个中国人身边，倘若"汉语危机"的呼声一直不断，我们又怎能尽展欢颜？

仅仅存于典籍之间的希腊文、拉丁文基本上死了，但汉语却一直活着，在一代代中国人的生活中血脉相延。它引领我们这个五千年古国一路风霜走到如今，它会在我们这一代人手中向何处去？

汉语，请别让我为你哭泣！

【作者系中央人民政府驻香港特别行政区联络办公室副主任，本文首发于《人民日报》海外版 2005 年 1 月 28 日】

中华文明探源工程

——揭示中华文明起源、形成、发展的历史脉络

王　巍

中华文明探源工程的缘起

中国古代史籍把黄帝和炎帝时期作为中华文明的肇始，但古代文献中关于炎黄时代的记述有不少带有神话色彩，属于古史传说，并不能作为信史。直到 20 世纪末，国内和国际学术界都有一些人对中华民族拥有 5000 多年文明史持怀疑甚至否定态度。中国史学界很多人认为中华文明开始于中国历史上的第一个王朝——夏朝，而部分国外学者和个别国内学者怀疑甚至否定夏朝是真正存在过的王朝，认为古代中国进入文明社会的时代只能从符合"文明三要素"（冶金术、文字、城市）并为甲骨文所证明的商朝后期开始算起。

要想消除社会上和学术界存在的疑问，搞清中华文明起源、形成的历史，实证中华民族 5000 多年文明史，非常重要的就是要依靠考古发掘获得的新资料来研究和证实中华文明起源、形成与早期发展的过程。因此，"夏商周断代工程"告一段落后，参加工程的学者们建议，继续"夏商周断代工程"开启的多学科结合研究人文科学重大问题的机制，开展中华文明起源、形成、发展历史脉络的研究。2001年底，"中华文明起源和早期发展综合研究"立项。

中华文明探源工程的实施过程

中华文明探源工程的宗旨是：多学科、多角度、多层次、全方位地研究中华文明的起源、形成与早期发展的过程，并探索形成这一过程的背景、原因、发展道路及其特点。多学科，就是各个学科的有机结合；多角度，就是要从环境、生产力发展状况（包括农业和手工业）、精神生活、社会结构等多个角度来研究文明起源；多层次，就是不仅要研究都邑遗址和贵族的状况，还要研究位于都邑附近的中小型聚落和社会中下层人们的生活；全方位，就是要研究当时的政治、经济、文化、社会等的发展变化及其相互之间的关系。迄今为止，中华文明探源工程分为预备性研究和第一、二、三、四、五阶段。

中华文明探源工程预备性研究（2001—2003 年）。由于这一项目涉及的时间和空间范围广，参与的单位和学科多，研究的内容复杂，项目的组织和实施难度较大，因此首先于 2001—2003 年进行了"中华文明探源工程预备性研究"。预备性研究设置了"历史文献与古史传说研究""天文考古学研究""史前符号汇集及其与文字关系研究""关键遗址的测年技术研究""冶金术研究""文明形成时期的资源与贸易研究""文明形成时期的经济状况研究""文明形成时期聚落与社会研究""环境变迁与文明演进关系研究"等 9 个课题。经过研究，各个课题获得了不同程度的进展。预备性研究最大的收获是，初步摸索出一套多学科结合研究中华文明起源和早期发展的技术路线和实施方案，为正式开展中华文明探源工程奠定了坚实基础。

中华文明探源工程第一阶段（2004—2005 年）。这一阶段开展"公元前 2500 年—公元前 1500 年中原地区文明形态研究"。这一时间段是龙山时代晚期到商朝初年。主要探讨中原地区这一时期的环境背景和经济技术发展状况及其在文明形成过程中的作用、各个都邑性遗址的年代、中原地区文明形成期的聚落形态所反映的社会结构、中原地区早期文明形态等问题。之所以从中原地区入手，是因为该地区考古学文化谱系已经建立，又有较多历史文献和古史传说作为参考，比较容易推动相关研究。

中华文明探源工程第二阶段（2006—2008年）。在第一阶段的基础上，把研究的时间范围扩展到公元前3500年—公元前1500年，空间范围从黄河中游扩展至黄河上、中、下游，长江中、下游和辽河流域等地，主要研究该时间段中各个地区都邑和区域中心性遗址及其所属考古学文化的年代、环境变化、经济技术发展状况和社会结构变化。

中华文明探源工程第三阶段（2009—2012年）。在前一阶段的基础上继续深化研究，研究的时间范围依然是公元前3500年—公元前1500年，重点研究课题包括黄河、长江及西辽河流域考古学文化年代谱系的完善和各地文明化进程中重大事件的年代学研究，各地区环境变化与文明演进的关系研究，各地区技术和生业的发展以及铜、玉、盐等重要资源与文明形成的关系研究，都邑性聚落和各个区域中心性聚落反映的社会结构研究，文明形成过程中精神文化的发展状况研究，中华文明形成和早期发展的整体性研究。

中华文明探源工程第四阶段（2013—2018年）。这一阶段的工作主要是对第三阶段设置的年代、环境、生业、都邑和聚落反映的社会结构以及整合研究等几大课题继续开展研究，在此基础上形成第四阶段结项报告。

中华文明探源工程第五阶段（2020—2024年）。这一阶段仍然延续探源工程前四阶段的方针和技术路线，将近几年新发现的距今

5500 年到 3500 年的重要遗址纳入工程中，并加强了理论阐释方面的力度。

中华文明探源工程的意义

中华文明探源工程以辩证唯物主义和历史唯物主义为指导，经过考古发掘和多学科结合研究，以坚实的考古材料和综合研究成果证明，中华民族 5000 多年文明史是真实可信的历史。这一结论性认识对于我们了解中华文明的悠久历史、增强历史自信和文化自信、推动实现中华民族伟大复兴具有深远意义。

第一，通过对浙江良渚、湖北石家河、山西陶寺、陕西石峁、河南二里头等都邑性遗址开展的大规模考古调查和发掘，对各个地区的中心性遗址（如河南双槐树和西坡、山东焦家、辽宁牛河梁、安徽凌家滩、湖北石家河、四川宝墩等）的考古工作，获得了一系列重要考古发现，证明距今 5300 年到 4000 年期间，各地区的文明化进程都有了很大发展。在农业和手工业生产发展的基础上，社会分工和贫富贵贱的分化加剧，出现了掌握军事指挥权与祭神权力、凌驾于社会之上的统治者——王和为其统治服务的官僚阶层，形成了较为稳定的、具有向心力的区域性政体——国家，相继进入了初期文明社会。

第二，通过多学科研究，对黄河、长江、辽河流域各个地区都邑和中心性遗址的年代，自然环境的变化与各地区文明兴衰的关系，各地区文明形成时期农业和手工业的发展、重要资源的获取及其与各地区文明演进的关系有了较为全面的了解。研究结果表明，文明的起源、形成、发展是一个过程，是适宜的自然环境、农业和手工业的发展、精神领域的进步、社会组织结构的变化、不同文化之间的交流互动等多种因素共同作用的结果。

第三，通过多学科研究，对各地区文明之间交流互动、汇聚融合，最终形成以中原地区为中心的历史格局的过程有了比较清晰的认识，对各地区文明在中华文明形成过程中发挥的作用有了比较清晰的认识。中华大地各个区域之间早在距今七八千年前就发生了交流，稻作和粟作农业技术由此得以在各地传播，为各地文明发展奠定了经济基础。各地人们在相互交流中逐渐形成共同的信仰。在此过程中，中原地区汇聚了各地先进的文化因素，形成了中华文明多元一体格局深刻的思想基础，为统一多民族国家的形成和发展奠定了坚实思想基础。

第四，大量考古发现表明，中华文明是土生土长的，是在自身基础上起源、形成的，但并不是封闭的。在漫长的形成和发展过程中，中华文明与其他文明之间发生过各种各样的交流。大约距今 5000 年前，黄河上游地区就接受了起源于西亚地区古文明的制作铜器、栽培小麦、饲养黄牛和绵羊等新的技术。与此同时，起源于史前时期中国的稻、粟、黍的栽培技术也向西亚和其他地区传播。特别需要指出的是，中华文明在接受了西亚地区传来的冶金术后，对其加以消化吸收，大约在距今 4300 年前的黄河中游地区发明了泥范铸造铜铃乃至青铜容器的技术。到了夏、商朝，青铜容器制作工艺技术得到突飞猛进的发展，形成了在世界上首屈一指的青铜文明。

第五，最为重要的是，在中华文明探源工程实施过程中，我们坚持以辩证唯物主义和历史唯物主义为指导，坚持马克思主义关于"国家是文明社会的概括"的国家观，以国家的出现作为判断一个社会进入文明社会的根本标志，突破了判断进入文明社会"三要素"的桎梏。我们提出的进入文明社会的标志包括：生产发展、人口增加，出现城市；社会分工和社会分化，出现阶级；权力不断强化，出现王权和国家。我们还从中国各地有关文明起源的一系列考古发现中，总结出在没有发现当时文字资料的情况下如何从考古发现中判断一个社会进入文明阶段的关键特征，即出现了作为政治经济文化中心的都城、规模巨大且制作考究的宫殿或神庙、规模大且随葬品丰富的墓葬，形成了表明尊贵身份的礼器和礼制、宽大壕沟或高大城墙以及大量武器随葬反映出的战争频发。上述判断进入文明社会的中国方案为丰富世界文明起源研究理论作出了中国贡献。

中华文明探源工程使国人和全世界炎黄子孙得以了解中华文明起源、形成、发展的历史脉络，了解中华民族 5000 多年文明史是真实的历史。中华文明探源工程所揭示的中华文明丰富内涵、灿烂成就和对人类文明作出的重大贡献，极大地增强了中华民族的历史自信与文化自信，为实现中华民族伟大复兴提供源源不断的精神动力。

【作者系中国社会科学院学部委员、中国社会科学院历史学部主任、中华文明探源工程第一到第四阶段首席专家】

儒学在历史上对传承、发展中华文明发挥了主要的积极作用

陈　来

一个时期以来，习近平总书记就中华文化的价值和意义作了多次重要讲话，意义重大。习近平总书记的重要讲话受到广大群众和知识分子的衷心欢迎。但也应该看到，由于改革开放以前几十年对中国传统文化的全面批判、彻底决裂，影响了几代人的文化观念。特别是"文革"和"批林批孔"运动中流行的错误观念，至今仍影响着许多人，包括一部分高级干部和知识分子。

改革开放以来，党的路线作了重大的调整，我们强调以经济建设为中心、发展是硬道理，而在传统文化的问题上，却没有完全"拨乱反正"，以致不少在思想、宣传、文化领域工作的高级干部和学者对传统文化的认识还停留在"文革"时代的水平。而在这些错误认识中，受"文革"流行的"反儒""批儒"的观念影响最深，几年前有关国家博物馆前立孔子像所产生的议论乱象就是明显的表现。

如果说在传统文化的问题上当前要警惕什么，主要还是要警惕这些"文革"思维对贯彻习近平总书记重要讲话的阻碍。因此，贯彻习近平总书记的重要讲话精神，在思想上、认识上统一到习近平总书记的重要讲话精神上来，将不会是一个短期的过程，但我们坚定贯彻习近平总书记重要讲话精神的决心不能动摇。以下谈几点有关儒家文化的看法，供参考。

一、儒家思想与中国文化的关系

儒家是传承夏商周三代文明的主要学派。儒家所传承的以《五经》或者《六经》为核心的经典体系，不是一家一派的或某一个宗教的经典，而是一个文明的经典，即中华文明的经典。自汉代以来，儒家在治国理政、追求长治久安方面的基本观念被中国的历史所选择，受到普遍认同，绝不是偶然的，是以中国历史经验的总结为基础的，也显示出儒家的基本观念符合中华民族和中华文化两千多年来发展的需要。

儒家思想代表了中国人的核心价值观，这套核心价值观是跟中国人的历史文化处境和生存条件相符合的，它和中国人生存的历史环境、历史条件、生产方式、交往方式是弥合在一起的，因此符合当时中国社会的需要，成为中国文化的主体部分。中国社会长期以来是一个农业社会，而且是一个乡村宗法共同体的社会，是以家族为主要形式的生活共同体；中国又是一个大一统的中央集权国家，重视统一、秩序、凝聚和团结。儒家关于齐家治国平天下的理念适合于这些社会文化的需要。

儒家文化自古以来重视人的德性品格，重视德性的培养和人格的提升，历来高度推崇那些有精神追求的人、具有高尚道德品格的人士，孔子说"朝闻道，夕死可矣"，把对真理和道德的追求看得比生死更重要；孔子又说"杀身以成仁"，孟子说"舍生而取义"，都是认为道德信念的信守和道德理想的坚持不受物质条件所影响，在一定的条件下比生命还重要。儒家的这种思想在社会上造成了崇德尚义的气氛。在这种精神追求下，通过古代的精神文明规范体系"礼"，而形成了中华"礼义之邦"的社会面貌。

儒家适合中国社会的需求因而成为中国文化的主体部分。从先秦两汉开始儒学就不断地传承中华文明的经典，一直到 19 世纪后期，所以，儒家对中国文化的传承起了重要作用。如果我们从民族精神的角度来看，中华民族的民族精神可以说是由不同的兄弟民族的文化共同构建的；但如果从中华民族精神的主导方面看，我们不能不说儒家的文化和价值在塑造中华民族的民族精神方面起了不可替代的重要作用。

中华民族的数千年历史发展，必然有一伟大的力量寓于其中。这个力量是什么？就是我们的文化和我们的民族精神，它们是给了我们中华民族伟大生命力和凝聚力的内在的东西。其中最核心的就是中华文化中的一套价值观和民族精神。应当说，儒学是中国文化的主体部分。

儒学奠定了中国文化的核心价值与道德规范。儒学在历史上对传承、发展中华文明发挥了主要的积极作用；儒学在形成中华民族的生命力、凝聚力方面发挥了主要作用。儒学在塑造中华民族的民族精神方面起了不可替代的作用；这些已经成为学术界的基本共识。

儒家创始人孔子已经在相当程度上成为中华文明的精神标志。这是孔子在两千多年的中国历史上，以及近代一百多年的历史中，自然地获得了这样的地位。所以如何对待孔子，是一个涉及民族文化的具有根本性的问题。习近平总书记的曲阜讲话高瞻远瞩、立场鲜明，具有重大的现实意义。

二、儒家思想与现代文明的关系

应当肯定，近代以来的中国历史主题是现代化，单靠中国传统文化不可能完成这一现代化的任务，单靠中国传统文化也不能实现中华民族的伟大复兴。但这绝不等于说只有打倒中国传统文化才能现代化，才能实现民族复兴。中国传统文化虽然没有自发地引导中国走入现代化社会，但中国文化的传统不必然与模拟、学习现代的政治、经济制度相冲突，东亚各国在学习现代化中的成功就是证明。

如果从科学与民主来看，孔子本来非常重视好学博学，宋代以来的儒学特别强调格物致知，这些都为近代中国接引西方科学的输入奠定了基础。古代儒家的民本思想，虽然并未历史地发展为民主政治的设计，但在价值观上是可以通向民主的。中国近代以来的历史证明儒家思想与科学、民主没有冲突，是可以融合的。尤其是，战后东亚儒学文化圈内各国的经济起飞和中国经济 20 世纪 90 年代以后的高速发展，证明了后发现代化国家并不需要先经过文化的自我革命才能实现现代化，受儒家文化滋养的社会完全有能力在开放的空间实现现代化。

当然，儒学不是鼓吹革命的意识形态，儒学也不是启动改革的精神动源，但儒家文化所熏陶的人士也重视改革开放和现代化，近代以来的儒家士大夫如林则徐、魏源、曾国藩、左宗棠、张之洞、康有为、谭嗣同等都是主张开放改革的仁人志士，百年来追求救国救民、追求民族复兴的人往往都在其人生中践行了儒家倡导的精神价值。

更重要的是，儒学是探求"治国安邦""长治久安"的思想体系，这一特点使得儒学在现代化之中的中国社会重新显现出其长久的意义和价值。

如社会学家所指出的，现代文明内在地包含了价值理性和工具理性的紧张，现代文明的突出特色是工具理性的发展，市场经济和功利主义成为主导，价值理性则相形萎缩。因而与一切古代文化传统如基督教、佛教传统一样，儒家思想与市场化和功利主义的现代化文明是有冲突的。

在中国，现代的市场经济与商业化趋势，已经导致个人主义、功利主义、拜金主义、消费主义的大幅度扩张，而儒学的价值理性正可以适应现代社会对于道德规范与精神文明的要求，以改善社会的伦理生活与精神生活，而使现代化趋向文化上平衡、结构上合理、伦理上合宜的发展，为现代化工程确立适当的人文环境。所以儒学对现代化的作用主要不是工具意义上的助推，而是坚持倡导与现代化市场经济相补充、相制约的伦理价值和世界观。

因此，中国传统文化在当今的重要意义，除了确立民族文化根源和发展文化传承以外，主要不是为推动全球化、现代化的进程，而是在社会层面上，满足社会秩序、伦理、文化、心灵的需要，建设社会的精神文明；在政治层面上，探求以中国传统文化为基础来构建共同价值观、巩固国家的凝聚力，积极地运用中国文化的资源以重建和巩固政治合法性。社会转型需要一种与之前时代不同的意识形态。

在现代化市场经济发展的同时，社会道德秩序和个人安身立命的问题日益突出起来，市场经济在当代中国的发展带来了人与人关系的新的变化。与其他外来的文化、宗教相比，在稳定社会人心方面，传统文化提供的生活规范、德行价值及文化归属感，起着其他文化要素所不能替代的作用。

中国传统文化在"心灵的滋养、情感的慰藉、精神的提升，道德的指引"方面，为当代市场经济社会中的中国人提供了主要的精神资源，在引导心灵稳定、精神向上、行为向善、社会和谐等方面发挥了重要的积极作用。文化有其自己的价值领域，那种把文化问题总是联结到现代化、全球化的单一思维应当改变。

三、关于儒家文化的精华和糟粕

传统文化并不是包治百病的药方，传统文化并不能解决我们现实生活遇到的一切问题。传统文化只是我们的文化根基，在其基础上如何建构起适应人民需要的现代政治、经济、法律、文化体系，发展政治文明、持续经济增长、健全法制生活、繁荣文化发展，需要全社会的创造性的努力。同时也需要通过适时的引导，帮助人民分辨传统文化的精华与糟粕，分辨永久的价值和过时的东西，使传统文化的资源更能够结合时代的要求发挥其作用。

所谓中华文化的精华，就是传统文化中"跨越时空、超越国度、富有永恒魅力、具有当代价值"的文化成分，具体的内容在习近平总书记2014年9月在纪念孔子诞辰2565周年国际学术研讨会暨国际儒学联合会第五届会员大会开幕会上的讲话中已经表达为十五个方面，相当全面。

需要补充讨论的有两点：

第一是标准问题。区分精华和糟粕的标准，我们常说以科学的、民主的、大众的特征作为标准，其实这是片面的。中国传统的道德文化和道德美德、唐诗宋词的美学价值等，既不是科学，也不是民主，都不能在这种标准下被肯定，但它们都包含着超越时代、超越地域的文化精髓。

第二是糟粕问题。如果从当代社会生活的角度看古代文化，古代社会所讲的"三纲"即君为臣纲、父为子纲、夫为妻纲，已经属于过时的糟粕；古代制度中的尊卑之别，其中体现的长上与幼下的法律不平等是过时的糟粕；古代文化中以男性为中心而歧视妇女是过时的糟粕；古代道德中要求妇女严守贞洁的规条是过时的糟粕。

　　传统文化的精华要大力弘扬，以满足我们今天的社会文化需要，但是以上所说的糟粕，如"三纲"，在我们今天现实生活中早已经不存在而且没有什么影响，所以我们今天并不需要去强调传统文化的糟粕是什么，主要应该加强正面宣传，加强爱国主义和民族精神的教育，引导人民树立和坚持正确的历史观、道德观、国家观、文化观，增强文化自信和做中国人的骨气。

　　其实，应当注意，更多的情况是，近代以来儒家文化中一些受到争议的文化观念不能简单说成是糟粕，而多是属于价值偏好和文化偏重。儒家学说往往强调了某些方面，而不重视某些方面，从而引起了一些当代人的批评。如从当代文化的立场看，儒家强调群体高于个人是正确的，但忽视个人是缺点；儒家强调义务先于权利是对的，但忽视权利是缺点；儒家强调责任先于自由是对的，但忽视自由是缺点；儒家强调道德教化是对的，但忽视法治是缺点；等等。

　　其实，古今中外每一家的思想体系都是如此，都有其重视者和忽视者。所以，我们不能只用区分精华与糟粕的简单化方式处理传统文化的这些复杂性。合理的做法是，对某家某派学说，正面大力发挥其积极的一面，而用不同方式补充其忽视的另一面，这也是创造性转化和创新性发展。

　　改善的方法首先是加强制度建设，如有了加强法治建设，强调儒家的道德教化就不会发生偏向。

　　其次就是在实践上把儒、墨、道、法等多元的文化元素综合起来，让各种文化互相补充、互相作用，而不是独尊一家、排斥其他，这样就能整体地发挥传统文化的积极作用。但是，在理论上仍要确认传统文化的主流价值以儒家为代表，这既是中国历史的事实，也是中国历史的经验；与现实的具体操作不同，普遍性的道德价值和理想必须永远被置于声言的首位，因为它代表了人类社会的理想，也是人性的内在要求。

最后，儒家思想不是一成不变的，也是发展的、与时俱进的。20世纪30—40年代的儒家思想家都致力于把传统文化和现代观念结合起来，求得二者的融合，今后的儒家思想发展也必如此。

【作者系清华大学国学研究院院长、清华大学校学术委员会副主任】

在汉字中读懂中华文明

蒙　曼

中国的文字系统从秦小篆开始，历经汉隶、唐楷，字形、字意基本稳定，所以，今天的孩子仍然可以读懂一千多年前诗人李白"床前明月光，疑是地上霜，举头望明月，低头思故乡"中包含的浓浓乡情，也可以理解两千多年前屈原"路漫漫其修远兮，吾将上下而求索"的不懈追求。正因为我们和古人使用非常相似的表意文字，唐诗宋词元曲才能成为我们今天精神生活的重要组成部分，我们也才能够思接千载、神交古人，并且传之后世，这也是中国文明历经数千载而不断的重要因素。

汉字不仅是交流工具，也是艺术表现形式。汉字书法不仅培养艺术情趣，更反映中国人的价值理念。先秦时期，贵族子弟学习"礼、乐、射、御、书、数"等六艺，作为人生必修课，其中，"书"就是汉字书写。科举制时代，书写考卷需要规矩的字体，选拔官员仍然要考虑包括写字在内的"身言书判"四要素，所以，对书法艺术的要求很高，涌现出大量杰出的书法家，形成众多的书法流派。风尚所在，少年儿童开蒙，也要从描红开始，就是希望通过对标准楷书的临摹，理解汉字的结构和文字的精神，在打好写字基础的同时，也领会"横平竖直写字，方方正正做人"的内在理念。

著名诗人余光中在《听听那冷雨》中说："杏花。春雨。江南。六个方块字，或许那片土就在那里面。而无论赤县也好，神州也好，中国也好，变来变去，只要仓颉的灵感不灭，美丽的中文不老，那形象磁石般的向心力当必然长在。"这是一个多么令人神往的说法。事实上，汉字不仅仅是中国人交流信息的符号，更承载着我们民族的历史、文化和精神气象。手写汉字，更是在很大程度上综合反映着一个人的文化水准、审美教养和性情品格，可以说，一个个汉字，就是一个个微缩的中国人。

时至今日，随着电子媒介的普及，人们逐渐习惯键盘书写，手写汉字的概率越来越小，很多人出现了提笔忘字的现象，书法作品的整体水准远逊于古代。与此同时，一些不规范汉字和用法则出现在网络上，成为潮流。这正反两方面的作用不仅危害了汉字本身，也危害了附着在汉字之上的中华文化，这是一种值得警惕的现象。因此，希望能够采取一定措施，提升全社会对汉字的重视程度，让汉字教育重回家庭、重回课堂，成就一代代不仅敲击键盘，也会挥毫泼墨，不仅有科学精神，也有人文理念的中国君子，真正做到书写的文明传递，民族的未雨绸缪。

【作者系中华全国妇女联合会副主席（兼），中央民族大学党委委员，中央民族大学历史文化学院教授、博士生导师】

从全球文明，看世界文明视角里的中国叙事

姚　洋

中国历史的政治阶段划分

如果将中国历史上的政治制度分阶段，可将春秋时期的分封制作为第一阶段，即所谓的封建制社会。事实上，封建社会在秦统一中国之后就开始消亡。春秋时代，贵族政治盛行，各个诸侯国的君主，基本符合英国《大宪章》对国王的定义：君主是和贵族一样的人，只不过是贵族中的第一个。

接下来，秦朝建立了大一统的官僚帝制："化家为国"。在此之前，各诸侯国是相对独立的君主国，"化家为国"之后，维护社会政治秩序成为整个大一统国家的目标之一，这是一个非常大的变化。

汉唐是官僚帝制成型时期，汉代建立了官僚体系，唐代进一步完善。北宋和汉唐又不太一样，很大程度上是一种君臣共治，士大夫的地位非常高，而且台谏之风盛行。台谏制即北宋时期设御史台和谏院，谏官和言官同时监督皇帝、宰相和几乎整个官场，行使着如今纪检委的权力。

南宋时期是中国政治、文化和社会走向封闭，并最终走向衰落的一个转折点。历史学家刘子健先生说，自宋朝开始，中国向内转。明清时期是我们国家政治的倒退时期。明代废相，开始抑制士大夫，搞专制；清朝和汉唐做法刚好相反，是"化国为家"，又全面倒退回了

专制。

总的来看，从秦以来两千年的历史，北宋刚好在中间这个时间段。前面的一千年，整个中国处于上升期。北宋之后，中国开始走下坡路。

春秋：贵族政治时代

春秋时期是一个贵族政治时代，周朝是中国的封建时代，在周朝之前有殷商。殷商本身占据的土地面积比较小，而且经常迁移。殷商都城在今天的河南安阳附近，国家范围并不大，但是征服了中原一带很多方国，远到周国。殷商没有实施大一统的统治，周朝才真正开始，但是统治的方法也不是大一统，而是分封制。

"分封"就是周天子把自己的儿子和宗族兄弟，甚至还包括殷商的后代分封到某个地方。"制"指的是周天子的兄弟、子侄在各自领地里建立自己的小国家，形成诸侯国，各诸侯国不用给天子交税，对天子的唯一义务是当有外敌入侵时跟随天子出兵打仗。所以，周朝的分封制是一种真正的封建制。在诸侯国内部也是继续分封制，诸侯给自己的儿子、兄弟每个人一块领地。无论是周天子还是诸侯，他们都依赖各自领地里老百姓上缴的税收生存。

实行分封制初期并没问题，但是时间长了问题也随之而来。严格说来，周朝持续了约 800 年的统治，以至于周朝后期分封制无法继续，因为没有多余土地可分。即便大的诸侯国灭掉小封国，封地依然不够。主要是古代一夫多妻制，随着各诸侯国里子嗣增加，可以分封的土地自然越来越少。因此，生育方面比较节制，或者说生的儿子比较少，对于当时的贵族们来说反而是好事，因为不用分家析产，这一支也就变得比较强大。到最后，这样的贵族可能比国君的封邑还大，甚至可以直接左右所在诸侯国的政治。比如孔子生活的那个年代，鲁国就被鲁桓公三兄弟的后代所掌握，他们三家是慢慢壮大的，最后篡夺了鲁国政治大权。

与此同时，春秋时期另一种贵族阶层"士"开始兴起。钱穆先生说中国政治在汉代之后是士人政治。

士就是没有封邑的贵族或贵族后代。孔子就是士的身份。孔母颜徵在是平民，孔父是从宋国避难到鲁国的贵族。宋国是殷商封地，当年周王征服商王朝但并没有灭掉商王族，而且给了封地。所以从血缘来讲，孔子是商人贵族的后代。孔子跟母亲生活到 15 岁，母亲去世后他把母亲的棺椁停在曲阜城东的大路"五父之衢"上，最后获得孔家承认，确认了贵族身份。孔子是士，不是士大夫，士大夫是后来走向了仕途的"士"。

秦："化家为国"统一中国和确立官僚帝制

自秦朝开始，皇帝是国家的象征，国家行政由官僚系统掌握，这是一个非常重大的发明：国家已不再是一个人的国家，而是大家的国家；治理国家也不再是皇帝一个人的事，而是整个官僚体系的事。在这个意义上，中国第一个建立现代国家雏形，即所谓的"化家为国"。

"化家为国"的形成背景，是秦始皇统一中国为一个巨型国家，疆域非常大，怎样统一这么大的国家呢？秦始皇听从李斯的建议，推行车同轨、书同文、语同音，熨平复杂性，这样国家就有了统一性。比如语同音，秦朝开始就有所谓的"雅音"，即当时的普通话，而且一直延续到北宋，南宋才失去雅音。我们现在读古诗文，特别是唐诗、宋词，应该用雅音来读才更接近当时的语言，跟唱歌似的。因为雅音有八个音，我们现在只剩下四个音。中国现代社会里，在潮汕地区朝阳县有 150 万人的日常语言目前最接近中国从秦到宋的雅音。

谈及秦朝，钱穆先生还有一个论断，即"中华文明早熟论"。原意是说，中国过早地建立了现代国家的形态，因为那时人类的认识水平还不健全，最后导致中国走入专制的死胡同。另一方面，中国的封建社会大概早于西方 1500 年，相比西欧更是早了大概 1800 年，起步很早，但是持续时间也比较短。

当现代化开始的时候，中国没有一个强大的力量可以对抗帝制。反观 17 世纪英国革命，宗教和贵族的力量非常强大，成为反对国王最主要的力量。日本明治维新也是如此。明治维新的革命性表现为地方藩属造反，明治维新的名人基本上都是从西南四雄藩出来的，他们起兵挑战幕府，最后逼迫幕府将军大政奉还。英国和日本能较快地开启现代化进程，和它们处于封建时代有较大关系。

汉唐：落实"化家为国"，完善官僚帝制

汉唐两代是中国文明的大熔炉，唐代融合得更加明显。

汉武帝是西汉的第七位皇帝，前面几位皇帝通过无为而治成就了"文景之治"。汉武帝不同，他需要有立国理论，于是发诏书让世人提供统治理论，最后采用了董仲舒的建议，就是"罢黜百家，独尊儒术"。对此，我们以前错误地认为，汉武帝以前是百花齐放，独尊儒术造成了中国过去两千多年的封建专制。这种看法的偏差在于，汉

武帝采用董仲舒的建议，实际上是把儒家学说作为国家的政治哲学，仅此而已。汉武帝并不是在民间也要罢黜百家，民间完全可以求道修佛，并不排斥。

董仲舒的理论简单来说就是用天命为皇帝的统治提供合法性，但是天命的前提是皇帝要实行仁政。引用赵鼎新先生的话说，是儒家学说给皇权提供了理论基础，但是赵鼎新没有说的是，儒家反过来也成为规训帝王的一种学说。

我们常说中国是外儒内法或者儒表法里，这没有错。"外儒"是要正名，儒家非常讲究正名，即统治的合法性；"内法"是以法家的原则来治理国家，要有法律。这对大多数国家都是有价值的观念。

西汉的官僚制度已经非常完备，皇帝是国家代表，但是国家的管理归三公九卿。"三公"就是宰相管行政，太尉管军事，御史大夫负责对官员监督；"九卿"囊括其他中央官员。分工很明确。

有了这套官僚体系，官员从哪儿来呢？西汉发明了察举制度。太学以前就存在，但现在是作为培养官员的地方。太学既接收贵族子弟也接收贫民子弟，不同之处在于，贵族继承了一些春秋传统，享有一些优待，比如贵族子弟太学毕业就直接可以到皇帝身边做侍郎，平民子弟如果毕业考甲科也能跟贵族子弟一样，如果考了乙科就得回到原籍做吏，当然也有再次擢升的机会，就是等待"乡举里选"，由地方官基于表现择优推荐给皇帝，通过皇帝的考试也可以真正入仕。

也是从西汉开始，仕和吏分开。现在西方国家的政治任命，中国在西汉已经实施。钱穆先生也是基于此提出"中华文明早熟论"。

此外，汉代还有"考课制度"，即皇帝派钦差大臣到各地巡视，看地方官到底做得好不好，做得好的要提拔，做得不好的要批评甚至降职。钱穆先生在谈到汉代荐举制度时，很形象地概括说，"一个青年跑进太学求学，毕业后被派到地方服务，待服务地方行政有了成绩，再经长官察选到中央，又须经过中央一番规定的考试，然后才正式入仕。"

这套制度到东汉退化成了门阀政治，因为地方官员很容易荐举自己人，慢慢就形成了"门阀制度"。福山在《政治秩序的起源》里说，现代国家是在与家族政治和封建政治的斗争过程中形成的。中国也是如此，现代国家始于秦朝，但真正打败家族政治、贵族政治，还要等到北宋。即便是唐朝，国家治理仍然保留有贵族的影子。

到唐代，相权进一步扩大，科举开始完善。

唐代相权开始一分为三，分属中书省、门下省、尚书省。中书省负责为皇帝拟定诏书，拟完要经过门下省审核，门下省如果不同意可以打回去，这叫"封驳"。尚书省管执行，下辖六部。所以，门下省和中书省权力非常大。门下省同意的诏书皇帝要在诏书上签敕（即朱批），然后加盖中书门下之印才算生效。没有中书门下之印，敕令就不合法。唐中宗时期，凡是未经门下省同意的诏书，皇帝都是用黑笔而不是红笔来签字，诏书的封口也不能用正封而是斜封，这样的诏书当时被称为"斜封墨敕"，没有经过门下省审核而被皇帝任命的官员，也因此被称为"斜封官"，会在官场抬不起头，因为不是经过合法程序任命的。

唐代还完善了考试选拔人才的科举制度。和明代科举取进士不同，除进士科外，唐代科举考算术、法科、军事等很多科目，宋朝基本继承了唐朝的考试制度，只不过进士科变得最重要。

因为经过魏晋南北朝几百年的动乱，北方游牧民族南下中原，所以总体而言，唐代真是中国历史上的一个大熔炉时代。

宋：中国现代性的拂晓时分

钱穆先生在书里对北宋的评价沿用了过去的看法。一方面，他认为宋代是积贫积弱、被动挨打的朝代，因为总被外族入侵，燕云十六州被辽抢占，后来被金人赶到南边，最后又被蒙元灭掉。另一方面，宋代皇权比汉唐更集中，所以钱穆先生认为中国政治的衰落从北宋开始。

与钱穆先生看法不同，我认为北宋是中国近现代的拂晓时分，这也是不少现代历史学家的新见解。宋代是中华农耕文明的顶峰，而且出现了工业文明的迹象。陈寅恪先生说："华夏民族之文化，历数千年之演进，造极于两宋之世。"说得非常好。

我还想补充一点，宋代还是儒家政治的最高峰，表现在很多方面。

首先，它是一个真正的"道统"时代，历史上的士大夫在北宋时期地位最高。宋朝士大夫认为"道理最大"，他们也真是这么做的。宋太祖第一任宰相是赵普，宋太祖与之称兄道弟，有一次宋太祖问赵普，天下何物最大？赵普一开始不想说，宋太祖再问，赵普就回说道理最大。在皇帝面前说道理最大，在明、清绝对是要被砍头的，但是宋太祖没有这么做，而且还认为说得好。

宋朝士大夫也用"道统"规训"治统"。北宋大儒之一程颐说"天下治乱系宰相，君德成就责经筵"，意思是说皇帝不要管日常运行，天下能不能治好是宰相的责任，君主德行的高低，责任在经筵官。宋代为皇帝讲儒家思想的儒家学者即经筵官。程颐做经筵官时，要坐着而不是站着讲课，他的理由是"不惟义理为顺，以养主上尊儒重道之心"，意思是要皇帝尊儒重道，儒家的道理比皇帝更大。

与此同时，北宋也是士大夫的黄金时代，士大夫开始自我觉醒，一如范仲淹所写的"先天下之忧而忧，后天下之乐而乐"，士大夫广泛参与政治，北宋也是科举取士最多的朝代。当然这也从一个侧面说明北宋经济实力强大，能养得起这么多官员。

宋朝也是法治时代。很多人都说中国古代没有法治，我认为不完全对。陈亮是永嘉学派的早期代表之一，他说"人心之多私，而以法为公，此天下之大势所以趋于法而不可御也"，意思是天下要讲法，因为人心多怀私利。他又说"举天下一听于法，而贤智不得以展布四体，奸宄亦不得以自肆其所欲为"，意思是法律虽然对贤良之人有所限制，但更重要的是对奸宄之人作出限制。这一思想和后来西方法治思想不谋而合。如果不知道这些话是谁写的，很多人可能以为这是清末学过西学的学者所言。

宋太祖曾立"誓碑"表示，"柴氏子孙有罪，不得加刑，纵犯谋逆，止于狱中赐尽，不得市曹刑戮，亦不得连坐支属。不得杀士大夫及上书言事人。子孙有渝此誓者，天必殛之。"一是要求子孙要善待柴氏子孙，因为宋太祖篡夺了柴氏江山；二是不得杀士大夫及上书言事人。相传宋太祖立誓碑后，他的弟弟以及后代子孙当上皇帝后，都要带一个不识字的小太监去誓碑所在的地方，拉开誓碑的帘子然后跪下来默念，直到能背诵下来为止。

北宋这个祖宗之法最后变成了君臣契约。北宋历史上的确很少杀士大夫或上书言事之人。史书记载了这样一个典型故事：宋神宗时期西夏战事失利，神宗很气愤，想杀一个小官泄愤。门下侍郎章惇（后来做到丞相）当即反对，神宗改说敕字发配，章惇仍然反对，神宗问为什么？章惇回说："士可杀不可辱！"神宗只好作罢，但是声色俱厉地抱怨："快意事更做不得一件！"章惇的回答更干脆："此等快意事，不做也罢！"北宋历史上有很多这样的故事。

以此对照英国的《大宪章》，宋太祖的祖宗家训是不是也有相似的意义？《大宪章》其实是13世纪贵族和国王之间签订的一份协议，目的是限制国王肆意妄为，尤其是随意征税。然而，这份协议几百年间都没有得到真正执行，直到1688年光荣革命后吸收《大宪章》的思想撰写出《权利法案》，《大宪章》才被重视，如今被认为是英国走向宪政的重要文献。宋太祖的"誓碑"当然不算一个双方契约，却是一方当事人自愿作出的约束，如果没有外敌入侵，这份自我约束演进下去，会不会变成君主立宪制度也很难说。

宋代有真正的"化家为国"理念。宋高宗是历史上非常有名的昏君，也是南宋第一个皇帝，岳飞本来都要收复东京了，他不让打，最后还杀了岳飞。这样一位皇帝，御史陈庭实却敢当着他的面说："天下者，中国之天下，祖宗之天下，群臣、万姓、三军之天下，非陛下之天下。"

君臣共治在宋代是实实在在的，尽管后来君权有所增加，相权进一步分散，宰相常常由2—3人担任，枢密院主管军事，还增设三司主管财政、大理寺行使法院职能，但这并不意味着皇帝可以乱来，封驳仍然是常态。因为御史台的地位也上升了，进谏非常多。比如包拯反对宋仁宗的人事任命，唾沫星子都喷到仁宗脸上，仁宗还要听着他说，回到后庭才敢擦。

宋代台谏之风盛行，但是台谏也很危险。比如御史台谏言弹劾宰相，如果谏官赢了，宰相就会下台，如果宰相不下台，谏官就得辞职。王安石变法之后，台谏之风恶化了宋代政治生态，导致党争过头，酿成不少冤案，如弹劾苏轼的"乌台诗案"，称为"乌台"是因为当时御史台院子里的树上停了很多乌鸦。不过，即使党争激烈，比如王安石和司马光政见不合，但是两个人私下还是朋友。

以现代观念来看，党争可能是民主制度的一个必然的副产品，也是现代民主政治的一个重要标志，比如美国自第三任总统（1801—1809年）托马斯·杰斐逊参与总统竞选开始，已经出现党争。宋代台谏所蕴含的政治哲学意义即在于此。

宋代还是科举取士的黄金时代。宋朝丞相的年俸约等于现在的300万元，是几千年里最高的。宋代科举也不再给贵族留名额，唐代还给贵族留一些名额，到宋代真正实现了平民子弟"朝为田舍郎，暮登天子堂"的愿望，平民子弟因此心情舒畅，指点江山、激扬文字。

宋仁宗在位40年，"百事不会，却会做官家"。有一年制举考试，"二苏"（苏轼和苏辙）和另外两名学子参加，其实考试是为"二苏"量身定制，就是想要招他们做官。苏辙的策论对仁宗进行了人身攻击般的批评，批判仁宗沉迷于酒色不理朝政，仁宗对此不为所动，称苏辙不过是胡说八道，天下人不会被蒙蔽，而且自己向来以"直言求士，士以直言告我。今而黜之，天下其谓我何？"表示因此罪责苏辙才是丢脸的事，还给苏辙分配了官职。

明清：从僵化走向衰落

明清的衰落始于南宋。南宋的衰落，一方面是政治开始走向僵化，另一方面是礼学在南宋中后期成为官学。在社会动荡不安、激烈变化的时候，大家都想要找出理由，宋后期的人们找到的解释是人性坏了，所以就向内求索，于是产生了心学。

有一句话叫"崖山之后无中国"，宋代之后中华文明的顶峰过去了。对于宋代的灭亡，人们有很多悲痛难舍，这从张孝祥的一首词里可以看出来。南宋和金朝的分界点在淮河，他站在淮河南岸望着北岸写了一首《六州歌头·长淮望断》，最后几句很能说明当时人们的心情："使行人到此，忠愤气填膺，有泪如倾。"

自秦以后，中国历史两个一千年的发展曲线，基本上是前一千年在上升，后一千年在下降。竺可桢先生曾统计中国三千年历史里的气候变化，后来有人在此基础上绘制成一条气候变化曲线。据这条曲线记录，中国三千年历史共经历过两次大降温，一次是三国至南北朝400 多年，再一次是宋代末期直到明清。每次降温，都是北方游牧民族入侵中原的时候。伊恩·莫里斯的《西方将主宰多久》，就讲到社会变迁与气候变化的关系，这也是莫里斯非常重要的一个观点，两者密不可分。

元朝在建制上承袭了宋制，但是把汉人踩在脚下，南方人就更惨。元代是野蛮文明取代了汉人的先进文明，下跪和陪葬都是历史的大倒退，到明代，这两项制度变得更彻底，朱元璋死后陪葬者非常多，仅嫔妃就有几十人。朱元璋还撤掉了宰相，明代士大夫的地位也一落千丈，明朝皇帝可以在大殿上廷杖官员，有几次甚至打死一二十人。据统计，明朝300 来年发生廷杖事件500 多起。同时海禁开始实施。明朝社会由此走向全面的封闭。

从清朝开始，重新"化国为家"，把中国历史引入更黑暗的时代。乾隆之后，也就是进入 19 世纪之后，才好一些，清朝政治才变得柔和了一些，但依然没有宰相，内阁也是虚置。清朝军机处的权力越来越大，士大夫们成了皇帝的奴才，在皇帝面前必须自称奴才，士大夫所承载的儒家"道统"荡然无存。

清代"文字狱"使得社会万马齐喑，当然南宋也有"文字狱"，但是远没有清朝严苛，清朝即使是乾隆时期"文字狱"仍然很严重。

乾隆评价宋代程颐"天下治乱系宰相，君德成就责经筵"这句话说，"君德"怎么能和"天下治乱"无关，皇帝不知天下哪来的成就？乾隆还曾说，"乾纲独断，乃本朝家法。自皇祖皇考以来，一切用人听言大权，从未旁假。"皇祖就是康熙，皇考就是雍正。清朝的皇帝至少到乾隆为止都是非常用功的，甚至比历朝历代的皇帝都用功，但一人独断的制度安排把中国政治带入了黑暗时代。

古代政治给我们的启示

古代政治对我们当代到底有什么启示？中国古代政治没那么黑暗，从春秋到北宋，实际上是中华文明的上升期，也是政治文明的上升期。我们开创了现代国家的雏形，"化家为国"，以建立政治秩序作为国家治理的目标，还有权力的制衡，君权和相权分离并且相互制衡。宋代儒家政治更是达到一个前所未有的高度，儒家政治是不是有个理想原型？是不是可以和民主政治的理想原型互补？民主政治强调人与人之间的平等契约，还有法治、权力的制衡。儒家强调官员的德行、政治秩序，还有社会的融洽，这两者不是刚好互补吗？

以法治为例，我们需要加强法治，但法制永远不可能完备。2016年，哈佛大学经济学教授奥利弗·哈特就凭借不完全契约理论获得诺贝尔奖。既然法律是不可能完备的，这时候恐怕还得靠官员的德行，如果官员无德无行，有法律也没有用。

儒家的理想原型是从人性论出发，相信人性是多样的、流变的、可塑的。孔子就说，人生而不同，唯上智和下愚不移，但是中人可教，而且有教无类。孟子也说，人皆可为尧舜，但这是个潜能，要通过后天修炼才能成。荀子的学说在我看来属于环境说，"居楚而楚，居越而越，居夏而夏，是非天性也，积靡使然也"。

儒家主张统治者施仁政，仁者爱人，就是民本主义，此乃儒家的政治原则之首。百姓和秩序是统治的最终目标，但是儒家政治和民主政治不一样，儒家政治讲究层级，这是社会治理必要的，但谁能进入层级需要选贤任能的标准，贤能等级高就可以获得高层级的职位，儒家非常相信这一点，我们古代政治也是这么实施的。而且，儒家政治里每个层级都是开放的，但开放不是说随便谁都可以进，而是必须具备进入层级的资质，一级一级往上走。

如果说儒家有个理想结构，以现在的观念来看，可能有四个部分：首先是主权机构，它是一个民选机构，掌握国家主权；其次是中央机构，负责决策和选拔人才，向主权机构负责；再次是政府机构，管理国家日常行政，向主权机构负责；最后是谏言机构，监督上述三个机构。古代政治除了没有主权机构，其他三个其实都有。即使没有主权机构，台谏制度对中央机构和政府都有很大的约束力。

研究中国 40 多年改革开放的历史，我认为中国或中国共产党成功的一个很重要方面就是回归中国。

超越中国，应该进一步思考和研究全球文明

最后，我们还应该超越中国，进一步应该思考和研究全球文明。尽管这个话题今天看起来还有点遥远。

回首人类的文明史，公元前 600 年到公元前 200 年是人类历史的一个轴心时代，那时候的人类文明群星灿烂。钱穆先生说，三大古文明中，印度文明产生了第一个宗教——佛教，试图回答"我是谁"的问题；希腊文明试图回答"如何征服自然"的问题，产生了科学；中

华文明试图回答"如何活在当下"的问题，作为由人群组成的社会，我们如何才能和平地生活在一起，因此中国第一个产生现代治理文明。现代治理意味着国家不再是皇帝一个人的国家，而是天下人的国家，老百姓要关心的是怎么和平地生活在一起，如何才能寻求到一套治理办法。董仲舒把儒家政治哲学变成了这套治理办法的理论基础。

可以想见，未来肯定会出现一个全球文明。全球文明不是说一个文明打败了另外一个文明，而是综合了所有文明的优势，统一回答由前述不同文明来回答的问题。因此，面向未来，我们应该好好总结中华文明五千年的灿烂历史，形成世界文明视角里的中国叙事，而且用充满人文关怀的、全世界都能听得懂的语言去讲述中国。这是我们当代人和未来几代人要共同努力的工作。

【作者系北京大学国家发展研究院院长、中国经济研究中心主任、北京大学博雅特聘教授】

万里长江，孕育了长江文化，哺育了中华文明

张永新

要把长江文化保护好、传承好、弘扬好，延续历史文脉，关键在于落实。

一是深刻把握长江文化的重要地位，进一步坚定文化自信。长江造就了从巴山蜀水到江南水乡的千年文脉，是中华民族的代表性符号和中华文明的标志性象征。长江是中华民族的母亲河。万里长江，孕育了长江文化，哺育了中华文明。在长江上游发现的旧石器早期巫山人、长江下游出现的繁昌人字洞旧石器文化，可以追溯到 170 万年到 200 万年前。稻作、铸铜、冶铁、建造、陶器、漆器、瓷器、丝织、盐业等在长江流域勃兴，文学、艺术、科学、技术在长江流域繁荣兴盛，巴蜀、荆楚、吴越等文化形态在长江流域交汇交融。可以说，长江文化印证了中华文明的灿烂辉煌，承载了中华民族的共同记忆，熔铸了中华民族共有的精神家园。长江文化所展现的和合共生、创新创造、开放包容，正是中华民族生生不息的活力源泉。我们应从长江文化中汲取丰厚滋养，把长江文化作为坚定中华民族文化自信的重要根基，不断铸牢中华民族共同体意识。

二是大力保护长江流域文物和非物质文化遗产，延续历史文脉。长江流域历史文化遗产资源十分丰富。据统计，长江经济带 11 省市共有全国重点文物保护单位 1600 多处、国家级非物质文化遗产代表性项目近 1300 项，河姆渡文化、良渚文化、彭头山文化、石家河文

化、三星堆文化等一系列考古成果，都是中华文明绵延不断的重要实证。因此，要深入研究中华文明、中华文化的起源和特质，应加大长江流域考古发掘力度，深入实施"中华文明探源工程""考古中国"等重大项目，做好出土文物和遗址阐释工作，把长江文化的起源、发展及其在中华文化基因形成过程中的重要作用更加清晰、更加全面地呈现出来。始终把保护放在首位，千方百计守护好长江流域历史文化遗产，全面加强文物、非物质文化遗产、古籍等保护，系统实施抢救性保护、预防性保护、整体性保护等措施，将保护工作与新型城镇化、美丽乡村建设相结合，为传承中华文化基因、延续历史文脉作出新贡献。

三是深入研究长江文化内涵，挖掘长江文化蕴含的时代价值。我们应深入研究长江文化内涵，研究好、解读好、阐释好长江文化，以长江文化的内涵外延、历史渊源、发展历程、表现形态等为重点，讲清楚长江文化所蕴含的优秀传统文化、革命文化、社会主义先进文化，讲清楚长江文化所体现的哲学思想、人文精神、价值理念、道德规范等。在坚守中华文化立场、传承中华文化基因的基础上，扬弃继承、转化创新，赋予长江文化新的时代含义和精神特质，保持民族性、体现时代性，努力实现创造性转化和创新性发展。当前，我国即将乘势而上开启全面建设社会主义现代化国家新征程，需要更好发挥文化的精神引领和价值导向作用。通过教育引导、文艺创作、宣传展示、文化熏陶等，讲好长江故事，唱响长江之歌，大力传承和弘扬长江文化，使长江文化成为厚植家国情怀、凝聚精神力量的不竭源泉。

四是着力发挥文化和旅游在经济社会发展中的优势，努力推动长江经济带高质量发展。推动长江经济带发展，是关系国家发展全局的重大战略，必须坚持"共抓大保护、不搞大开发"，从中华民族复兴的高度、国家发展战略的高度做好长江文化保护传承弘扬工作。长江经济带覆盖沿江 11 省市，横跨我国东中西三大板块，人口规模和经济总量占据全国"半壁江山"，生态地位突出，发展潜力巨大。当前，文化和旅游已经成为推动实现高质量发展、满足人民美好生活需要的重要组成部分，为做好"六稳"工作、落实"六保"任务提供了有力支撑。我们要把握新发展阶段、贯彻新发展理念、构建新发展格局，着力发挥文化和旅游环境污染少、资源消耗低、创新能力强、关联程度高等独特优势，进一步推动文化和旅游发展提质增效，深度融入长江流域经济社会发展总体布局。立足文化赋能、旅游带动，把长江经济带沿线丰富的文化和旅游资源转化为发展动能和后劲，在优化经济结构、持续扩大内需、改善民生福祉等方面下功夫，努力为人民群众提供更多优秀文化产品和优质旅游产品，更好实现在发展中保护、在保护中发展，让长江文化惠泽人民、造福四方。

【作者系中华人民共和国文化和旅游部办公厅主任】

第二编

文明特性

中华文明具有突出的和平性，
中华优秀传统文化中的和平理念一以贯之

叶小文

习近平总书记在文化传承发展座谈会上从五个方面深刻总结了中华文明的突出特性，展现出高度的文化自觉、文化自信。习近平总书记指出："中华文明具有突出的和平性，从根本上决定了中国始终是世界和平的建设者、全球发展的贡献者、国际秩序的维护者，决定了中国不断追求文明交流互鉴而不搞文化霸权，决定了中国不会把自己的价值观念与政治体制强加于人，决定了中国坚持合作、不搞对抗，决不搞'党同伐异'的小圈子。"天下大同、协和万邦等理念体现着中华民族自古以来对人类社会的美好憧憬，丰富了中国式现代化走和平发展道路的文化内涵。中国式现代化体现出与西方现代化不同的道路选择，对世界和平与发展具有重要影响。

中华文明的和平性一脉相承

中华优秀传统文化注重以人为本、以和为贵，讲仁爱、重民本、守诚信、崇正义、尚和合、求大同。这些思想体现着人文主义底蕴，蕴含着和平的文化内涵。千百年来，中华优秀传统文化中的和平理念一以贯之，在许多方面都有体现。

中国古代不同流派思想中都有关于"和"的内容。比如，道家认为："万物负阴而抱阳，冲气以为和"。这意味着当发生利益冲突、矛盾纠纷时，人们不妨彼此体谅，结果可以平和情绪、实现和谐。儒家认为："君子和而不同，小人同而不和""君子周而不比，小人比而不周"。儒家思想对"和"的追求体现得比较鲜明，讲"和也者，天下之达道也。致中和，天地位焉，万物育焉"。道家倡导的人与自然和谐，儒家倡导的人与社会和谐，都具有重要价值。这种对和谐的追求至今仍沉淀在中国人的精神世界中。

中华优秀传统文化中的"以和为贵"具有重要价值。英国哲学家罗素曾说："中国至高无上的伦理品质中的一些东西，现代世界极为需要""若能够被世界采纳，地球上肯定比现在有更多的欢乐祥和"。"和"的精神，体现的是一种承认、尊重、圆融。"和"并不是一团和气，而是和而不同、互相包容、求同存异、共生共长。"和"的途径，是以对话求理解，和睦相处；以团结求合作，和衷共济；以包容求和谐，和平发展。"和"的方式，是承认彼此不同基础上的求同存异、团结包容。"和"的佳境，是各美其美、美人之美、美美与共、天下大同。

和平融入了中华民族的血脉，塑造了中华民族在文化上海纳百川的包容特质。在各国前途命运紧密相连的今天，对于不同文明如何相处、人类文明向何处去等重大问题，秉持和平理念的中国提出了自己的方案。为了促进世界和平与发展，习近平总书记提出全球发展倡议，唤起国际社会对发展问题的重视，推动加强全球发展伙伴关系，促进国际发展合作。习近平总书记提出全球安全倡议，强调要坚持共同、综合、合作、可持续的安全观，共同维护世界和平和安全，为共同营造和平稳定的发展环境、共同构建人类命运共同体提供行动指引、注入思想动力。习近平总书记提出全球文明倡议，倡导尊重世界文明多样性，倡导弘扬全人类共同价值，倡导重视文明传承和创新，倡导加强国际人文交流合作。中国共产党人传承中华文明爱好和平与开放包容的精神，着力促进和平，促进和而不同、兼收并蓄的文明交流，促进世界各国开展平等对话协商，为人类携手共创美好未来贡献了中国智慧。

中国式现代化是走和平发展道路的现代化

习近平总书记强调："马克思主义中国化时代化这个重大命题本身就决定，我们决不能抛弃马克思主义这个魂脉，决不能抛弃中华优秀传统文化这个根脉。"中国共产党人把马克思主义思想精髓同中华优秀传统文化精华贯通起来、同人民群众日用而不觉的共同价值观念融通起来，用马克思主义真理力量激活中华文明，同时不断赋予马克思主义鲜明的中国特色。在马克思主义中国化时代化理论成果的科学指引下，党和人民不断推进和拓展中国式现代化，取得巨大发展成就。中国式现代化立足中国国情、符合中国实际、顺应时代潮流，打破了"现代化＝西方化"的迷思，展现了现代化的另一幅图景，拓展了发展中国家走向现代化的路径选择。

近代以来率先实现现代化的国家，往往以工业化和城市化为先导。这个过程产生了对劳动力、原材料、能源资源的大量需求，对外扩张的需求也不断增长。特别是近代西方一些国家，在原始积累过程中，以坚船利炮、圈占土地、奴役他人等方式在全世界掠夺资源、薅取羊毛。这种方式虽然推动了这些国家的发展繁荣，却给其他发展中国家带来深重灾难。随着西方现代化的扩展，世界上不和谐的"现代性"噪音不断扩大。在资本主义国家，资本主义固有矛盾造成人的发展与社会的对立，在工业化进程中自然生态系统遭遇危机，以资本为中心的现代化导致贫富分化、群体对立，导致人们心为物役、精神空虚。

中国式现代化摒弃西方以资本为中心的现代化、两极分化的现代化、物质主义膨胀的现代化、对外扩张掠夺的现代化老路，实现世界现代化理论和实践的重大创新。与西方国家在现代化进程中长期奉行"国强必霸"的丛林法则和对抗性零和博弈思维不同，和平发展是中国式现代化的重要特征。中国强调发展最终要靠自己，坚持独立自主、自力更生，把国家和民族发展放在自己力量的基点上，把中国发展进步的命运牢牢掌握在自己手中。在推进现代化的过程中，中国始终坚守永远不称霸、不搞扩张、不谋求势力范围的庄严承诺，坚持推动构建人类命运共同体，在努力谋求自身发展的同时，积极为维护世界和平、促进共同发展贡献力量。中国向世界展示的，是一个人口规模巨大的发展中国家持续而协调发展、势不可挡的现代化；是一个和平发展、合作共赢，有助于解决人类共同面临的难题、推动构建人类命运共同体的现代化。中国式现代化充分表明，中国是重诚信、讲诚信、守诚信的，是自强不息、厚德载物、讲信修睦、亲仁善邻的，是一个可信、可亲、可敬、可靠的大国。

中国式现代化道路走得通、行得稳，不仅因其符合实际，实事求是，还因其扎根中华优秀传统文化，根深叶茂。"民胞物与""协和万邦""天下大同"的美好愿望，"亲仁善邻，国之宝也""四海之内皆兄弟也""远亲不如近邻"的相处之道，"亲望亲好，邻望邻好""国虽大，好战必亡"的和平思想等，在中国世代相传，深刻影响我们对现代化道路的选择。中国式现代化向世界展现着中国共产党和中国人民爱好和平的深厚情怀、中国走和平发展道路的坚定决心，让世界人民感受到合作共赢是大势所趋，构建人类命运共同体是前途所在。

向世界讲好中国和平发展故事

习近平总书记指出："中国共产党将致力于维护国际公平正义，促进世界和平稳定。中国式现代化不走殖民掠夺的老路，不走国强必霸的歪路，走的是和平发展的人间正道。"中国走和平发展道路，是基于自己的基本国情和文化传统、基于全人类根本利益和长远利益作出的正确抉择。中国倡导以对话弥合分歧、以合作化解争端，坚决反对一切形式的霸权主义和强权政治，主张以团结精神和共赢思维应对复杂交织的安全挑战，营造公道正义、共建共享的安全格局。中国实现现代化是世界和平力量的增长，是国际正义力量的壮大。

当然，传承中华文明的和平性，并不意味着无原则地妥协退让，更不意味着忍气吞声。争取和维护和平，背后体现的是一种文化自信，彰显着中华民族的志气、骨气、底气。崇尚和而不同、以和为贵与崇尚正义、不畏强暴是一致的，中国始终以坚定的战略定力去争取和维护和平。

立足中华民族伟大历史实践和当代实践，用中国道理总结好中国经验，把中国经验提升为中国理论，需要向世界讲清楚中华文明突出的和平性。我们要立足中国式现代化的生动实践，讲好中国走和平发展道路的故事，构建中国话语体系。要充分展现中华优秀传统文化的价值观、全人类共同价值，讲清楚其背后的哲学根基、精神源泉，让世界了解中国，让中国式现代化更加真切、生动、可亲。要让世界上越来越多的人认识到，中国向世界吹送的是古老东方大国为实现民族复兴而自强不息、和实生物之"和风"，充实的是为推动构建人类命运共同体而弘扬的厚德载物、协和万邦之"和气"。

【作者系第十三届全国政协文化文史和学习委员会副主任、北京市习近平新时代中国特色社会主义思想研究中心特约研究员，本文首发于《人民日报》2023 年 8 月 17 日】

马克思主义与中华文明的伟大复兴

李君如

从毛泽东的一段论述讲起。

在《毛泽东选集》第四卷的最后一篇文章《唯心史观的破产》中，有一段精彩的论述：

"自从中国人学会了马克思列宁主义以后，中国人在精神上就由被动转入主动。从这时起，近代世界历史上那种看不起中国人，看不起中国文化的时代应当完结了。伟大的胜利的中国人民解放战争和人民大革命，已经复兴了并正在复兴着伟大的中国人民的文化。"

这段论述，第一次揭示了马克思主义和中国精神的关系。中国人在精神上由被动转变为主动，是从学会马克思主义开始的。

这段论述，第一次论述了马克思主义和中国世界地位的关系。中国人获得了精神上的主动后，近代世界历史上那种看不起中国人，看不起中国文化的时代应当完结了。

这段论述，第一次提出了中华文明的复兴问题。马克思主义指导的人民大革命的伟大胜利，已经复兴了并正在复兴着伟大的中国人民的文化。

因此，这段论述的主题，论的就是马克思主义和中华文明复兴的关系。这也就是本文要讨论的主题。

（一）马克思主义对于中华文明的双重意义

马克思主义何以使中国人在精神上由被动转为主动？马克思主义何以使中国人和中国文化在世界上重新有了地位？马克思主义何以使中国人民在革命中推动了中华文明的复兴？

毛泽东在《唯心史观的破产》中从历史、现实和理论三个角度论述过这一问题。从历史的角度来说，1840 年鸦片战争后到 1919 年五四运动前夜，共计 70 多年中，中国人用封建主义的思想武器抗御资本主义，打了败仗；中国人从西方资产阶级的武器库学来了进化论、天赋人权论和资产阶级共和国等项思想武器和政治方案，也败下阵来。是 1917 年的俄国革命唤醒了中国人，使中国人学到了马克思主义这个新的武器。从现实的角度来说，中国人学会了马克思主义的新文化即科学的宇宙观和社会革命论，第一仗就打败了北洋军阀，第二仗打败了蒋介石在长征路上对红军的拦阻，第三仗打败了日本帝国主义及其走狗汪精卫，第四仗打败了美国和一切帝国主义在中国的统治并最后结束蒋介石的反动统治。从理论的角度来说，"马克思列宁主义来到中国之所以发生这样大的作用，是因为中国的社会条件有了这种需要，是因为同中国人民革命的实践发生了联系，是因为被中国人民所掌握了"。

毛泽东的这一论述告诉我们，在中国，自从鸦片战争以来，西方列强和中国封建统治者勾结在一起，中国人民遇到的问题是前所未有地复杂，不仅要解决中国人民同封建主义的矛盾，还要解决中华民族同资本帝国主义的矛盾。这就要求有一种既高于封建主义，又强于资本主义的思想武器，才能指导中国革命赢得胜利。马克思主义就是这样一种中国社会最需要的思想武器。

　　但是，马克思主义诞生在西方，为什么能为中国人民所用呢？这首先是因为，马克思主义虽然诞生在欧洲，但它是科学，科学是不分中西的。同时，马克思主义是同社会化生产力及其代表工人阶级相联系的，是比封建主义和资本主义等任何思想武器更为先进的科学思想。更重要的是，如同毛泽东所说的，是中国人民"学会"了这个新的思想武器。这里讲的"学会"，不仅是"学"，而且"会"把马克思主义和中国实践结合起来，掌握了这一思想武器。

　　讲到这里，又有一个问题产生了。既然中国文化在西方列强面前打了败仗，马克思主义为什么能够改变中国人和中国文化被人"看不起"的历史呢？为什么能够使中国文化复兴呢？马克思主义的方法论是唯物辩证法，对于"中国文化"，既不是绝对肯定，也不是绝对否定，而是认为这种几千年封建社会形成的中国文化是在封建主义的经济基础上形成并为封建统治者服务的，同时中国文化归根到底是中国人民创造的，因此它具有两重性，既有封建性的糟粕，又有人民性即民主性的精华。在《唯心史观的破产》中，前者被称为"封建文化"，后者被称为"中国人民文化"，即我们今天常说的"中华优秀传统文化"。当然，这种划分不是机械的分类，不是说这部著作、这首诗词是封建的，那部著作、那首诗词是人民的，而是建立在对中国传统文化典籍和作品内容的辩证分析基础上的。比如《红楼梦》中既有封建性的糟粕，又有民主性的精华。中国人民之所以能够在精神上由被动转向主动，就在于学会了马克思主义这个新的思想武器，并且用这个新的思想武器扬弃了中国文化，指出被西方列强打败的是封建主义腐朽文化，而不是中华优秀传统文化；指出在马克思主义指导下重新振作起来的中国人和中国文化，正以新的精神状态出现在世人面前，那种被人看不起的历史应当一去不复返；指出马克思主义指导下的伟大的胜利的人民大革命，已经复兴了并正在复兴着中国人民的文化，也就是说，随着中国革命的胜利，中国人民必将迎来文化复兴的高潮。

综上所述，我们可以体会到了，马克思主义和中华文明不是对立的关系，更不是取代的关系，而是批判地继承和弘扬中华文明的思想武器。正因为马克思主义对中华文明具有这种既分析批判又继承发扬这样双重的意义，所以能够使中国人在精神上由被动转入主动，使中国人和中国文化在世界上重新赢得了自己的地位，使中国文化走上了伟大的复兴之路。

（二）中华文明和马克思主义具有内在的联系

在研究马克思主义与中华文明的关系时，我们注意到，中华文明尽管是东方文明，但和马克思主义不仅不是根本对立的，而且在许多方面是相通的。

这是因为，从根本上说，马克思主义揭示和反映的是自然界、人类社会和思维的一般规律，因此它和中华文明并不是两类不同性质的文明。与此同时，我们注意到，由于中华文明秉持的是"天人合一"的理念，和西方思想界在马克思主义之前认为自然界有规律、社会发展没有规律的思想有很大的不同；中华文明强调的"格物致知""实事求是"等"实学"传统和崇尚的易学、阴阳学说等哲学思想，和马克思主义的辩证唯物主义则有许多相通之处。事实上，中华文明和马克思主义之间具有内在的联系。

习近平总书记深刻地指出，中华传统文化源远流长、博大精深，中华民族形成和发展过程中产生的各种思想文化，记载了中华民族在长期奋斗中开展的精神活动、进行的理性思维、创造的文化成果，反映了中华民族的精神追求，其中最核心的内容已经成为中华民族最基本的文化基因。

比如在社会理想方面，中华民族从来就是一个有自己梦想特别是美好社会理想的民族。在《礼记·礼运》中，早就指出："大道之行也，天下为公，选贤与能，讲信修睦。"这样的社会被称为"大同"。这部著作，许多专家认为，大约是战国末年或秦汉之际儒家学者托名孔子答问的著作。它反映的是儒家的政治思想和历史观点。但是，书中提出的"大同"思想，对历代政治家都有深刻的影响。这种"大同"，指的是尧舜时代"公天下"的社会。儒家学者十分怀念夏以前"天下为公，选贤与能，讲信修睦"的社会，后来，许多思想家把这种对过去的怀旧转化为对未来的追求。比如近代改良主义思想家康有为的《大同书》，认为社会是不断进化的，最后实现的是"大同"；而且，这样的"大同"不仅是中国的"大同"，还是世界的"大同"。民主革命的先行者孙中山先生也是以"天下为公"作为自己的理想和追求。可以说，"天下为公"的"大同"思想，在中华民族的历史上已经成为这个民族最高的社会理想，这就是习近平总书记所说的"中华民族最基本的文化基因"。

正因为中华民族有这样的追求，有这样的文化基因，当马克思、恩格斯创立的科学社会主义传到中国的时候，中国人特别能够接受这样的社会理想。早期在中国传播马克思主义的人，并不都是后来的共产党人，但他们都是接受过中国传统文化熏陶的知识分子，都是追求"天下为公"的"大同"理想的人。比如研究马克思主义在中国的传播史，就可以发现最早向国内介绍马克思主义的，是同盟会元老朱执信、宋教仁等人。至于共产党人作为中华优秀文化传统的忠实继承者，今天坚持以马克思主义为自己的指导思想，也包含了为中华民族社会理想而奋斗的民族追求。也就是说，我们选择的社会主义道路，和中华民族追求的"天下为公"的"大同"思想，有着不可分割的关系。中国之所以走上社会主义道路，绝不是偶然的，其中除了近代以来中国社会的内在矛盾有这样的必然性，还由于中华民族自古以来追求的就是"天下为公"的"大同"社会。正是在这个意义上，我们说社会主义思想深深植根于中华民族的文化土壤，凝结着中华民族的历史追求，渊源于中华民族的文化基因。

（三）中国共产党在马克思主义中国化进程中经历了六次大考

中国共产党的伟大，不仅在于能够坚持以马克思主义为自己的根本指导思想，而且能够自觉地把马克思主义基本原理和中国实际结合起来，推进马克思主义中国化。

"马克思主义中国化"，是毛泽东在 1938 年党的六届六中全会（扩大）上正式向全党提出来的思想理论建设任务。在提出"马克思主义中国化"后，他又提出要"改造我们的学习"，并对中国古语"实事求是"作出马克思主义的新解，把它确立为中国共产党人的思想路线。也正因为这样，马克思主义中国化不仅是中国共产党人对待马克思主义的科学态度，也是中国共产党在处理马克思主义和中华文明关系时的科学态度。"中国化"，不仅要增强对马克思主义的科学信仰，而且要增强对中华民族的民族自信，不仅要尊重中国人民的伟大实践及其创造的新鲜经验，而且要尊重中华民族创造的优秀文明传统。

但是，马克思主义中国化，并不是一帆风顺就可以实现的。一部中国共产党的历史，就是一部中国共产党人在历史性考试中推进马克思主义中国化的历史。这场历史性考试，不仅要直面一系列重大政治问题包括政治路线的考试，而且难以回避与此相联系的思想文化包括学风方面的考试。在马克思主义中国化进程中，中国共产党经历了六场思想文化大考：

第一场大考，在中国共产党成立前后，早期共产主义知识分子经过问题与主义、社会主义与中国国情、马克思主义与无政府主义，以及科学与玄学的论战，确立了社会主义和共产主义的纲领。当年，毛泽东和他的新民学会朋友们为选择社会政策、社会民主主义、罗素主义、无政府主义，还是马克思列宁主义，进行了热烈的讨论。毛泽东本人也为究竟是选择无政府主义还是选择马克思主义，经历了艰辛的思想历程。

第二场大考，在中国共产党成立后一个相当长的时间里，本本主义大行其道，而毛泽东关于理论联系实际的正确做法则被称为"狭隘的经验主义"。一直到1942年延安整风，才比较好地解决了党内的教条主义问题。这场思想文化斗争，使全党认识到了毛泽东提出的"马克思主义中国化"的意义，认识到了马克思列宁主义和中国革命实践之统一的思想——毛泽东思想才是中国共产党唯一正确的指导思想。这是马克思主义和中国实际相结合的第一次飞跃的成果。

第三场大考，中国共产党在抗日战争时期提出"马克思主义中国化"后，特别是在共产国际解散后，国民党大肆叫嚣"共产主义不合中国国情"，主张"尊孔读经"的国粹主义沉渣泛起，思想文化界围绕马克思主义和中国国情展开了激烈的论战。思想文化战线呈现出复杂的情况。为此，毛泽东提出要同"老八股""洋八股""党八股"开展三条战线的思想文化斗争。经过这场斗争，中国共产党的主张为越来越多的中国人所理解。

第四场大考，进入解放战争时期，中国共产党既要同国民党的独裁专制主义开展斗争，还要说服民族资产阶级放弃"第三条道路"的幻想，同时还要纠正党内在土地改革中出现的民粹主义错误。这场思想文化斗争，为人民大革命的胜利奠定了重要的基础。

第五场大考，新中国成立特别是开始大规模的社会主义建设后，我们一方面认识到要以苏为鉴，提出经济建设不能照搬苏联的做法；另一方面又助长了党内的个人崇拜等问题，最后导致"文化大革命"那样的严重错误，中国共产党经历了最为复杂的思想文化考验。

第六场大考，改革开放前后，在中国共产党内和中国社会中发生了实事求是与"两个凡是"、改革开放与思想僵化、"四项基本原则"与资产阶级自由化之间的较量。这场思想文化斗争至今没有完全结束，但正是这场斗争所确立的解放思想、实事求是的思想路线，推动中国共产党开辟了中国特色社会主义道路，创造了新的辉煌。由邓小平开创的中国特色社会主义理论体系，是马克思主义和中国实际相结合的第二次飞跃的成果。

中国共产党就是在这一场接一场的思想文化考试中成长和成熟起来的。

在这一系列思想文化考试中，中国共产党要破解的难题，概括起来，一是"古"与"今"的关系；二是"中"与"外"的关系；三是"陈"与"新"的关系；四是"共性"与"个性"的关系；五是"绝对"与"相对"的关系。前三个是文化问题，后两个是同文化问题紧密联系的思想方法问题。

之所以会发生"古"与"今"的问题，是因为近代中国在西方列强入侵和本国封建统治腐败双重原因下，逐渐成为半殖民地半封建社会过程中，发生了中国传统文化与现代文明这一更为深刻的思想文化冲突。由于中国错过了世界第一次工业革命浪潮，"康乾盛世"成为"落日的辉煌"，发端于古代农耕文明的中国传统文化，没有能够"赶上时代"。在西方列强冲击下，鸦片战争后，从"师夷长技以制夷"开始，中国被动地踏上了现代化的进程。从那时起，到"五四新文化"运动，到20世纪30年代国情大讨论，到抗日战争，怎么认识和处理中国传统文化与现代文明的关系，始终是中国文化和文明发展绕不过的一个大问题。毛泽东强调："我们是马克思主义的历史主义者，我们不应当割断历史。从孔夫子到孙中山，我们应当给以总结，承继这一份珍贵的遗产。"与此同时，他强调"我们必须把这些遗产变成自己的东西"。他用"古为今用"四个字，回答了人们关于"古"与"今"关系的争论。

之所以会发生"中"与"外"的问题，就在于现代文明主要是从国外特别是从西方进来的，而中国又是一个具有悠久历史文化传统的国家，在中国现代化进程中究竟是以"中学为体"，还是以"西学为体"，始终困扰着中国的仁人志士。这样的思想困惑，同样发生在共产党内外如何对待马克思主义的问题上。反对马克思主义的各种人，提出"马克思主义不合中国国情"，理由就是马克思主义是外来的；党内的教条主义则认为"山沟沟里没有马克思主义"，坚持马克思主义就必须照抄照搬马克思主义的字句和共产国际的指示。这也是"中"与"外"的问题。在这个问题上，我们既要反对"全盘西化"的奴化思想，又要反对主张复古复旧的国粹化倾向；既要同反对马克思主义的反动思潮作斗争，又要同把马克思主义教条化的错误观点作斗争。毛泽东强调，我们这个民族，从来就是接受外国的先进经验和优秀文化的。我们接受外国的长处，会使我们自己的东西有一个跃进。与此同时，他强调这种学习必须有分析有批判地学，不能盲目地学，不能一起照抄，机械搬用。无论在文化上，还是在党的思想理论上，都不能搞教条主义，而要通过学习外国的长处创造出中国自己的、有独特的民族风格的东西，这样，才不会丧失民族信心。他用"洋为中用"四个字，回答了人们关于"中"与"外"关系的争论。

之所以会发生"陈"与"新"的问题，是因为实践和时代是不断发展变化的，无论是中国文化，西方学说，还是马克思主义，都有一个要不要随着实践和时代的发展而不断发展的问题。尤其是，人们感到困惑的是：中国文化加进了现代要素，还是不是中国文化？马克思主义中国化后，还是不是马克思主义？这些问题，长期以来困扰着中国的思想文化界。其实质，就是要为保持本色而故步自封，还是要适应时代而与时俱进的问题。唯物辩证法认为，事物总是发展变化的，我们的思想认识也要适应这种发展变化。在毛泽东看来，文化艺术也好，思想理论也好，都有内容和形式两个方面，内容要适应时代的要求、大众的要求，形式也要相应创造新的形式；同时他说，我们也并不拒绝利用旧形式，但是这些旧形式到了我们手里要经过改造加进新的内容。他用"推陈出新"四个字，回答了人们关于"陈"与"新"关系的争论。

在讨论这些重大问题的时候，在思想方法上发生了毛泽东在《矛盾论》中所揭示的"共性"与"个性"、"绝对"与"相对"的问题。唯物辩证法深刻地指出，强调"共性"而不重视"个性"就会走向教条主义，强调"个性"而不懂得"共性"就会走向经验主义，只有认识到"共性"寓于"个性"之中，把普遍性同特殊性结合起来，才是唯一正确的方法论。同样的道理，"绝对"寓于"相对"之中，肯定一切、否定一切的绝对主义必定走向独断论，而认为什么都是相对的、不能认识到"相对"中存在"绝对"，就会走向相对主义的怀疑论。比如毛泽东在对"五四运动"的分析中深刻地指出，当年针对统治阶级把孔夫子的一套当作宗教教条一样强迫人民信奉，一般新人物号召人民起来反对老八股、老教条，这是革命的、进步的，但是这一运动后来被一些人发展到了它的反面，产生了新八股、新教条，就成为阻碍革命的东西了。毛泽东还说："五四运动本身也是有缺点的。那时的许多领导人物，还没有马克思主义的批判精神，他们使用的方法，一般地还是资产阶级的方法，即形式主义的方法。他们反对旧八股、旧教条，主张科学和民主，是很对的。但是他们对于现状，对于历史，对于外国事物，没有历史唯物主义的批判精神，所谓坏就是绝对的坏，一切皆坏；所谓好就是绝对的好，一切皆好。"这里的问题，就是不懂得应该怎么认识和处理"共性"与"个性"、"绝对"与"相对"的关系。毛泽东说，这个问题是关于事物矛盾问题的"精髓"。不懂得它，就等于抛弃了辩证法。

综上所述，由于中国共产党作为中国工人阶级的先锋队、中国人民和中华民族的先锋队，手中掌握了马克思主义中国化的思想武器，所以能够在思想文化一场又一场考试中，把握正确的方向，实行正确的政策，在破解一个又一个难题中推进了中华文明的发展。

（四）中国共产党对待中华文明的基本原则和基本方针

面对着这样重大而又错综复杂的考试，中国共产党在长期的实践探索中形成了实现中华文明伟大复兴的基本原则和基本方针。其要点是：

1. 一定的观念形态的文化是一定的社会的政治的和经济的反映，又给予伟大影响和作用于一定社会的政治和经济。而经济是基础，政治则是经济的集中的表现。这是我们对于文化和政治、经济的关系及政治和经济的关系的基本观点。

2. 坚持"中国化"的方向，不论"中学"还是"西学"，"学"是基本原理，不分"中西"，表现形式可以多样化，但要越搞越中国化。

3. 中华民族的新文化是民族的、科学的、大众的，面向现代化、面向世界、面向未来的，具有中国特色、中国风格、中国气派的社会主义新文化。

4. 发展中国特色社会主义新文化，必须始终坚持以马克思主义为根本指导思想，坚持马克思主义同中国实际和时代特征相结合，同中华优秀传统文化相结合，高扬中国特色社会主义的精神旗帜。

5. 思想文化建设要始终坚持党性原则，坚持党性与人民性的统一。

6. 文化建设和文明复兴的基本问题，一是要解决为群众的问题，二是要解决如何为群众的问题。为什么人的问题，是一个根本的问题、原则的问题。

7. 要坚持文明发展规律，坚持古为今用、洋为中用、推陈出新，实行"百花齐放、百家争鸣"，推进文化繁荣发展。

8. 要顺应时代发展的进步潮流，致力于推进中华优秀传统文化的创造性转化、创新性发展。

9. 要把社会主义核心价值观建设作为中国特色社会主义文化建设的重点。

10. 中国的哲学社会科学、文化艺术、新闻舆论要立时代之潮头，发时代之先声，为亿万人民鼓与呼。

11. 提高国家文化软实力，增强国际话语权，讲好中国故事，传播好中国声音。

12.互联网为开展思想政治工作提供了现代化手段，要增强我们在网上的正面宣传和影响力，努力掌握网上斗争的主动权。

13.要加强党对思想文化工作的领导，坚持"两个文明两手抓"的方针，精神文明要重在建设。要正确处理好经济效益和社会效益的关系问题。要坚持正面宣传为主，加强和改进思想政治工作，培育和塑造中华民族坚强的精神支柱，培育和塑造中华民族一代新人，为实现中华民族伟大复兴的中国梦而作出新的贡献。

14.党要始终代表中国先进文化的前进方向，以增强党的先进性为重点，加强党的建设特别是党的理想信念和思想文化建设，不忘初心，继续前进，使党始终成为中国特色社会主义事业的坚强领导核心。

这14个要点，第1个到第3个是基本原则、基本方向和基本要求；第4个到第6个是指导思想和根本问题；第7个到第8个是基本方针；第9个到第12个是文化建设的重点；第13个到第14个是党对思想文化工作的领导问题。

如果要问我们这样做的目的是什么，党中央已经有大量的论述。我们在这里只引用毛泽东1957年3月19日说过的一段话："采取现在的方针，文学艺术、科学技术会繁荣发达，党会经常保持活力，人民事业会欣欣向荣，中国会变成一个大强国而又使人可亲。"这话说得多好！中国不仅要强大，还要使人可亲！一个"使人可亲"的社会主义中国，应该是一个和平的中国、和谐的中国，归根到底，就是一个文明的中国。

我们已经确立了到2035年基本实现社会主义现代化、到21世纪中叶全局建成社会主义现代化强国的奋斗目标。实现这一宏伟目标的进程是中华文明复兴的进程，也只有在中华文明的伟大复兴中才能从根本上保证这一宏伟目标的实现。由此决定了，中华文明复兴的战略目标是，建设同 21 世纪中叶富强、民主、文明、和谐、美丽的社会主义现代化相适应的，又能促进社会主义现代化实现的中华新文明和用这种新文明培育的社会主义新人。

【作者系原中共中央党校副校长，第十届全国政协委员，第十一届全国政协常委，本文写于 2016 年 9 月】

马克思恩格斯怎样看待中国文明和中国社会

李忠杰

马克思恩格斯一生活动的主要舞台在欧洲，但他们的目标是谋求全人类的解放。因此，他们在欧美从事科学研究和工人运动的同时，也十分关注中国的历史发展和前途命运，关注中国所发生的事件及其对世界的影响。在半个世纪左右的时间里，马克思恩格斯在他们的著作中多次论及中国，其范围涉及政治、经济、文化、外交、军事、科技，等等。仅《资本论》就有 39 处论述到中国。特别是 1851 年至 1862 年间，马克思恩格斯比较集中地论述了中国问题，其中专门论述中国的文章就有 23 篇。

在这些专门的文章和散见的论述中，马克思恩格斯高度评价了中国文明对于世界历史的贡献，科学地分析了中国社会经济结构的特点，细致考察了世界经济与中国市场的关系，尖锐抨击了西方列强在中国的残暴掠夺行为，对苦难的中国人民寄予深切的同情，对中国人民的革命斗争又给予了坚决的支持，深刻地论证了中国革命与欧洲革命的辩证关系，对中国革命的前景寄予殷切的期望。

马克思恩格斯对于中国问题的论述，具有深邃的思想内涵。对此加以系统地挖掘和整理，不仅可以进一步加深对马克思主义一般原理的体验和理解，而且可以直接领受马克思主义创始人对于中国问题的评述和指导。这对于我们研究中国历史、中国社会，以及建设中国特色社会主义，都是大有裨益的。本文主要就马克思恩格斯对中国文明和中国经济社会结构的论述作一专题梳理和评述。

一、从民族历史向世界历史转化中的中国

习近平总书记在纪念马克思诞辰 200 周年大会上的讲话中，明确要求学习和实践马克思主义九个方面的重要思想，其中第八个，就是要"学习和实践马克思主义关于世界历史的思想"，把马克思的世界历史思想提到如此高的程度，是前所未有的。

当代世界的全球化问题，其实就是当年马克思恩格斯论述过的从民族历史向世界历史转化的思想。马克思恩格斯也正是在这一世界历史进程的大框架下观察和论述了中国问题。当今世界，围绕全球化的争论和博弈愈益激烈，重温马克思恩格斯的世界历史思想，具有非常重要的现实意义。

马克思恩格斯认为，人类社会的历史发展过程，就其内涵来说，是从必然王国到自由王国的飞跃，但就其外延而言，也是人类不断扩展自己的活动范围，冲破自然和社会的种种局限，从狭窄的民族历史走向广阔的世界历史的过程。因此，人类社会的发展过程，是时间与空间的结合。世界各个地区、国家、民族的发展，既有各自独特的条件、过程和特点，同时，又日益加强和丰富着它们的相互关联，并表现出某种内在的统一性。统一性与多样性的辩证统一，是把握整个世界历史进程包括每一局部社会发展及事件的基本的方法论原则。

在马克思恩格斯之前，黑格尔曾经在唯心主义基础上阐述过他的世界历史观。黑格尔认为，历史并不是杂乱无章的偶然性堆积，在它的演化中，存在着某种内在的规律性。冲破狭窄的地域范围，由民族历史汇成世界历史，就是其中的规律之一。世界历史是世界精神的外

化。世界历史同太阳的行程一致，它从东方的中国开始，经过希腊、罗马，到日耳曼结束，德国是"世界精神"的完善体现。

马克思和恩格斯在《德意志意识形态》中，对黑格尔的世界历史思想进行了唯物主义的改造，第一次系统地提出了马克思主义的世界历史进程观。马克思恩格斯认为，在人类历史发展进程中，确实奔涌着一条世界化的洪流，这就是由民族历史向世界历史的转变。但是驱动这股历史洪流的，不是什么精神和观念，而是在生产力普遍发展基础上形成的社会分工和各民族的互相交往。马克思恩格斯说，一个民族本身的整个内部结构以及各民族之间的相互关系，都取决于它的生产以及内部和外部交往的发展程度。生产力的发展，分工和交换的扩大，冲破了地域的壁垒，把各个民族推向不可分割的联系和交往中。"各个相互影响的活动范围在这个发展进程中越是扩大，各民族的原始封闭状态由于日益完善的生产方式、交往以及因交往而自然形成的不同民族之间的分工消灭得越是彻底，历史也就越是成为世界历史。"

接下去，马克思恩格斯便举例论证了他们的这一思想。值得注意的是，他们在例证中提及了中国，并把中国作为世界历史中相互密切关联的一个组成部分："例如，如果在英国发明了一种机器，它夺走了印度和中国的无数工人的饭碗，并引起这些国家的整个生存形式的改变，那末，这个发明便成为一个世界历史性的事实；同样，砂糖和咖啡在十九世纪具有了世界历史的意义，是由于拿破仑的大陆体系所引起的这两种产品的缺乏推动了德国人起来反抗拿破仑；从而就成为光荣的 1813 年解放战争的现实基础。"由此，马克思恩格斯得出结论，"历史向世界历史的转变，不是'自我意识'、世界精神或者某个形而上学幽灵的某种纯粹的抽象行动，而是完全物质的、可以通过经验证明的行动，每一个过着实际生活的、需要吃、喝、穿的个人都可以证明这种行动。"

马克思恩格斯运用世界历史进程观，科学地研究和分析了资本主义产生、发展的历史过程。他们的这一研究，包含着两个不可分割的方面，即一方面揭示了资本主义产生、发展的逻辑的时间进程，另一方面又揭示了资本主义产生、发展的逻辑的空间进程。他们认为，世界市场的发现，对于资本主义生产方式的飞跃突进起了极为重要的作用。在《共产党宣言》中，他们指出："美洲的发现、绕过非洲的航行，给新兴的资产阶级开辟了新天地。东印度和中国的市场、美洲的殖民化、对殖民地的贸易、交换手段和一般商品的增加，使商业、航海业和工业空前高涨，因而使正在崩溃的封建社会内部的革命因素迅速发展。"具体地说，正是世界市场的发现，扩大了商品的需求，促进了资本主义从工场手工业到现代大工业的转变；世界市场的扩大，使商业、航海业和陆路交通得到巨大的发展，反过来又促进工业的扩展；从而，资本主义生产方式及资产阶级的力量愈益壮大，最终取代封建主义而占据了社会的主导地位。

资本主义生产方式的确立和发展，又进一步推动世界市场的扩大，冲破民族、地区的藩篱，将整个世界联为一体。资产阶级，"挖掉了工业脚下的民族基础""使一切国家的生产和消费都成为世界性的了"。新的工业所加工的，已经不是本地的原料，它的产品也不仅供本国消费。"过去那种地方的和民族的自给自足和闭关自守状态，被各民族的各方面的互相往来和各方面的互相依赖所代替了。物质的生产是如此，精神的生产也是如此。各民族的精神产品成了公共的财产。民族的片面性和局限性日益成为不可能。"

世界市场的形成，还将资本主义的文明传播到世界各地，"把一切民族甚至最野蛮的民族都卷到文明中来了。""它的商品的低廉价格，是它用来摧毁一切万里长城、征服野蛮人最顽强的仇外心理的重炮。它迫使一切民族——如果它们不想灭亡的话——采用资产阶级的生产方式；它迫使它们在自己那里推行所谓的文明，即变成资产者。一句话，它按照自己的面貌为自己创造出一个世界。"在资本主义生产方式的进军面前，"那些几千年来没有进步的国家，例如印度，都已经进行了完全的革命，甚至中国现在也正走向革命。事情已经发展到这样的地步：今天英国发明的新机器，一年之内就会夺去中国千百万工人的饭碗。"

随着各民族互相依赖的加深和世界市场的形成，不仅民族历史汇入世界历史，而且"地域性的个人为世界历史性的、经验上普遍的个人所代替"。而各个个人的世界历史性的存在，就意味着他们的存在与世界历史直接联系在一起，受世界历史的制约和支配，同时又影响和作用于世界历史。

正因为资本主义消灭了每个国家及这些国家中每一个人以往自然形成的孤立状态，所以，马克思恩格斯充分肯定了资本主义生产方式在开创世界历史进程中所起的巨大作用。他们明确指出：资本主义"首次开创了世界历史"，使每一个民族和每一个人都深深地卷入到世界历史的巨流中。在这个意义上，资本主义开创了人类历史的新时代。

但是，资本主义所开创的世界历史还只是世界历史的一个初始阶段。在这个阶段，"单个人随着自己的活动扩大为世界历史性的活动，越来越受到对他们来说是异己的力量的支配……，受到日益扩大的、归根结底表现为世界市场的力量的支配"。只要这种异己力量还存在，人们就摆脱不了对盲目必然性的屈从。所以，资本主义虽然开创了世界历史，但并未终结世界历史，它只是为世界历史的进一步发展奠定了物质基础。随着共产主义革命的发生和胜利，"各个人的全面的依存关系、他们的这种自然形成的世界历史性的共同活动的最初形式"，将转化为对那些异己力量的控制和自觉的驾驭。

那么，世界历史超越资本主义的进一步发展，将采取何种空间形式呢？马克思恩格斯认为，实现共产主义是无产阶级肩负的历史使命。而无产阶级自身所具有的国际性质，使它只有在世界历史意义上才能存在，就像它的事业——共产主义一般只有作为"世界历史性的"存在才有可能实现一样。共产主义革命要以生产力的普遍发展和与此有关的世界交往的普遍发展为前提。在这个意义上，"共产主义革命将不是仅仅一个国家的革命，而是将在一切文明国家里……同时发生的革命"。另一方面，如果不就内容而就形式来说，无产阶级反对资产阶级的斗争首先是一国范围内的斗争。

世界历史的发展是统一性与多样性的统一。随着生产力和世界交往的普遍发展，世界各个国家、地区和民族的发展，大体上都要遵循基本的统一的规律。但是，由于地理环境、民族传统、经济发展水平、文化背景等等的不同，各个国家和地区、民族的历史发展，也必然有着自己的特点。世界在多样性中表现出统一性，而多样性又受着统一性的制约。要真正把握世界历史的发展进程，就必须十分注意研究和掌握世界历史的多样性。所以，马克思恩格斯并不以揭示了人类社会及资本主义社会的基本规律为限，而是非常密切地关注和非常仔细地研究世界不同地区的状况和特点，尤其是东西方地区、东西方文明的特点及其相互间的差异和联系。所以，作为东方社会典型代表之一的中国，就不可避免地进入了马克思恩格斯的视野之内，成为他们关注的焦点之一。特别是当时西方列强加紧对中国的侵略，导致印度、中国发生一系列重要事件，所以更引起了马克思恩格斯的注意。

在马克思恩格斯的世界历史进程观中，中国并不是孤立的中国，而是世界历史进程不可分割的一个组成部分。中国既是东方社会的标本，同时又受世界历史进程的影响。中国所发生的事件，与西方世界有着密切的联系，同时又反过来影响着西方世界。研究世界，就要研究中国；研究中国，才能更好地研究世界。

这种博大深远的世界历史进程观，是马克思恩格斯关注中国问题的思想背景；也只有在马克思恩格斯关于世界历史进程的思维模式和宏观构架中，我们才能真正认识和理解他们关于中国问题论述的真谛。

二、中国文明及其对世界的贡献

中国是一个历史悠久的文明古国，中华民族以自己的勤劳和智慧创造了光辉灿烂的科学文化。中国古代的农业、畜牧业和手工业，曾经居于世界先进水平；中国古代的科学技术，在很多方面超过西方；特别是指南针、造纸、火药、印刷术四大发明，以及天文学、数学、医学、农学等四大领域，曾经遥遥领先于世界各国；中国的思想、语言和文学艺术，也自成独特的体系。中国文明在世界文明史上占有重要的地位，对人类社会的发展进步产生了深刻的影响。

马克思恩格斯对中国文明没有作过系统的研究，但是对中国文明的成就和贡献有着基本的了解。在他们的目光中，中国首先是一个悠久的文明古国的形象。一百多年前，当中国人民还不知道马克思和恩格斯这两个名字的时候，他们就已经在自己的笔下提及和介绍了中国的文明成就。马克思恩格斯高度赞扬了中国人民的创造精神，充分肯定了中国文明对世界文明的贡献。

马克思的第一篇政论性文章，是 1842 年 1—2 月间撰写的《评普鲁士最近的书报检查令》。而正是在这第一篇政论性文章中，马克思第一次提到了中国，说的是中国的报刊。原话是："请给我们一种完善的报刊吧，这只要你们下一道命令就行了；几个世纪以来中国一直在提供这种报刊的范本。"

随后，在写于同年 4 月的《第六届莱茵省议会的辩论（第一篇论文）》中，马克思提到了一位"中国人"，即孔子，还提到了"中国人的直线——八卦"。八卦是《易经》的内容，它是由三条直线（整段的和中断的）进行不同的组合而形成的符号，即卦，象征世界上的各种事物和现象。《易经》八卦反映了一切事物都是可变的这一朴素的辩证法思想，虽然它极其玄奥，但却包含了自然哲学概念的基础。在 19 世纪的欧洲，孔子曾被认为是最初注释《易经》的人。马克思在这里提及孔子、八卦，表明他对古代中国的文化已有一定的了解。

指南针、造纸、火药和印刷术四大发明以及其他一些发明创造，是中国古代科学技术成就的突出标志。马克思恩格斯在他们许多著作、文章中都提到了这些发明，高度评价了这些发明对于世界文明所作出的重大贡献，并充分肯定了这些发明传入欧洲后，对欧洲科学技术和生产力的发展以及社会的变动所起的巨大促进作用。

在《自然辩证法》一书中，恩格斯全面列举了中国的一系列发明创造及这些发明创造传入欧洲的时间、途径。其中有："蚕在 550 年前后从中国输入希腊。""养蚕业传入意大利，1100 年前后。""棉纸在 7 世纪从中国传到阿拉伯人那里，在 9 世纪输入意大利。""磁针从阿拉伯人传到欧洲人手中，1180 年前后。"此外还提到了"破布造纸""木刻和木版印刷""活字印刷""火药"等。

在《德国农民战争》一文中，恩格斯明确指出："一系列或多或少具有重要意义的发明大大促进了手工业的发展，其中具有光辉历史意义的是火药和印刷术的发明。"所有这些发明，都大大促进了当时手工业的发展。该书是 1850 年写的。1875 年该书再版时，恩格斯又特意为这段话加了一个注解："现在已经毫无疑义地证实，火药是从中国经过印度传给阿拉伯人，又从阿拉伯人那里同火器一道经过西班牙传入欧洲的。"恩格斯的这段评论和判定，无疑为中国古代文明增添了光彩。

1857 年，恩格斯在为《美国新百科全书》所写的《炮兵》一文中，非常具体地论述了中国火药的发明及其发展和在军事上的应用过程。恩格斯说，还没有资料说明，究竟何时人们知道用硝石、硫黄和木炭等制成爆炸物，但是，"根据帕拉韦先生 1850 年在法国科学院的一份报告所引证的某些中国史料，在公元前 618 年就有了火炮；在其他一些中国古代的著述中，也有用竹筒发射燃烧实心弹以及类似爆炸弹的记载。"关于火炮在军事上的应用，恩格斯认为在中国早期没有得到充分的发展，但资料证明，"公元 1232 年"，即宋朝年间，"证实第一次大量使用了它们"。当时被围困的开封府，"曾经使用抛射石弹的火炮来抵御敌人，并且还使用了爆炸弹、炸药筒和其他利用火药的烟火剂。"

接着，恩格斯论述了火药和大炮如何传入和应用于欧洲的过程。"阿拉伯人从中国人和印度人那里学会了提取硝石和制造烟火剂。在阿拉伯，硝石有两种名称，意思是中国的盐和中国的雪。古代阿拉伯的一些著作家曾提到'中国的红火和白火'"。阿拉伯人很快"就丰富了从中国人那里学到的知识"，即在军事上使用了火炮。当时西方各国还不知道使用火药。直到 14 世纪初，火炮的知识才由阿拉伯人传给西班牙人，又从西班牙人那里传到欧洲其他各国。恩格斯进一步论证："火炮起源于东方这一点，还可以从欧洲最古的火炮的制造方法中得到证实""中国和印度最古的火炮也完全是这样制造的，它们同欧洲最古的火炮属于同样早的年代，甚至更早。"恩格斯还说："中国人和阿拉伯人知道利用和制造爆炸弹的方法，这方面的知识可能是后者传到欧洲各国的。"

中国古代四大发明和其他科学技术传入欧洲后，极大地推动了欧洲社会生产力和近代科学技术的发展，从而对欧洲的经济、政治、宗教、文化、教育等产生了广泛而深刻的影响。马克思在《机器。自然力和科学的应用》一书中，对此给予了高度的评价。他指出："火药、指南针、印刷术——这是预告资产阶级社会到来的三大发明。火药把骑士阶层炸得粉碎，指南针打开了世界市场并建立了殖民地，而印刷术则变成了新教的工具，总的来说变成科学复兴的手段，变成对精神发展创造必要前提的最强大的杠杆"。

恩格斯在《自然辩证法》中则指出："各种发明的大量涌现和东方发明的引进"，作为因素之一，使"由中世纪的市民等级所创立的工业生产和商业获得极大发展"，"不仅使希腊文献的引进和传播、海上探险以及资产阶级宗教革命成为可能，并且使它们的影响范围异常广泛而迅速地扩展，此外还提供了大量古代从未见过的、虽然还未系统化的科学事实：磁针、活字印刷、亚麻纸（12世纪以来阿拉伯人和西班牙犹太人所使用的；棉纸自10世纪以来就逐渐出现，而在13和14世纪已经传布得更广，莎草纸从阿拉伯人占领埃及以后就根本不再使用了）、火药、眼镜、机械时计，后者在计时上和力学上都是一大进步。"

在《反杜林论》中，恩格斯指出，"火器一开始就是城市和以城市为依靠的新兴君主政体反对封建贵族的武器。以前一直攻不破的贵族城堡的石墙抵不住市民的大炮；市民的枪弹射穿了骑士的盔甲。贵族的统治跟身披铠甲的贵族骑兵队同归于尽了。"同时，"火药和火器的采用决不是一种暴力行为，而是一种工业的，也就是经济的进步。"火药和火器的使用，无论对于反封建斗争，还是推动工业发展，都起了重要的作用。

印刷术在欧洲的出现，不仅变成了新教的工具，而且把学术、教育从基督教修道院中解放出来。恩格斯指出："书刊印刷业的兴起和商业发展的需要，不仅打破了僧侣对读书写字的垄断，而且也打破了他们对高等教育的垄断。"从此，欧洲的学术中心由修道院转移到了各地的大学，先进的思想文化得到了更广泛的交流和传播。

欧洲近代文明及资本主义生产方式的兴起，有欧洲自身的社会条件，但外部条件也起了不可否认的作用。中国文明进入近代时落后了，但中国古代文明在中世纪后期和近代初期传入并应用于欧洲后，恰好适应了当时欧洲从封建生产方式转向资本主义生产方式的需要。尤其是中国古代的四大发明，不仅提供了最先进的技术手段，而且能广泛应用于经济、政治、军事、文化、教育、科学等各个部门。如果没有造纸和印刷术，人们很难想象有科学文化知识的广泛传播。如果没有指南针，人们很难想象有航海业和地理大发现时代的到来以及由此而开辟的世界市场。所以，中国古代文明为近代欧洲文明的兴起提供了重要的国际条件。正是在这个意义上，马克思把中国古代四大发明称为"资产阶级发展的必要前提"。

三、中国的经济社会结构及其惰性

社会经济结构是一定的法律的和政治的上层建筑及意识形态竖立其上的现实基础，也是区分不同社会形态的标准。马克思恩格斯研究考察任何社会，总是首先着眼于它的物质生活方式、它的物质资料的生产方式、它的社会的经济结构。对中国的考察也不例外。他们虽然没有专门的著作和文章剖析中国的社会经济结构问题，但是在其各种有关中国的文章和著作中，不同程度表述了他们对中国社会经济结构的基本看法和基本印象。这些论述，对我们加深对中国社会历史的认识是有益处的。

如果说，马克思恩格斯对中国古代文明给予了高度评价的话，那么，他们对中国的经济、社会结构却没有给予赞扬。虽然他们在道义上对中国人民在近代遭遇的命运抱有深切的同情，但从社会历史发展的角度上，对中国延续上千年的经济、社会结构及政治制度，却持严肃和冷峻的批判态度。

在1850年写的《国际述评（一）》中，马克思恩格斯把中国称作"世界上最古老最巩固的帝国"，就它的落后性来说，甚至是"最反动最保守的堡垒"。在1857年写的《波斯和中国》中，恩格斯把中国的社会制度称作是"这个世界上最古老国家的腐朽的半文明制度"。在1862年写的《中国记事》中，马克思把中国称为"活的化石"。

当然，这种严厉的态度并不意味着对中国整个历史的否定。毫无疑问，在封建社会，中国的经济和社会发展曾有过辉煌的纪录，但是到近代，相对于西方资本主义文明的崛起，中国却明显地落后了、衰朽了。所以，马克思恩格斯笔下中国的落后性、保守性，基本上都是指近代中国的衰朽状态，而且都是在与近代资本主义生产方式高速发展相比较的意义上而言的。对这种衰朽状态，恩格斯描述道："这个帝国是如此衰弱，如此摇摇欲坠，它甚至没有力量来度过人民革命的危机，因为连激烈爆发的起义也会在这个帝国内变成慢性的而且显然是不治的病症；这个帝国是如此腐化，它已经既不能够驾驭自己的人民，也不能够抵抗外国的侵略。"

那么，为什么中国的封建王朝维持得那样久长？一个文明发展很早的古国为什么不能像欧洲那样及时进入现代社会发展的新阶段呢？

恩格斯指出，古老中国整个传统的经济体系，是一种"同家庭工业结合在一起的过时的农业体系"。以这种农业体系为主体，构成了一个自给自足的封闭式的经济结构。这种经济结构像其他前资本主义生产方式一样，也是一种自给自足的自然经济，但同时，又有自己的很多特点。马克思恩格斯从不同侧面论述了这些特点，归纳起来主要有：

第一，小农业和家庭手工业的结合十分紧密，其内部结构非常坚固，具有明显的保守性和排他性。马克思在《资本论》中指出："在印度和中国，小农业和家庭工业的统一形成了生产方式的广阔基础。"这种"农业和手工制造业的直接结合"，造成了"巨大的节约和时间的节省"，使生活必需品的生产成本非常低廉，从而对商品经济的发展形成了巨大的障碍，或者说，"对大工业产品进行了最顽强的抵抗"。

在《对华贸易》一文中，马克思具体说明了中国农业和家庭手工业的情况。马克思详细引证了英国官员米契尔的有关报告："每一个设置齐备的农家都有织布机，世界各国也许只有中国有这个特点。""只有节俭的中国人才一干到底。中国人不但梳棉和纺纱，而且还依靠自己的妻女和雇工的帮助，自己织布；""在收获完毕以后，农家所有的人手，不分老少，都一齐去梳棉、纺纱和织布；他们就用这种家庭自织的料子，一种粗重而结实、经得起两三年粗穿的布料，来缝制自己的衣服；而将余下来的拿到附近城镇去卖"。因此，中国的农民"不单单是一个农民，他既是庄稼汉又是工业生产者。他生产布匹，除原料的成本外，简直不费分文"。马克思认为，中国这种小农业与家庭工业的结合解答了一个谜，即"为什么世界上最先进的工厂制度生产出的产品，售价竟不能比最原始的织布机上用手工织出的布更低廉呢?"也正因为自给自足的生活必需品成本低廉，因而使得外部的工业产品难以打入中国农村生活的圈子。

第二，中国的自然经济，自给自足的程度较高，加之中国人生活方式的节俭，因而对商品经济的依赖性较小。中国的农户除食盐、煤油等少量生活必需品依赖市场外，其他生活资料基本上可以自给。马克思继续引用米契尔的报告：中国农民"大都拥有极有限的从皇帝那里得来的完全私有的土地，每年须交纳一定的不算过高的税金；这些有利情况，再加上他们特别刻苦耐劳，就能充分满足他们衣食方面的简单需要。"而且，"中国人的习惯是这样节俭、这样因循守旧，甚至他们穿的衣服都完全是以前他们祖先所穿过的。这就是说，他们除了必不可少的以外，不论卖给他们的东西多么便宜，他们一概不要。"需求的缺乏必然限制商品市场的扩大，因而也就必然限制了新的生产方式的出现和发展。

第三，农业生产率的低下，限制了分工的发展和资本的原始积累。马克思认为，中国"小规模园艺式的农业"，虽然"也有过这种巨大的节约"，但"总的说来，这种制度下的农业生产率，以人类劳动力的巨大浪费为代价，而这种劳动力也就不能用于其他生产部门"。千百年来，中国农业生产的工具和技术虽有发展，但长期没有根本性的改进，所以农业生产主要依靠大量的手工劳作。农业生产占据了大量的劳动力，因而妨碍了精细分工的发展，使剩余劳动力向其他部门转移成为不可能。生产率的低下，也使得人们的生产只能限制在自给自足的范围之内，难以创造更多的财富以促进资本的原始积累，难以生产更多的产品以进入流通领域。

第四，长期的闭关自守，使中国落后于世界文明的步伐。恩格斯认为，中国传统的经济体系"是通过严格排斥一切对抗成分而人为地维持下来的"，曾经长期处于"全盘排外的状况"。马克思说："与外界完全隔绝曾是保存旧中国的首要条件"，而当这种野蛮的、闭关自守的、与文明世界"为暴力所打破的时候"，"接踵而来的必然是解体的过程，正如小心保存在密闭棺材里的木乃伊一接触新鲜空气便必然要解体一样。"

当然，马克思恩格斯对中国经济结构的论述是从总体上而言的，它反映了中国经济结构的基本特点。但是，事实上，到封建社会末期，中国社会内部也逐渐自发地生长着商品经济的因素，商品生产和对外贸易也有一定的发展。对此，马克思恩格斯也有所注意。恩格斯在为《美国新百科全书》所写的《缅甸》一文中多次提到了中缅贸易的情况，如缅甸的"松节油大量向中国输出"，"瓷器从中国输入"。他还特别强调："缅甸同中国的贸易极为广泛，向中国输出原棉、装饰用的羽毛（主要是蓝松鸦的羽毛）、食用燕窝、象牙、鹿茸、犀牛角和某些比较稀贵的宝石。缅甸以此交换的输入品有：加工过的铜、黄砷、水银、朱砂、金属器皿、铜丝、锡、铅、矾、银、金（包括金叶）、陶器、颜料、地毯、大黄、茶叶、蜂蜜、生丝、丝绒、中国烧酒、麝香、铜绿、干果、纸张、扇子、伞、鞋和衣服。"恩格斯还提到，缅甸生产丝织品"用的是中国生丝"，缅甸"北方山坡上大量种植地道的中国茶树"，等等。

除了对中国经济结构的分析外，马克思恩格斯还注意对中国的上层建筑进行考察。他们的著作中，不时地反映出对中国政治制度的看法。如同对经济结构的分析一样，他们对中国政治制度的腐朽性也给予了尖锐的批判。

在中国封建社会里，长期存在着专制主义的政权，其特点是皇帝的权力至高无上，自上而下形成严密的金字塔形官僚体系。马克思对此描述道："皇帝通常被尊为全中国的君父"，"皇帝的官吏也都被认为对他们各自的管区维持着这种父权关系。"这种中央集权的"官僚体系"和"宗法制度"是与东方社会的经济特点相适应的。马克思在《不列颠在印度的统治》一文中曾指出："利用水渠和水利工程的人工灌溉设施"是"东方农业的基础"。"节省用水和共同用水是基本的要求"，"但是在东方，由于文明程度太低，幅员太大，不能产生自愿的联合，因而需要中央集权的政府进行干预。"马克思这里指的主要是印度等国家，中国情况有所不同，但东方社会的某些共同特点中国还是有的。

马克思认为，满清王朝闭关锁国的排外政策有其政治上的原因，实际上也是满清政治制度的一个特点。马克思说："仇视外国人，把他们排除在帝国之外，这在过去仅仅是出于中国地理上、人种上的原因，只是在满族鞑靼人征服了全国以后才形成一种政治原则。毫无疑问，17世纪末竞相与中国通商的欧洲各国彼此间的剧烈纷争，有力地助长了满族人实行排外的政策。可是，更主要的原因是，这个新的王朝害怕外国人会支持一大部分中国人在中国被鞑靼人征服以后大约最初半个世纪里所怀抱的不满情绪。出于此种考虑，它那时禁止外国人同中国人有任何来往，要来往只有通过离北京和产茶区很远的一个城市广州。外国人要做生意，只限同领有政府特许执照从事外贸的行商进行交易。这是为了阻止它的其余臣民同它所仇视的外国人发生任何联系。"

马克思恩格斯还揭露了中国封建制度的腐朽性。在《政治经济学批判》中，马克思引用孟德维尔的一段话，揭露了中国皇帝对社会财富的挥霍浪费和对于经济规律的破坏："这个皇帝（中国皇帝）可以无限制地尽情挥霍。因为除了烙印的皮或纸以外，他不支出也不制造任何其他货币。当这些货币流通太久，开始破烂时，人们把它们交给御库，以旧币换新币。这些货币通行全国和各省……他们既不用金也不用银来制造货币"，"因此他可以不断地无限制地支出"。这段话中关于货币的情况不符合中国的事实，因为恰恰相反，中国所采用的货币主要是金银而不是纸币。但是说中国皇帝尽情挥霍，这是真实的。

在《鸦片贸易史》一文中，马克思揭露了天朝帝国的自大和保守的惰性："一个人口几乎占人类三分之一的大帝国，不顾时势，安于现状，人为地隔绝于世并因此竭力以天朝尽善尽美的幻想自欺。这样一个帝国注定最后要在一场殊死的决斗中被打垮。"

但是这个帝国没有等到自己内部的死亡，却遇到了外部的暴力入侵和掠夺。鸦片的入侵加剧了帝国的腐败。"帝国当局、海关人员和所有的官吏都被英国人弄得道德堕落。""侵蚀到天朝官僚体系之心脏、摧毁了宗法制度之堡垒的腐败作风，就是同鸦片烟箱一起从停泊在黄埔的英国趸船上被偷偷带进这个帝国的。""和私贩鸦片有关的行贿受贿""完全腐蚀了中国南方各省的国家官吏"。"那些靠纵容私贩鸦片发了大财的官吏的贪污行为"，"逐渐破坏着这一家长制权威——这个庞大的国家机器的各部分间的唯一的精神联系"。"所以几乎不言而喻，随着鸦片日益成为中国人的统治者，皇帝及其周围墨守成规的大官们也就日益丧失自己的统治权。"

正由于中国经济、社会结构和政治制度的种种特点，所以，中国的封建王朝虽然一朝一朝地更换，但总的制度仍千百年延续了下来。经济没有显著的变革和发展，一直处于自给自足自然经济的状态。"经常看到"的是"社会基础不动而夺取到政治上层建筑的人物和种族不断更迭的情形"。

【作者系中共党史学会副会长、中央马克思主义理论研究和建设工程咨询委员会委员、原中共中央党史研究室副主任，十二届全国政协委员】

中华文明具有突出的创新性，
中国共产党拥有文化创新自觉和文明创造能力

陈　晋

在中国共产党成立 100 周年之际，"中国共产党与人类文明新形态"作为一个很重要的理论话题被提出并凸显。习近平总书记在庆祝中国共产党成立 100 周年大会上的重要讲话、党的十九届六中全会审议通过的《中共中央关于党的百年奋斗重大成就和历史经验的决议》，都鲜明地从文明的高度来总结我们党的历史，阐释中国道路。比如，提出近代中国成为半殖民地半封建社会，遭受"文明蒙尘"；提出马克思主义基本原理同中国具体实际相结合、同中华优秀传统文化相结合；提出习近平新时代中国特色社会主义思想是中华文化和中国精神的时代精华；提出用马克思主义真理的力量激活了中华民族历经几千年创造的伟大文明，使中华文明再次迸发出强大精神力量；提出党领导人民成功走出中国式现代化道路，创造了人类文明新形态；提出党一百年来开辟的伟大道路、创造的伟大事业、取得的伟大成就，必将载入人类文明发展史册；提出向世界讲好中国故事、中国共产党故事，传播好中国声音，促进人类文明交流互鉴，国家文化软实力、中华文化影响力明显提升；等等。这些新论述、新概念、新表达和新要求，构成了一个具有内在逻辑且自成体系的理论范畴，为理论界拓展出一个广阔而深刻的学术空间。

一

从党的历史来看，文化和文明的创造与创新是中国共产党的重要优势。用马克思主义武装起来的中国共产党，从几十个人发展到今天，已经成为拥有9800多万名党员的世界第一大执政党，风雨兼程一百年，在推进中华民族伟大复兴的历史进程中创造了一个又一个奇迹。究其原因，除了坚持党的坚强领导以及政治、军事、经济等方面战略策略取得的成功之外，必定还有文化上的天然禀赋、内生动力和发展活力作为基础、作为依靠。

中国共产党是一个有高度文化自觉的党，党的百年奋斗凝聚着我国文化奋进的历史。第一代中国共产党人，他们大都是五四新文化运动的精神产儿，对于在文化上批判什么、扬弃什么、追求什么、构建什么，他们从一开始就有相应的历史自觉。马克思主义、俄国革命等实际上是被他们当作新文化的模样、新的文明形态来学习、追求、实践、创造的。1920年，毛泽东便公开发表文章说：大家都在闹新文化，但并不懂得新文化是什么，"彻底些说吧，不但湖南，全中国一样尚没有新文化。全世界一样尚没有新文化。一枝新文化小花，发现在北冰洋岸的俄罗斯。"可见，在毛泽东心目中，中国应该建设的中华新文化、新文明，并非五四时期让人眼花缭乱的一切新东西，他只把马克思主义指导下的俄国十月革命之后出现的新社会看作新文化、新文明的雏形。

在我们党的历史上，瞿秋白最早提出"文化革命"的主张。毛泽东的名著《新民主主义论》，原题就叫《新民主主义的政治与新民主主义的文化》，也就是说，他在构建新民主主义的社会形态框架时，就把文化作为一种很重要的底色，并由此明确提出"文化革命"的目标，就是要建立"中华新文化"。这篇论著还特别谈及："其中最奇怪的，是共产党在国民党统治区域内的一切文化机关中处于毫无抵抗力的地位，为什么（国民党的）文化'围剿'也一败涂地了？这还不可以深长思之吗？"人们"深长思之"的结论就是：中国共产党拥有文化创新自觉和文明创造能力，从根本上代表了中华新文化和人类新文明的前进方向，因而，站在对立面的文化势力，无论看似多么强大，都会败下阵来。

于是，1949年新中国成立的时候，我们党受到思想界、理论界、文化界的热烈拥护，这在世界上革命成功的国家中是罕见的。新中国成立时中国共产党进行新型文明创造的文化环境与文化条件，甚至明显优于十月革命成功时的苏联共产党。以作家为例，据老舍统计，新中国成立时离开大陆的中国作家不足10%。也就是说，超过90%的作家都选择留了下来，在中国共产党领导下建设中华新文化、新文明。

新中国诞生的时候，毛泽东曾指出："随着经济建设的高潮的到来，不可避免地将要出现一个文化建设的高潮。中国人被人认为不文明的时代已经过去了，我们将以一个具有高度文化的民族出现于世界。"可以说，从那时起，一个以新社会制度为基础的新型国家文明形态，就已经在中华大地上开始建立了。

二

从现实看，"中国共产党与人类文明新形态"理论空间的拓展，具有非常强烈的现实紧迫性。

第一，中国道路发展到今天，越来越需要从文化、文明的角度提炼它的内容规定性。改革开放是中国共产党的一次伟大觉醒，正是在中国共产党领导的改革开放和社会主义现代化建设的伟大实践中，中国走出了一条独特的发展道路。进一步说，开创、坚持、捍卫、发展中国道路即中国特色社会主义道路，是党和人民历经千辛万苦、付出巨大代价取得的根本成就。要坚定道路自信，就必须站在文化和文明的高度来观察、思考和梳理中国道路的历史必然性和内容规定性。为此，习近平总书记着重强调并充分论述了"文化自信"这一理论范畴，认为它是道路自信、理论自信、制度自信的"基础"，还指出，文化自信"是更基础、更广泛、更深厚的自信"，"是一个国家、一个民族发展中最基本、最深沉、最持久的力量"。所以说，"如果没有中华五千年文明，哪里有什么中国特色？如果不是中国特色，哪有我们今天这么成功的中国特色社会主义道路？"

第二，中国拓展了发展中国家走向现代化的途径，给世界上那些既希望加快发展又希望保持自身独立性的国家和民族提供了全新选择。别人的选择，重点或许在经济发展方式和路径方面，但经济发展的动能从来不只是集中在物质和技术层面，其背后必然有理论、制度、文化等方面因素的支撑。为此，就需要我们把中国式现代化道路的文明属性和文明特征揭示清楚，传达出来，讲明白中国共产党何以为人类探索更好社会制度和文明新形态，提供了中国经验、中国方案、中国智慧。

第三，当前，世界正经历"百年未有之大变局"，其实质是国际力量对比出现深刻调整，以中国为代表的一批新兴市场国家和发展中国家参与到第三次工业革命进程中，呈现出群体性发展势头，促使国际政治经济格局发生变化，虽然西强东弱的情况还没有完全改变，但是近代以来西方发达国家主导世界的绝对优势，正逐步演变为相对优势。在此背景下，西方舆论中确实出现了把不同国家发展道路的差异归结为"文明冲突"的想法。对于这样的观点，我们需要予以回应。在百年变局的形势下，讲清楚中国道路的文明属性和文明特征尤其显得紧迫。和西方进行一场既针锋相对又有理有利有节的文明对话，事实上已经成为我们讲好中国故事、讲好中国共产党故事不能回避的事情。文明的话题，已经不容忽视地摆在了新时代中国同西方的"对话桌"上。

三

百年变局的实质是国际力量深刻调整，其根源也在于世界政治多极化和文化价值观多元化趋势越来越明显，盛行几百年的西方文明"中心论"受到挑战。普遍来看，不同国家、民族、地区之间确有发展战略、经济利益和生产生活方式，乃至价值观上的差异。但这些差异，难道真的会导致"整体性的文明冲突"吗？至少从中国文明来看，答案并非如此。

第一，中国文明没有必然和其他文明发生冲突的基因。中国传统思维，强调"己所不欲，勿施于人"，就是说，你自己都不想干的事情不能强求别人去干。还有，中国人习惯的是"各美其美、美美与共"，讲的是在大家的相处中每个人都可以坚持自己的爱好和习惯，各种爱好和习惯是可以相互包容，甚至是相互欣赏的。这种"和而不同"的文化传统，正是今天中国处理国际关系、看待百年变局的思想资源和文化依据。对于中国人真诚地讲"和平共处""和平发展""合作共赢"，却仍然难以被一些缺少"和而不同"传统的西方世界理解和认同。其原因则在于，他们的话语体系、思维习惯都是以个人主义和自由主义价值观为基础的。

第二，中西方看待文化差异的态度不一样。法国前总理拉法兰写过一本《中国悖论》的书，其中指出：在西方希望向中国强加他们的观念及体系的时候，中国人在努力证明，可以提供一个不同的"中国方案"；西方人认为，相对的事物必定冲突，真相只有一个，中国的阴阳平衡文化让人们认为"反者道之动"，即矛盾双方循环往复是道的运动规律。确实，中国为追寻现代化，对西方文化的了解、研究和学习已经持续了将近两个世纪。中国不会无端反对和自己不一样的东西，更不会强求别人接受自己的文明，而总是努力用实践告诉别人，"我和你确实不一样"，但可以"求同存异"，就是在不同的文明之间尽量找出相同的地方，在互动中接近，努力地朝着一个方向去走。

比如，中国人最崇拜的本土思想家是孔子，最崇拜的西方近代思想家是马克思，他们既有文明背景的差异，又有时代的差异。按理说，这两个人在一起是会"争吵打架"的。但是，中国共产党却成功地实现了马克思主义中国化，不仅在理论上，而且在实践上，把马克思主义基本原理与中华优秀传统文化结合了起来，进行文化和文明的创造和创新，于是便有了人类文明新形态的出现。中国是怎样做到这一点的呢？可以通过一个例子来说明。著名文学家、历史学家郭沫若在 1926 年发表过一篇文章，题目叫《马克思进文庙》。他在这篇文章中想象，有一天马克思来到了上海，走进供奉孔子的文庙，看见孔子的塑像，忍不住要和孔子讨论各自的社会理想、产业政策和富民主张。他们各自申述了自己的观点，讨论的结果让马克思发出这样的感慨：我不想在两千年前，在远远的东方，已经有了你这样的一个老同志！你我的见解完全是一致的。这是文学想象，也是中国人的愿望和思维习惯，是中华文明的鲜明特点。

四

英国的克里·布朗教授提到一个观点，他说："无论西方是否承认中国的价值观，我们都不能不承认中国作为一个庞大文明体系的存在，而且很有可能在未来与西方体系长期共存。"习近平总书记的论述更为明确，他指出，"历史反复证明，任何想用强制手段来解决文明差异的做法都不会成功，反而会给世界文明带来灾难"。

如何摆脱"文明冲突论"的困扰、拥抱共同的未来，更为睿智的建议已经摆在了世界面前。在联合国日内瓦总部的演讲中，习近平总书记指出，"文明差异不应该成为世界冲突的根源，而应该成为人类文明进步的动力""每种文明都有其独特魅力和深厚底蕴，都是人类的精神瑰宝。不同文明要取长补短、共同进步，让文明交流互鉴成为推动人类社会进步的动力、维护世界和平的纽带"。

实际上，全人类的许多价值追求和善恶标准是共通的，比如都崇尚自由、追求公正、爱好和平、向往安宁富足的生活，都反对奴役、压迫、暴力、贫困、对生态的破坏等。为此，党的十九届六中全会审议通过的历史决议明确宣示，"推动构建人类命运共同体，弘扬和平、发展、公平、正义、民主、自由的全人类共同价值，引领人类进步潮流"。弘扬的是"全人类共同价值"，而不是西方所谓的"普世价值"，这是中国提出构建人类命运共同体设想的文化价值观基础。构建人类命运共同体，体现了符合时代潮流的文明大道，是百年变局下不同文明对话的应有趋势，更是中国式现代化道路、中国共产党领导人民创造的人类文明新形态的优势所在。向这一理想目标前进，首先要扩大利益汇合点，同时要弘扬全人类共同价值。这是一个非常深刻的命题，在我们对外讲好中国故事、讲好中国共产党故事的过程中，起着"四梁八柱"的作用。

【作者系中央马克思主义理论研究和建设工程咨询委员会委员，原中共中央文献研究室副主任、中央党史和文献研究院原院务委员】

充分认识新的文化使命，传承发展中华诗词

周文彰

2023年6月2日在文化传承发展座谈会上，习近平总书记发表重要讲话，从党和国家事业发展全局战略高度，对中华文化传承发展的一系列重大理论和现实问题作了全面系统深入阐述，号召担负起新的文化使命，推进社会主义文化强国和中华民族现代文明建设，因此具有十分重要的意义。中华诗词是中华优秀传统文化的精髓，既是要大力传承发展的重要内容，也承担着传承发展的重要责任。关于如何学习领会习近平总书记的重要讲话精神，我想讲四点意见。

一、充分认识中华文明的突出特性，提高建设中华民族现代文明的自觉性

全面论述中华文明的突出特性，是习近平总书记重要讲话的精彩之处，是我们要认真学习领会的第一个重点。习近平总书记深刻地指出，中华文明具有五大突出特性，这就是连续性、创新性、统一性、包容性、和平性。只有深刻认识中华文明的这些突出特性，才能更加自觉地投身于建设中华民族现代文明。

连续性是中华文明的第一个突出特性。这一特性让我们更深刻地看到中华民族为什么必然走自己的路，告诫我们只有从源远流长的历史连续性来认识中国，才有可能更好地理解古代中国、理解现代中

国、理解未来中国。

创新性是中华文明的第二个突出特性。这一特性让我们更深刻地懂得中华民族何以具有守正不守旧、尊古不复古的进取精神，中华民族何以具有不惧新挑战、勇于接受新事物的无畏品格。

统一性是中华文明的第三个突出特性。这一特性让我们更清晰地认识中华民族各民族文化为什么能够融为一体、即使遭遇重大挫折也牢固凝聚，为什么具有国土不可分、国家不可乱、民族不可散、文明不可断的共同信念；国家统一永远是中国核心利益的核心，一个坚强统一的国家是各族人民的命运所系。

包容性是中华文明的第四个突出特性。这一特性让我们更坚定地坚持中华民族交往交流交融的历史取向、中国各宗教信仰多元并存的和谐格局、中华文化对世界文明兼收并蓄的开放胸怀。

和平性是中华文明的第五个突出特性。这一特性决定了中国始终是世界和平的建设者、全球发展的贡献者、国际秩序的维护者，决定了中国不断追求文明交流互鉴而不搞文化霸权，决定了中国不会把自己的价值观念与政治体制强加于人，决定了中国坚持合作、不搞对抗，决不搞"党同伐异"的小圈子。

二、充分认识"两个结合"，加深对"中国特色"的理解

透彻论述"两个结合"，特别是第二个"结合"，是讲话的又一精彩之处，是我们要认真学习领会的第二个重点。习近平总书记指出："在五千多年中华文明深厚基础上开辟和发展中国特色社会主义，把马克思主义基本原理同中国具体实际、同中华优秀传统文化相结合是必由之路。这是我们在探索中国特色社会主义道路中得出的规律性的

认识，是我们取得成功的最大法宝。""我们的社会主义为什么不一样？为什么能够生机勃勃充满活力？关键就在于中国特色，中国特色的关键就在于'两个结合'。"

讲话对"两个结合"的透彻论述，让我们懂得了很多道理。

第一，让我们清晰地懂得，之所以能够"结合"，是因为马克思主义和中华优秀传统文化存在高度的契合性。相互契合才能有机结合。

第二，让我们清晰地懂得，"结合"的结果是互相成就，造就了一个有机统一的新的文化生命体，让马克思主义成为中国的，中华优秀传统文化成为现代的，让经由"结合"而形成的新文化成为中国式现代化的文化形态。

第三，让我们清晰地懂得，"结合"筑牢了道路根基，让中国特色社会主义道路有了更加宏阔深远的历史纵深，拓展了中国特色社会主义道路的文化根基。中国式现代化赋予中华文明以现代力量，中华文明赋予中国式现代化以深厚底蕴。

第四，让我们清晰地懂得，"结合"打开了创新空间，让我们掌握了思想和文化主动，并有力地作用于道路、理论和制度。更重要的是，"第二个结合"是又一次的思想解放，让我们能够在更广阔的文化空间中，充分运用中华优秀传统文化的宝贵资源，探索面向未来的理论和制度创新。

第五，让我们清晰地懂得，"结合"巩固了文化主体性，创立新时代中国特色社会主义思想就是这一文化主体性的最有力体现。"第二个结合"，是我们党对马克思主义中国化时代化历史经验的深刻总结，是对中华文明发展规律的深刻把握，表明我们党对中国道路、理论、制度的认识达到了新高度，表明我们党的历史自信、文化自信达到了新高度，表明我们党在传承中华优秀传统文化中推进文化创新的自觉性达到了新高度。

以上两部分，我几乎原原本本地转述了习近平总书记的重要讲话内容，便于大家学习领会。

三、充分认识新的文化使命，共同努力创造属于我们这个时代的新文化

习近平总书记在讲话中强调，在新的起点上继续推动文化繁荣、建设文化强国、建设中华民族现代文明，是我们在新时代新的文化使命。要坚定文化自信、担当使命、奋发有为，共同努力创造属于我们这个时代的新文化，建设中华民族现代文明是习近平总书记发出的重要号召。如何充分认识新的文化使命，积极投身创造属于我们这个时代的新文化，是我们要认真学习领会的第三个重点。

什么是属于我们这个时代的新文化？我们正在期待权威的阐释。我初步理解：属于我们这个时代的新文化，是反映时代特色的文化、弘扬时代精神的文化、合乎时代要求的文化、引领时代进步的文化。这一任务落实到我们诗词界，就是要创作属于我们这个时代的诗词精品，即创作反映时代特色的诗词精品、弘扬时代精神的诗词精品、合乎时代要求的诗词精品、推动时代进步的诗词精品。如何创作属于我们这个时代的诗词精品，从而积极参与创造属于我们这个时代的新文化呢？

第一，要组织学习和贯彻落实习近平总书记在文化传承发展座谈会上的重要讲话。要把学习贯彻作为重要政治任务抓细抓实，把学习贯彻作为各单位会员主题教育的重要内容。要把学习贯彻同学习贯彻

习近平总书记关于文艺工作的系列讲话结合起来、同学习贯彻党的二十大精神结合起来，用以指导诗词创作。

第二，要树立"坚持与时代同步伐"的诗词价值观。诗人和诗词要"承担记录新时代、书写新时代、讴歌新时代的使命，勇于回答时代课题，从当代中国的伟大创造中发现创作的主题、捕捉创新的灵感，深刻反映我们这个时代的历史巨变，描绘我们这个时代的精神图谱，为时代画像、为时代立传、为时代明德"，让诗词成为时代的号角。

第三，要坚持守正创新，努力创作反映新时代的诗词精品。守正创新，是党的创新理论的世界观和方法论。这就要求我们处理好数量与质量的关系，更加注重诗词质量。可以说，由于诗词创作队伍庞大，诗词创作数量巨大，因此，繁荣发展中华诗词，无论是整体还是个人，都不需要在创作数量上下功夫，而是要在创作质量上下功夫。要有"好诗不厌百回改""一诗千改始心安"的态度和追求，多创作属于我们这个时代的诗词精品。

第四，要推动诗词组织向新时代转型。这就要研究思考，创作属于我们这个时代的诗词需要什么样的诗词组织。这是需要大家讨论的重大问题。比如，应当是具有正确诗词价值观的诗词组织（即正确评判诗词的文本价值，十分重视诗词的社会价值），应当是风清气正的诗词组织（如不计较个人名利、不搞文人相轻、不刚愎自用自以为是、不以诗谋私也不以私谋诗），应当是不拘一格降人才的诗词组织（打破论资排辈、善于发现培养使用年轻诗词人才、合理的班子年龄结构等），等等。为此，各单位会员及其各级诗词组织要按照主题教育的要求，认真查摆各自存在的问题，分析原因，采取有效措施，边学习边整改。要通过主题教育，进一步"讲政治、讲团结，树正气、树形象";组织要成为合乎新时代要求的诗词组织,会长们要做好各方面的表率;个人要做一个合乎新时代要求的诗词工作者和诗词学习者、创作者、传播者。

第五,要以学习贯彻为动力,持续推进《"十四五"时期中华诗词发展规划》逐项落到实处。《规划》制定了"五大目标""九大工程"。"五大目标",即开创诗词工作服务国家大局的新境界,创造诗词事业满足人民需求的新气象,构建诗词创作紧贴时代发展的新局面,营造风清气正的诗词创作发展新环境,形成诗词人才队伍新结构。"九大工程",即诗词精品创作工程、诗词评论与研究工程、诗教质量提升工程、诗词人才队伍建设工程、诗词出版与传播工程、诗词组织建设工程、诗词工作联动工程、学会领导成员和会员学习提高工程、诗词网站联动共享工程。中华诗词发展规划,不是中华诗词学会工作规划,而是指导和协调单位会员及其各级诗词组织开展诗词工作的规划,这个规划需要我们一起在各自主管部门的领导和支持下共同努力、通过各自的工作去逐步实施。

四、认真学习研究毛泽东的诗词观,运用于我们的诗词创作和诗词鉴赏

2023 年是毛泽东同志诞辰 130 周年。毛泽东没有专门写过诗论文章,但研究者们精心收集资料,发掘整理出一些关于毛泽东论诗的论文,可供我们参考。《中华诗词》2023 年第 6 期发表了梅岱同志撰写的《毛泽东的诗词观》,为我们学习、研究和运用毛泽东的诗词观提供了更加系统深入的参考文献。

毛泽东诗论有两个特别之处:第一,他是一位伟大的政治家,他

是以政治家的眼光来评诗和论诗。第二，他又是一位伟大的诗人，有着丰富的创作经验，因而有着更强的说服力。毛泽东的诗词观主要包含以下内容：

（一）格律诗"要发展，要改革"，"不断地推陈出新"。毛泽东说："因为它从《诗经》以来有几千年的发展历史，至今还有人喜欢"，"凡是对人民有好处的东西，人民不会打倒它的"。在毛泽东看来，格律诗的"格"与"律"不能被任意打破，它们是历史的产物，是约定俗成的，否则就成了顺口溜。他还认为：不论平仄，不讲叶韵，还算什么格律诗词？掌握了格律，就觉得有自由了。而且，毛泽东不赞成把格律诗叫"旧诗"，认为把诗分成新、旧，是不科学的。把从外国引进的诗，像莎士比亚的十四行，叫"新诗"，都是死人的，何"新"之有？……把格律诗叫"旧诗"，含有贬义。就他个人兴趣说，他则偏爱格律诗。但格律诗要发展，要改革。他肯定鲁迅杂文入诗。他提倡诗词语言大众化，他提倡写重大题材，等等。

（二）诗词"要写重大题材"。什么是重大题材？就是革命题材、人民生活。毛泽东强调写重大题材是"诗歌的革命任务"。毛泽东诗词始终聚焦中国革命和建设，几乎全部是重大题材。梅岱评论道：作为文学艺术的诗词，能不能投入社会生活的大潮流，能不能登上民族艺术的大舞台，能不能融入时代进步的主旋律，决定了其地位和价值。

（三）诗人要做人民的代言人。这是毛泽东诗词观中最具根本性的思想。早在1939年，他就指出："包括诗歌在内，我觉得都应是适合大众需要的才是好的。现在的东西中，有许多有一种毛病，不反映民众生活，因此也为民众所不懂。"他以人民为标准评价李白、杜甫、鲁迅。他说李白"为中国人民写了许多珍贵的艺术诗篇"，他说杜甫：

"是中国古代最伟大的人民诗人"。他为什么这么看重鲁迅，就是要为中国文艺工作者树立一个榜样："一切共产党员，一切革命家，一切革命的文艺工作者，都应该学鲁迅的榜样，做无产阶级和人民大众的'牛'，鞠躬尽瘁，死而后已。""为什么人的问题，是一个根本的问题，原则的问题"。诗词不是曲高和寡的精英文化、贵族文化，是属于人民的大众文化，理所应当为人民放歌抒情。

（四）"诗言志"。1945年毛泽东的《沁园春·雪》轰动重庆山城，诗人徐迟请教如何写诗，毛泽东在徐迟的小本子上写下"诗言志"三个字。"诗言志"出自《尚书·尧典》，被学者认为是中国诗论"开山的纲领"。毛泽东的诗论中，"志"和"气"是统一的、分不开的，有"志"而不能达，则"气"生。他借司马迁的话说，《诗》三百篇皆圣贤发愤之所为作也。然后他引申开来解释道，"发愤之所为作，心里没有气，他写诗？"毛泽东说秦观的《踏莎行·郴州旅舍》是其"穷愁潦倒，忧愤满腹"之作，陆游写《卜算子·咏梅》，是因其"陷于孤立""苍凉寂寞"等而作的。这"志"在毛泽东那里，既包括抑郁不平之气，也包括慷慨豪迈之气、欢喜愉悦之情，即所谓诗词"兴观群怨"的功能。

（五）"诗的语言，要以现代大众语为主"。毛泽东对杜甫的诗"口语化""大众化"极为赞赏。"射人先射马，擒贼先擒王"两句，"这是民间流传的两句极为普通的话，杜甫看出了它的作用，收集起来写在诗中。毛泽东也曾赞扬白居易"用通俗易懂的口语，写出精彩的文艺作品"。毛泽东说："诗的语言，当然要以现代大众语为主，加上外来语，和古典诗歌中现在还有活力的用语。"

（六）"诗贵意境高尚，尤在意境的动态变化"。毛泽东说："神奇的想象，奇妙的构思，大胆的夸张，严谨的平仄格式和对仗，是唐诗的特点，也是诗的意境之所在。"又说："诗贵意境高尚，尤贵意境的动态变化。"毛泽东在给陈毅的信中说："诗要用形象思维，不能如散文那样直说，所以比、兴两法是不能不用的。"现实主义和浪漫主义相结合，是毛泽东一贯的文艺思想。他说王勃的诗句"海内存知己，天涯若比邻""是现实主义和浪漫主义的结合"。

（七）"诗有达诂""诗不宜注"。毛泽东指出："有人说'诗无达诂'，这是不对的。诗有达诂。""诗有达诂"，是说诗是严肃的东西，应该有准确的意思，不可随心所欲地解释。毛泽东对一些人误读曲解其诗词，亲笔作批注以说明真情实意。他还说过："当今有人写的旧体诗之所以不好，就在于需要注解，诗不宜多注解，不能依靠注解。"当然，在诗词鉴赏中，"诗无达诂"可能是一个更为普遍的现象。所以，他又说："对某一首诗的理解和解释，不必要求统一，事实上也不可能统一。"

（八）"为诗不易""诗贵改"。柳亚子赞美毛泽东诗词，毛泽东说："过誉了嘛！我写的词也是改了又改，远做不到七步成诗哩！"毛泽东曾说，诗贵改，不但自己改，还请人家改。一时改不了，放一段时间再改。毛泽东向"诗友"征求诗词修改意见，用词之恳切令人感慨，如"请予痛改""请费心斟酌，赐教为盼"等。

（九）关于新诗。毛泽东说，"诗当然应以新诗为主体"。对于新诗存在的问题，他多次作过剖析，直指新诗的弊处。"现在的新诗，太散漫""不成形""不引人注意"。"新诗于民族情感不甚合腔，且形式无定，不易记，不易诵"。1957年1月14日，毛泽东同臧克家、袁水拍谈诗时说："关于诗，有三条：（一）精炼，（二）有韵，（三）一定的整齐。"梅岱评论说，毛泽东谈话到现在早已超过五十年了，遗憾的是，他提出的新诗改革并没有得到应有的重视，他构想和期待的新诗形式即"新体诗歌"仍未形成整体气候，有些新诗离形式感越来越远。但愿会有更多的当代诗人，特别是年轻的诗人，能够从毛泽东的这些思想和主张中受到启发，并将其付诸实践。

深入学习研究毛泽东诗词，挖掘研究毛泽东诗词观的内涵和意义，对于我们贯彻落实习近平总书记关于文艺工作的系列重要讲话精神，特别是贯彻落实在文化传承发展座谈会上的重要讲话精神，担负起新的文化使命，努力创作属于我们这个时代的诗词精品，推进社会主义文化强国和中华民族现代文明建设，具有重要的现实意义。

学习贯彻习近平总书记在文化传承发展座谈会上的重要讲话精神，既是传承发展中华诗词、发挥中华诗词作用的巨大动力，也是传承发展中华诗词、发挥中华诗词作用的大好机遇。我们要集聚力量、抓住机遇，团结带领全体会员发奋努力，为创造属于我们这个时代的新文化作出诗词界的贡献。

【作者系中华诗词学会会长，原国家行政学院副院长，原文为作者在中华诗词学会五届四次常务理事会议上的讲话，在收入本书时已稍作修订】

中华典籍是中华文明传承的重要载体

邬书林

党的十八大以来，在习近平总书记的亲自关心、倡导下，全社会"爱读书、读好书、善读书"的阅读氛围更加浓厚，全民阅读活动蔚然成风，取得了实实在在的成效。阅读是一门持久的功课，如何把全民阅读引向深入，出版工作者需要认真学习、扎实工作。

认真学习习近平总书记系列重要论述深入推进全民阅读

习近平总书记关于读书的一系列重要论述为我们开展好全民阅读提供了强大的精神动力和指引。

一是要深刻认识开展全民阅读的重大意义。2022 年 4 月 23 日，习近平总书记给首届全民阅读大会发来贺信，希望全社会都参与到阅读中来，形成"爱读书、读好书、善读书"的浓厚氛围。习近平总书记的贺信深刻阐明了开展全民阅读活动的重大意义，为我们深入推进全民阅读指明了方向，提供了根本遵循。首届全民阅读大会的召开标志着我国全民阅读进入到深入推进的新阶段。2019 年，习近平总书记在读者出版集团考察时强调，"要提倡多读书，建设书香社会，不断提升人民思想境界，增强人民精神力量，中华民族的精神世界就能更加厚重深邃。"出版工作者要按照总书记的嘱托，传播好古今中外的优秀文化知识，出版更多提升人民思想境界、增强人民精神力量、使中华民族的精神世界更加厚重深邃的经典图书。

二是要把阅读作为完善人生、修身养性的重要手段。习近平总书记曾讲过，"我爱好挺多，最大的爱好是读书，读书已成为我的一种生活方式。""读书可以让人保持思想活力，让人得到智慧启发，让人滋养浩然之气。"我们要把阅读融入个人、家庭的日常生活，养成阅读习惯，活到老、学到老。通过阅读更新知识、汲取智慧、健全人格、修身养性，进而树立正确的人生观、价值观。

三是要使阅读成为做好工作、提升能力水平的有效途径。习近平总书记指出，各级领导干部一定要深刻认识现代领导活动与读书学习的密切关系，深刻认识领导干部的读书学习水平在很大程度上决定着工作水平和领导水平，真正把读书学习当成一种生活态度、一种工作责任、一种精神追求。深入开展全民阅读，我们要自觉养成读书学习习惯，从具体事务中抽出时间多读书学习，真正使读书学习成为工作、生活的重要组成部分。要多读反映世界大势的最新图书、提高思想境界的经典图书、有益于提高工作能力的专业图书，进一步提高工作能力和水平。要为读者提高工作水平多出与时俱进的精品图书。

四是阅读要推动中华民族优秀的文化传统的弘扬。中华文明是世界文明中从未中断并延续至今的文明，这与中华民族有一个从未间断的文脉和优秀的阅读传统有重要关系。中华典籍是中华文明传承的重要载体，也是中华文脉的历史见证。习近平总书记指出："中国文化源远流长，中华文明博大精深。只有全面深入了解中华文明的历史，才能更有效地推动中华优秀传统文化创造性转化、创新性发展，更有力地推进中国特色社会主义文化建设，建设中华民族现代文明。""如果不从源远流长的历史连续性来认识中国，就不可能理解古代中国，也不可能理解现代中国，更不可能理解未来中国。"习近平总书记曾引用的"惟殷先人，有册有典"典故，深刻阐述了源远流长的中华文明与典籍、与读书、与创新的相互关系。阅读可以使我们更好地赓续中华民族的文脉，用中国式的现代化全面推进中华民族的伟大复兴。

出版总结古今中外阅读经验的好书，深入开展全民阅读

优秀的阅读传统离不开好的学习经验和方法。从诸子百家到唐宋八大家，古代先贤留下了大量关于读书的好经验。宋代朱熹的《读书法上》《读书法下》是世界上最早研究阅读的学术专著。他认为，读书是吸收先贤知识和智慧最省时、最省力、最有效的方法。朱熹总结的循序渐进、熟读精思、虚心涵泳、切己体察、着紧用力、居敬持志的"读书六法"至今仍有重要影响。中国古人"修身、齐家、治国、平天下"的阅读志向，知行合一、学以致用的阅读观点，循序渐进、融会贯通的阅读方法，刻苦攻读、持之以恒的阅读态度，不耻下问、虚怀若谷的阅读情怀，善用时间、不拘一格的阅读情趣，是我们开展全民阅读应当继承的优秀传统。

国外阅读也有很多好的经验积累。高尔基的"书籍是人类进步的阶梯"，雨果的"书籍是造就灵魂的工具"，培根的"读书在于造成完全的人格"，赫尔岑讲"书是和人类一起成长起来的，一切震撼智慧的学说、一切打动心灵的热情，都在书里结晶成型；在书本中记述了人类狂激生活宏大规模的自白，记述了叫世界史的宏伟自传"等格言名句，都生动地揭示了阅读的重要性。国外非常注重阅读习惯的培养，他们把0—18岁分为"三个阶段"，从生理、心理和知识体系多个因素，有针对性地开展不同形式的阅读习惯培养和阅读知识的传受。出版工作者要多出版总结国内外阅读规律和阅读经验的好书。

坚持出版高质量发展，推动全民阅读深入开展

出版高质量发展正面临良好机遇。源远流长的五千年文明，使我们可以继承优秀文化传统；经济社会的快速发展，给我们提供了强大物质基础，特别是中国特色社会主义的伟大实践，为我们优秀作品的创作提供了源源不断的创新思想和内容来源。

出版工作者要牢记习近平总书记提出的"举旗帜、聚民心、育新人、兴文化、展形象"的使命任务，积极参与全民阅读，多出精品力作，用好信息技术，提升阅读效能，努力为"书香社会"建设贡献力量。

【作者系中国出版协会第七届理事会理事长、第十二届全国政协委员】

读书，使得数千年中华文明源源不断延续至今

聂震宁

我有一个建议，建议专家学者、媒体动员开展全民阅读时，少说或者最好不说"书中自有颜如玉，书中自有黄金屋""十年寒窗无人问，一朝成名天下闻"一类的名言，少说或者最好不说"悬梁刺股""凿壁偷光""囊萤映雪"一类的故事。

我之所以提出这个建议，绝非出于伪善而羞于谈钱、耻于言利。"颜如玉""黄金屋"我也喜欢，只要合理合法，有什么不好？至于"悬梁刺股"那样的苦读，千百年来感动、激励了多少青年学子，这样的故事自然应当讲下去。我国自隋朝实行科举制度以来，读书可以求得功名，传至清末千余年，选拔过不少经国纬世之才，不失为古代社会选拔读书人才相对公平有效的办法。现代社会，人才擢拔的路子虽然越来越宽广，然而，中考、高考、考研乃至考公务员，仍然是大多数人才成长和选拔的主要路径。为应考而读书，不读书则无以为考。至于许多专业人士，即便走上工作岗位，仍然手不释卷，研读不止，也都是为了在事业上作出更大的成就。这样的阅读就更应当鼓励和尊重。我们民族正因为有着诸如此类许许多多的刻苦研读之士，才使得数千年来大量优秀经典得以传承，才使得"江山代有才人出"，才使得数千年中华文明源源不断延续至今。凡此种种的阅读，目的都比较明确，或者说，都是有着明确功利的阅读。但是，这样目的的阅读并不是我们倡导的全民阅读。

　　一般来说，全民阅读并不是为了什么具体目标的阅读。

　　那么，什么是全民阅读？联合国教科文组织在 1972 年曾经提出过"全民阅读"，1982 年又提出过"走向阅读社会——二十世纪八十年代的目标"，1995 年决定把两大文豪莎士比亚和塞万提斯的忌日——4 月 23 日定为"世界图书与版权日"，现在一般简称为"世界读书日"，为此，联合国教科文组织发表宣言："希望散居在世界各地的人，无论你是年老还是年轻，无论你是贫穷还是富裕，无论你是患病还是健康，都能享受阅读的乐趣，都能尊重和感谢为人类文明作出过巨大贡献的文学、文化、科学、思想大师们，都能保护知识产权。"我们可以将这段宣言看成是全民阅读主要宗旨的经典表述。宣言主张的是要让所有人都读到书，都能享受阅读的乐趣。我国在 1997 年提出以全民阅读为主要内容的知识工程，自那以来，2006 年又明确提出开展全民阅读活动，这些都是对联合国教科文组织宣言的一种响应。

　　从联合国教科文组织的宣言我们可以理解，全民阅读，是为了更广大的人群"享受阅读的乐趣"的阅读活动，是要使得全社会、全民族都热爱读书的活动。全民阅读不是为了鼓励全民通过阅读达到升学、升官、发财的目的，不是为了职场成功、快速成才而倡导阅读，也不是科学家为了发明创造的阅读，甚至也不是劳动者为了应对工作的需要和挑战的阅读，不是为了把种植技术、饲养方法学到手的阅读——尽管在全民阅读中，有人开阔了眼界，增长了知识，学到了技术，改变了命运，事业上获得了各种各样的成功，但那毕竟是少数，而且这并不是全民阅读所要达到的主要目的。开展全民阅读活动，主要是为了广大人群更加健康地生活，提倡人人以读书为乐、以读书为荣，希望人人过上有阅读的生活，让阅读成为全社会普遍追求的一种生活方式。

　　然而，享受阅读，正是我们目前还未能形成的生活方式。君不见，有外籍人士撰文描绘道：在国际航空港和航班上，捧书而读的是欧美旅客，最不喜欢读书的是中国旅游团队；君不见，一次次国民阅读调查的结果都在告诉我们，以色列全年人均读书 60 多册，中国人均不到 5 册，一些近邻国家的人均阅读量也一直数倍于我们。其实，我们中国人并不是不知道读书的好处。中国人为了一朝成名而孜孜矻矻、呕心沥血读书者大有人在，书中的"颜如玉"和"黄金屋"成为无数少年人追逐的梦想。或许可以这么说，正是长期以来我们习惯于用诸如此类改变命运的号召来鼓动人们去读书，总在有用或无用之间讨论读书的好处，一定程度上才导致全民阅读的状况始终得不到明显改善。试想，在一考定终身、千军万马争先恐后冲过高考这个独木桥的时代，大量考场失意者以后还要不要读书？在那些考场幸运儿捧得文凭归来之后，还要不要读书？一个人因读书而改变了命运，到达了人生理想境界之后，还要不要读书？人到中年，万事皆休，甚至渐渐老去，成败皆已定格，还要不要读书？社会温饱问题解决乃至全面实现小康社会，还要不要提倡读书？答案不言自明。事实上，那些国民阅读状况远优于我们的国家，其国民生活水准也远高于我们，可那里的人们还是以读书为寻常之事，以读书为生活的一项自然而然的内容。这就是一种境界，一种以读书为生活方式的境界，一种享受阅读的境界，一种并不是为了什么而读书的境界。

　　当然，认真想来，开展全民阅读活动，乃是为了改造社会广大人群的精神生活。精神的问题需要用精神的办法来解决。推动全民阅读，还需要更多地在改变人们的生活方式上去寻找动力，要往人们的精神活法上去寻求理由。在我看来，古人称"万般皆下品，惟有读书高"，这句名言有一种社会价值取向的召唤力，可以用来推动全民阅读；古人又称"数百年旧家无非积德，第一件好事还是读书"，这副对联有一种道德评价的吸引力，可以用来劝导全民阅读；还有，古人说"书犹药，善用可以医愚"，又说"腹有诗书气自华"，这些不妨拿来作为提示加强个人修为的座右铭；而平常人家常用的那副"忠厚传家久，诗书继世长"的对联尤其需要落实到我们的家庭生活中来。特别是"为中华崛起而读书"这句名言还要多说。这绝不是一种高蹈的大词，而是每一个中国人的责任。中华要崛起，全民要读书，要使得阅读成为全社会普遍追求的生活方式。否则，即便经济总量再增长，可国民阅读状况不容乐观，国家恐怕也还不能算是真正的崛起。

【作者系第十、十一、十二届全国政协委员，中国作协全国委员会名誉委员，韬奋基金会理事长，本文写于 2014 年 6 月】

中华民族现代文明的内涵极其丰富

邓茂生

2022 年 10 月，习近平总书记在河南安阳殷墟遗址考察时提出，"更深地学习理解中华文明，古为今用，为更好建设中华民族现代文明提供借鉴"。这是一个重大的理论和实践命题，反映了习近平总书记对中华文明发展的深刻思考，也为新时代中国特色社会主义文化建设指明了方向。

一

文明与文化既有联系也有区别。有的认为，文化是一定文明的具体存在模式，是文明形态的实践形式。有的认为，文明是文化的内在价值，文化是文明的外在形式。也有的认为，文明是社会的整体，是放大了的文化。总而言之，文明是文化中的积极成果，是人类实践创造的精华和财富。人类文明是以进步文化为基础的，没有进步文化的发展就不会有文明的发展。

从文明的核心要素（生产力和劳动力结构）来看，人类文明历史经历了工具时代、农业时代、工业时代和知识时代 4 个阶段。相应地，可将人类文明分成原始文明、农业文明、工业文明和知识文明 4种类型。从文明的母体来看，不同国家、不同民族曾创造了不同的文明，有的已经消亡，有的仍在延续，有的则转化衍生出新的文明。

　　我国是四大文明古国之一，中华文明具有 5000 多年的悠久历史，是世界上唯一延续至今、从未中断的文明，这是人类文明史上的奇迹。近代以来，面对西方资本主义工业文明的冲击，中华文明几乎难以招架。中国要重新奋起，必须对传统文化进行一番革新。中华民族为此进行了不懈探索，从"师夷长技以制夷"到"自强求富"的洋务运动，从戊戌变法到辛亥革命，各种思想流派、各种制度模式、各方政治势力轮番登台，但都没能找到实现民族独立、人民解放的正确道路和有效办法，没有找到中华文明创新发展的正确方向和有效路径。

二

　　历经了从技术层面、社会革命层面、实业层面到制度层面的反复探索失败后，20 世纪初，人们开始从文化层面思考中华民族的出路，兴起了以民主和科学为主要诉求的新文化运动。在民族危难之际，爆发了五四运动，将新文化运动推向反帝反封建的新阶段。五四运动是一场伟大的文化革命，荡涤了几千年来的封建旧礼教、旧道德、旧思想、旧文化，打破了封建思想的桎梏，加快了马克思主义在中国的传播，促进了中国共产党的成立。毛泽东指出，"自有中国历史以来，还没有过这样伟大而彻底的文化革命"。

　　1921 年中国共产党登上历史舞台，不仅代表着中国全新的政治力量和革命方向，也代表着中国崭新的文化力量和文化方向。从此，中国革命进入了新的历史纪元，中华文明进入了前所未有的革新发展进程。我们党从成立那天起，就勇敢地担负起反对封建文化、建设中华民族新文化的历史使命。中国共产党第一次全国代表大会讨论通过的《中国共产党第一个纲领》把马克思主义作为思想指南，确立了党的最高纲领是实现共产主义，提出"以无产阶级革命军队推翻资产阶级"，按照共产主义者的理想，创造一个新的社会。这不仅是党的纲领，也是我们党立志建设中华民族新文化的宣言书。

在革命战争时期，我们党即使在极其艰苦的环境下，也没有放弃对建设中华民族新文化的思考。1940 年 1 月，毛泽东在《新民主主义论》中第一次阐明了我们党在文化领域的使命，提出"我们不但要把一个政治上受压迫、经济上受剥削的中国，变为一个政治上自由和经济上繁荣的中国，而且要把一个被旧文化统治因而愚昧落后的中国，变为一个被新文化统治因而文明先进的中国"，"建立中华民族的新文化，这就是我们在文化领域中的目的"，强调中华民族的新文化，就是新民主主义的文化，就是民族的科学的大众的文化。1942 年，毛泽东在《在延安文艺座谈会上的讲话》中进一步阐明了新民主主义文化的性质和方向。我们党取得全国政权后，开始了建设社会主义文化的新征程，相继提出了"二为"方向、"双百"方针等文化路线方针政策，发展了社会主义文化。

改革开放以来，我们党对社会主义文化建设进行了新的思考和探索，把文化建设上升到文明建设的高度。党的十二大提出，"我们在建设高度物质文明的同时，一定要努力建设高度的社会主义精神文明"。党的十三大对建设社会主义精神文明提出了明确要求，强调"要努力形成有利于现代化建设和改革开放的理论指导、舆论力量、价值观念、文化条件和社会环境"。党的十四大提出，"物质文明和精神文明都搞好，才是有中国特色的社会主义"，"我们要继承和发扬中华民族优良的思想文化传统，吸收人类文明发展的一切优秀成果，在生动丰富的社会主义实践中，创造出人类先进的精神文明"。党的十五大提出，"建设有中国特色社会主义的文化，就是以马克思主义为指导，以培育有理想、有道德、有文化、有纪律的公民为目标，发展面向现代化、面向世界、面向未来的，民族的科学的大众的社会主义文化"，"建设立足中国现实、继承历史文化优秀传统、吸取外国文化有益成果的社会主义精神文明"。世纪之交，我们党强调中国共产党"代表中国先进文化的前进方向"，第一次强调文化的先进性问题。此后，发展社会主义先进文化，兴起社会主义文化建设新高潮，建设社会主义精神文明，成为我们党在文化建设上的鲜明主题。

中国特色社会主义进入新时代，我们党在文化建设上提出了更高目标和要求，强调全面建成小康社会，实现中华民族伟大复兴，必须坚定文化自信，坚持马克思主义，推动中华优秀传统文化创造性转化、创新性发展，继承革命文化，发展社会主义先进文化，推动社会主义文化大发展大繁荣，建设社会主义文化强国。

实践证明，我们党成立 100 多年来，坚持以马克思主义为指导，不断发展面向现代化、面向世界、面向未来的，民族的科学的大众的社会主义文化，实现了中华传统文化有史以来最为广泛而深刻的改造，为当代中国文化发展注入了新的强大活力，铸就了中华文明新辉煌。

三

党的十八大以来，习近平总书记从坚持和发展中国特色社会主义、实现中华民族伟大复兴的战略高度，对中华文明的继承弘扬和创新发展进行了全方位、深层次思考，提出了一系列新的重大论断、重要思想、重要观点，创造性地丰富和发展了我们党关于文化建设的思想。

比如，提出了文化自信。强调文化自信是更基础、更广泛、更深厚的自信，是一个国家、一个民族发展中最基本、最深沉、最持久的力量。坚定中国特色社会主义道路自信、理论自信、制度自信，说到底是坚定文化自信。

提出了建设社会主义文化强国的目标。强调没有中华文化繁荣兴盛，就没有中华民族伟大复兴。全面建设社会主义现代化国家，必须坚持中国特色社会主义文化发展道路，增强文化自信，激发全民族文化创新创造活力，增强实现中华民族伟大复兴的精神力量。

提出了"两个结合"。强调中华优秀传统文化源远流长、博大精深，其中蕴含的天下为公、民为邦本、为政以德、革故鼎新、任人唯贤、天人合一、自强不息、厚德载物、讲信修睦、亲仁善邻等，是中国人民在长期生产生活中积累的宇宙观、天下观、社会观、道德观的重要体现，同科学社会主义价值观主张具有高度契合性。只有把马克思主义基本原理同中国具体实际相结合、同中华优秀传统文化相结合，坚持运用辩证唯物主义和历史唯物主义，才能正确回答时代和实践提出的重大问题，才能始终保持马克思主义的蓬勃生机和旺盛活力。

提出了"两创"方针。强调中国共产党从成立之日起，既是中国先进文化的积极引领者和践行者，又是中华优秀传统文化的忠实传承者和弘扬者。坚持守正创新，推动中华优秀传统文化创造性转化、创新性发展。

提出了中华民族共同体意识。强调中华文明多元一体，文化认同是最深层次的认同，中华文化是各民族文化的集大成。要铸牢中华民族共同体意识，不断增强各族群众对伟大祖国、中华民族、中华文化、中国共产党、中国特色社会主义的认同，构筑中华民族共有精神家园。

提出了物质文明和精神文明相协调的中国式现代化。强调中国式现代化是物质文明和精神文明相协调的现代化，物质富足、精神富有是社会主义现代化的根本要求。我们说的共同富裕是全体人民共同富裕，是人民群众物质生活和精神生活都富裕。

提出了人类文明新形态。强调我们坚持和发展中国特色社会主义，推动物质文明、政治文明、精神文明、社会文明、生态文明协调发展，创造了中国式现代化新道路，创造了人类文明新形态。

提出了全人类共同价值。呼吁世界各国弘扬和平、发展、公平、正义、民主、自由的全人类共同价值，共同应对各种全球性挑战，共同推动构建人类命运共同体。提出了全球文明倡议。强调文明因交流而多彩，文明因互鉴而丰富，坚持弘扬平等、互鉴、对话、包容的文明观，落实全球文明倡议，深化文明交流互鉴，繁荣世界文明百花园。

这些重大论断和重要理念，体现了习近平总书记深邃的历史眼光、宽广的世界眼光、强烈的使命担当。从中华民族新文化到新民主主义文化，从社会主义文化、社会主义精神文明到社会主义先进文化，从推动社会主义文化大发展大繁荣到建设社会主义文化强国，从铸就中华文明新辉煌到建设中华民族现代文明，反映了我们党在文化建设和文明发展上的认识不断深化、自信不断增强、方向日益明确、使命感日益增强。

四

中华民族现代文明的内涵极其丰富。从大的范畴来看，当代中国共产党领导人民所进行的一切创造，包括物质文明、政治文明、精神文明、社会文明、生态文明和党的政治文化、军事思想、外交思想等，都属于中华民族现代文明。

从实践的角度看，建设中华民族现代文明，不是对传统中华文明简单继承或者否定，而是以马克思主义为指导，坚守中华文化立场，立足当代中国现实，结合当今时代条件，努力构建新的知识体系、价值理念、道德规范，形成新的关于国家发展的指导思想、理论体系、制度体系，创造新的科技发明和社会生产力，建设新的文化内容和样式，形成新的社会生活和文化条件等。

从文明的特征看，中华民族现代文明应体现出继承性、创新性、先进性、人民性、国际性等特点。继承性，指的是中华民族现代文明是在传承弘扬中华优秀传统文化基础上形成的，必须体现发展的延续性。创新性，指的是中华民族现代文明必须守正创新，实现传统文化的创造性转化、创新性发展，体现鲜明的时代性。先进性，指的是中华民族现代文明必须创造新的文明形态，引领当代中国发展进步，为人类文明进步作出贡献。人民性，指的是我们党是人民的党，建设人民的政权、人民的国家，为人民的利益而奋斗，所建设的文化和所创造的文明必须坚持人民至上，以人民为主体，为全体人民服务。国际性，指的是中华民族现代文明在广泛吸收世界一切有益文明成果的同时，必须更多关注人类社会，为解决人类面临的共同问题提供答案，展现胸怀天下、天下一家的宏大气象。

五

一切国家和民族的崛起，都以文化创新和文明进步为先导和基础。如果不能创造新的文明形态，国家实力的强大不能转化为文明上的兴盛，是难以持久的。历史上有不少强国"其兴也勃焉，其亡也忽焉"，便是例证。即便有的点燃了新的文明之光，但由于自身并没有创造出新的文明，没有成为新文明的主体，因而很快被他国所超越。

坚定文化自信，归根结底在于铸就文化的新辉煌、创造新的文明形态。我们不能躺在中华文明的历史殿堂里当"啃老族"，而是要奋力建设中华民族现代文明。新时代中国共产党不仅需要在经济社会发展上创造新的更大奇迹，也需要在文化建设和文明发展上创造新的更大辉煌。这是新时代中国共产党人必须担负起的历史使命。

当今世界百年未有之大变局加速演进，人类社会又一次站在何去何从的十字路口。中国共产党立志建设中华民族现代文明，不仅是实现中华民族伟大复兴之需，也是维护和促进世界持久和平、共同繁荣之需。新时代中国共产党和中国人民一定能够担负起新的文化使命，在推进中国式现代化进程中建设中华民族现代文明！

【作者系中央政策研究室副秘书长，本文首发于《学习时报》2023年6月2日】

中华文明具有突出的统一性，国家统一过去、现在、未来永远都是中国核心利益的核心

邢广程

在几千年历史长河中，中国形成了统一的多民族、拥有 14 亿多人口而又精神上文化上高度团结统一的国家，这在世界上是独一无二的。习近平总书记在文化传承发展座谈会上发表的重要讲话，将"具有突出的统一性"作为中华文明的突出特性之一。习近平总书记指出："中华文明具有突出的统一性，从根本上决定了中华民族各民族文化融为一体、即使遭遇重大挫折也牢固凝聚，决定了国土不可分、国家不可乱、民族不可散、文明不可断的共同信念，决定了国家统一永远是中国核心利益的核心，决定了一个坚强统一的国家是各族人民的命运所系。"深入学习领会习近平总书记关于中华文明具有突出的统一性的重要论述，对于我们在强国建设、民族复兴的新征程上凝聚起勇往直前、无坚不摧的强大力量具有重大意义。

中华文明突出的统一性的历史表现

习近平总书记指出："在几千年历史长河中，中国人民始终团结一心、同舟共济，建立了统一的多民族国家，发展了 56 个民族多元一体、交织交融的融洽民族关系，形成了守望相助的中华民族大家庭。"从古至今，各民族都为祖国大家庭的形成和发展贡献了力量。

建立了向内凝聚的统一多民族国家和形成了多元一体的中华民族大家庭是中华文明具有突出的统一性的重要历史表现。

建立向内凝聚的统一多民族国家。我国地理特征为西高东低，大江大河多呈"一江春水向东流"之势。这样的地理条件决定了中原地区的黄河流域自然环境比较优越，经济发展较快，文化水平比较先进，能够对周围地区产生辐射力和吸引力。早在先秦时期，我国就逐渐形成了以华夏族为凝聚核心、"五方之民"共天下的交融格局。中原地区的华夏族从黄河中下游向外发展，逐步形成了汉族；生活在中原地区周边的少数民族部落逐步向内聚集，形成了多民族融合互动、向内凝聚的自然历史过程。此后，我国历史上的政治局面大致可以归为三类，即以汉族为主体的统一王朝、以少数民族统治者为主建立的统一王朝、多民族王朝并立，这三类政治局面都表现出极强的向内凝聚特性。以汉族为主体的统一王朝通过中原地区经济、社会和文化的发展，协同和带动周边少数民族发展，形成强大的向内凝聚力；以少数民族统治者为主建立的统一王朝本身就是向内凝聚的产物，这些王朝入主中原后又极大地带动了周边少数民族向内凝聚的趋势；在多民族王朝并立的时期，各并立的王朝都以正统自居，并极力争夺中原地区的"正统"地位，即使在这样的时期，大一统思想依然在起作用，中华文明依然表现出突出的统一性，各民族文化融为一体的内聚性依然在发展。这些历史现象的产生，很重要的一个原因是秦朝实行"书同文，车同轨，量同衡，行同伦"，成为中国统一的多民族国家的重要起点。此后，无论哪个民族入主中原，都以"统一天下"为己任。这表明，在中国历史发展进程中，各民族逐步形成了强大的凝聚力，向内凝聚的结果使中华文明呈现出突出的统一性。

形成多元一体的中华民族大家庭。"多元一体"中的"多元"和

"一体"深刻反映了中华民族各民族内在的多样性和统一性之间辩证和谐的共同体关系，恰如其分地反映了中华文明起源和发展的模式。目前我国有 56 个民族，各民族在漫长的历史进程中形成了各自的文化传统，此为"多元"。不过，这些民族从来不是以相互隔绝、相互排斥状态出现的，各民族大杂居小聚居，相互嵌入，具有不可分割的内在联系，形成了共同体，此即"一体"，这就是中华民族。在中华民族共同体中各民族之间你中有我、我中有你，谁也离不开谁，形成了强烈的共同体意识、共同价值追求和文化认同，56 个民族这个"多元"在中华民族这个"一体"中得到充分体现。鸦片战争以后，中国逐步沦为半殖民地半封建社会，国家蒙辱、人民蒙难、文明蒙尘，中国人民遭受了前所未有的劫难。一部中国近代史就是各族人民团结起来救亡图存的历史。在外来侵略寇急祸重的严峻形势下，我国各族人民手挽着手、肩并着肩，英勇奋斗，浴血奋战，打败了穷凶极恶的侵略者，捍卫了民族独立和自由，共同书写了中华民族保卫祖国、抵御外侮的壮丽史诗。在中华民族和中华文明的危急时刻，各民族总是能够同仇敌忾、保家卫国，生动体现了中华文明突出的统一性。

中华文明突出的统一性对于中华民族发展的重大意义

一部中国史，就是一部各民族交融汇聚成多元一体中华民族的历史。习近平总书记关于中华文明具有突出的统一性的重要论述，深刻揭示了中华文明突出统一性对于中华民族发展的重大意义，我们要深入学习领会其丰富历史内涵和鲜明时代价值。

中华民族各民族文化融为一体、即使遭遇重大挫折也牢固凝聚。在漫长的历史长河中，中华大地上各民族通过交往互动，逐步形成了水乳交融的和谐关系，共同营造了统一的共有精神家园。这个统一的共有精神家园容纳和融合了各民族各具特色的文化，最终融为一体，并形成中华民族共同体意识。历史上中华民族虽曾遭遇很多挫折，但中华文明始终一脉相承、绵延至今，一个基础性原因就是在中华文明突出的统一性作用下，中华民族各民族拥有"融为一体"的共有精神家园。

中华民族各民族拥有国土不可分、国家不可乱、民族不可散、文明不可断的共同信念。国土是中华民族各民族共同生活、繁衍生息的疆域和空间，是我们前辈世世代代留下来的极其宝贵的不动产。在中国历史上，一切分裂国土的行为都没有好下场，都受到了历史的惩罚。现在和未来，一切妄想分裂国土的行径也都不会有好下场。国家是中华民族各民族共同创造的，是我们共同的家园。在中国历史上，一切搞乱国家的行径都受到了历史的无情审判。现在和未来，一切妄想搞乱国家的行径也必然遭到全体中国人民的反对和谴责。在中国历史上，中国人用血的代价换来的宝贵经验教训是，团结统一是福、分裂动荡是祸。现在和未来，一切妄想拆散民族的行径也一定会遭到历史的惩罚和人民的唾弃。中华文明是世界上唯一绵延不断且以国家形态发展至今的伟大文明。我国先民创造的许多伟大文明成果具有超越时空的永恒价值，现代中国和未来中国必定传承中华文明，必然走自己的文明之路。

国家统一永远是中国核心利益的核心。自公元前221年秦朝建立至今的2000多年里，统一始终是中国历史的主流。中国历史上的教训时刻提醒着我们：国家分裂必然意味着社会动荡，而社会动荡则是生灵涂炭的开始，绝不能容许国家分裂的历史悲剧重演。当前，实现中华民族伟大复兴进入了不可逆转的历史进程。实现祖国完全统一，是全体中华儿女的共同愿望，是实现中华民族伟大复兴的必然要求。中华文明突出的统一性告诉我们，国家统一过去是、现在是、未来永远都是中国核心利益的核心。

一个坚强统一的国家是全国各族人民命运所系。近代以来的中国历史表明，一个羸弱的国家不可能维护住国家的核心利益，不可能保护好各民族群众，不可能给全体中国人民带来幸福安宁。新中国的成立向世界宣告，中国人民从此站起来了，中华民族任人宰割、饱受欺凌的时代一去不复返了。新中国成立后，中国共产党团结带领全国各族人民实现了中华民族从站起来到富起来的伟大飞跃，迎来了中华民族从富起来到强起来的伟大飞跃。历史经验充分证明，一个坚强统一的国家才能维护国家主权、统一和领土完整，捍卫国家主权、安全、发展利益，才是各族人民利益所系、幸福所系、命运所系。

为深入研究中华文明突出的统一性贡献史学力量

古往今来，历代中国人民都用自己的行动维护着中华文明突出的统一性。面向未来，我国历史研究工作者应不断深化研究，为传承和巩固中华文明突出的统一性贡献史学力量。

做好重大学术问题研究。广大历史研究工作者要坚持以习近平新时代中国特色社会主义思想为指导，全面贯彻落实习近平总书记关于历史研究的系列重要讲话和重要指示批示精神，以重大问题为抓手，做好中华文明突出统一性的学术研究工作。具体来看，我们要进一步回答好中华文明起源、形成、发展的基本图景、内在机制以及各区域文明演进路径等重大问题；深入研究阐释中华文明起源所昭示的中华民族共同体发展路向和中华民族多元一体演进格局；讲清楚中华文明是什么样的文明、中国是什么样的国家，讲清楚中国人的宇宙观、天下观、社会观、道德观，展现中华文明的悠久历史和人文底蕴；等等。

推动创造性转化、创新性发展。我国古代思想家和历史学家所确立的六合同风、九州共贯的大一统思想是中华优秀传统文化中的精华。中华民族始终把大一统视为"天地之常经，古今之通义"，长期的大一统传统塑造了中华文明突出的统一性。在建设中华民族现代文明的进程中，大一统传统和理念具有重要时代价值。中国历史研究院首批重点课题之一《清代国家统一史》从国家统一的视角客观阐述清代国家实现统一、巩固统一和维护统一的历史进程，较好地体现了大一统思想。我们要继续做好古代大一统思想的深度研究，推动其创造性转化、创新性发展，实现大一统传统与现代国家统一的有机衔接，不断筑牢中国人民国家认同的坚实文化基础。

深入总结历史经验。司马迁在《史记》中将少数民族纳入中国史，随后的历代史著都延续这个体例和传统。这些史著真实客观和系统地记载了中华民族各民族融为一体的历史事实，体现出我国古代史学维护中华文明突出统一性的担当。今天，我们要着力提高中华文明突出统一性的研究水平，整合中国历史、世界历史、考古等方面研究力量，深入总结中华文明和中华民族实现、巩固和维护国家统一的历史经验，揭示维护国家统一的历史规律，把握国家统一的历史趋势，推动有关中华文明突出统一性的历史研究不断走深走实，推出一批有思想穿透力的精品力作。

【作者系中国社会科学院学部委员、中国历史研究院中国边疆研究所所长，本文首发于《人民日报》2023 年 7 月 31 日】

以文艺创作为建设中华民族现代文明作出贡献

范迪安

习近平总书记在文化传承发展座谈会上强调，在新的起点上继续推动文化繁荣、建设文化强国、建设中华民族现代文明，是我们在新时代新的文化使命。要坚定文化自信、担当使命、奋发有为，共同努力创造属于我们这个时代的新文化，建设中华民族现代文明。总书记站在中华民族伟大复兴事业发展的高度，以深刻的历史洞察力和卓越的文化辨识度对中华文化传承发展的一系列重大理论和现实问题作了全面系统深入阐述，彰显了富有创见的中华文明观和中国文化观，极大地启发我们认识中华文明的悠久历史和突出特性，认识中华文化的源远流长和博大精深，为增强文化自信自强、自觉弘扬优秀传统文化提供了根本遵循。

"第二个结合"为建设中华民族现代文明指明根本途径

中华优秀传统文化是我们党创新理论的"根"，"两个结合"是推进马克思主义中国化时代化的根本途径。马克思主义深刻改变了中国，中国也极大丰富了马克思主义。回望百年奋斗历程，党之所以能够领导人民在一次次求索、一次次挫折、一次次开拓中完成中国其他各种政治力量不可能完成的艰巨任务，根本在于坚持把马克思主义基本原理同中国具体实际相结合、同中华优秀传统文化相结合，不断推进马克思主义中国化时代化。特别是新时代以来，我们党坚持"两个结合"，勇于进行理论探索和创新，创造性转化、创新性发展了中华优秀传统文化。

在五千多年中华文明深厚基础上开辟和发展中国特色社会主义，"两个结合"是必由之路。习近平总书记深刻指出，我们的社会主义为什么不一样？为什么能够生机勃勃充满活力？关键就在于中国特色，中国特色的关键就在于"两个结合"。总书记在文化传承发展座谈会上的重要讲话中强调，"'第二个结合'是又一次的思想解放"，突出强调了马克思主义基本原理同中华优秀传统文化相结合的重要意义。"第二个结合"让我们掌握了思想和文化主动，为建设中华民族现代文明指明了根本途径。

习近平总书记从五个方面阐述了把马克思主义基本原理同中华优秀传统文化相结合的"第二个结合"：第一，"结合"的前提是彼此契合。马克思主义和中华优秀传统文化来源不同，但彼此存在高度的契合性。第二，"结合"的结果是互相成就，造就了一个有机统一的新的文化生命体，让马克思主义成为中国的，中华优秀传统文化成为现代的，让经由"结合"而形成的新文化成为中国式现代化的文化形态。第三，"结合"筑牢了道路根基，让中国特色社会主义道路有了更加宏阔深远的历史纵深，拓展了中国特色社会主义道路的文化根基。中国式现代化赋予中华文明以现代力量，中华文明赋予中国式现代化以深厚底蕴。第四，"结合"打开了创新空间，让我们掌握了思想和文化主动，并有力地作用于道路、理论和制度。第五，"结合"巩固了文化主体性，创立新时代中国特色社会主义思想就是这一文化主体性的最有力体现。我们要深刻理解"第二个结合"的重大意义，增强历史自觉和文化自信，在更广阔的文化空间中推进文化繁荣发展。

以文艺创作为建设中华民族现代文明作出贡献

习近平总书记高度重视弘扬中华优秀传统文化，指出"中华优秀传统文化是中华文明的智慧结晶和精华所在，是中华民族的根和魂，是我们在世界文化激荡中站稳脚跟的根基"。总书记的论述具有极强的历史纵深感和文化感召力。中华文化为中华民族提供了强大的精神支撑和丰厚的文化滋养，优秀的文艺作品总是传承着民族文化的基因，产生化育心灵、陶冶情怀的作用。"坚定文化自信、担当使命、奋发有为，共同努力创造属于我们这个时代的新文化，建设中华民族现代文明。"总书记的重要讲话，为我们指明了新时代新征程上中国文化繁荣发展的目标和方向。作为文艺工作者，我们要坚持守正创新，高擎中华文明火炬，走好优秀传统文化创造性转化、创新性发展的道路，以赓续传统、面向未来的精气神为建设中华民族现代文明作出贡献。

一是要弘扬优秀传统文化的价值观念，树立文艺创作的时代使命。传统文化中的"文以载道""为天地立心，为生民立命""移风易俗，莫善于乐""声音之道，与政通"等，都强调了文艺创作的社会责任和价值取向。唐代张彦远写的第一部中国古代绘画通史《历代名画记》开篇就说："夫画者，成教化，助人伦，穷神变，测幽微"，讲的也是丹青绘画的社会作用。今天，我们要坚持文艺创作的正确方向，坚守人民至上的立场，通过深入生活、扎根人民，描绘新时代中国社会全面发展的恢宏气象，书写生生不息的人民史诗，使文艺创作更好地凝聚精神力量，成为增强文化自信自强的时代标识。

二是要弘扬优秀传统文化的审美理想，充分发挥文艺创作以美育人、美以成人的作用。传统文化在积淀中最具永恒的属性是审美属性,"以和为美"是中华美学精神的核心,特别以"天人合一"为最高审美境界,在文艺创作中始终贯穿了人与自然、人与社会、人与人和谐的理念。无论何种门类和形式,中国艺术都追求"以形写神",讲"气韵""神韵""意境",汉字的象形之美、书法的线条之美、中国画的"写意"之美,都在世界艺术中展现出独特的东方审美特质。今天的文艺创作已具备各种新技术新媒介的支持,但无论运用何种形式和技法,都要弘扬中华美学精神,以"和美"的内涵、"大美"的意境给人以美的感受,提高人的审美素养和文化素质。

三是要弘扬优秀传统文化的匠作精神,在文艺创作中展现大美之艺。文艺经典都是精雕细琢、久久为功的产物。许多文学巨作是"字字看来皆是血,十年辛苦不寻常"的精神劳动结晶,许多古代造物如建筑、工艺美术、民间美术中注入了精湛的匠作技艺,才达到了"美轮美奂""巧夺天工"的精彩。今天的文艺创作要坚持精品意识,以"语不惊人死不休"的精神打磨每一件作品。要在创造性转化、创新性发展上下功夫,把文化遗产和古典艺术的精华转化到文艺创作中。新时代十年在这方面有了许多新成果,深受人民群众喜闻乐见,现在需要为文艺创作提供更多学习研究优秀传统文化的条件,在优秀传统文化的展示传播上拓宽渠道,广大文艺工作者要在优秀传统文化的沃土上创造更多彰显中华美学精神、体现中国审美风范的高峰之作、传世之作。

中华美育是中华文明的重要组成部分

党的十八大以来,以习近平同志为核心的党中央高度重视教育工作,把教育摆在更加突出的优先发展战略地位,习近平总书记关于教育的一系列重要论述,开启了加快推进教育现代化、建设教育强国、办好人民满意的教育的历史新征程。作为教育工作者，我们要进一步思考美术教育的事业发展如何置入建设教育强国的战略先导、重要支撑、有效途径、基础工程的系统工程中。总书记在讲话中特别强调建设教育强国，龙头是高等教育，进一步明确了高等教育的时代定位，我们要认真审视艺术教育在整个教育中的位置，进一步明确高等美术教育在建设教育强国坐标体系中的方位。

中华美育是中华文明的重要组成部分，是中华文明的一种载体、一种形式，要认真研究中华美育精神，持续推动美育各方面建设，做好新时代美育工作。在教育教学中，要将弘扬中华优秀传统文化作为立德树人的重要内容，使青年学子深入了解中华文明的突出特征，培育正确的文明史观、文化史观，增强文化自信，成长为有担当精神和使命意识的文化新人。在学科建设上，要思考百年来中国美术走向现代进程的成果和经验，要着重把百年来美术教育的办学历程加以理论概括与研究，用中国道理讲好中国实践，思考学科建设与中国现代文明进程的关系。美术学府同时是美术创作的生力军，要推动师生在创作上守正创新，更好地表现中国主题、时代主题，不断增强创新的动力。要深化艺术史论研究，习近平总书记的重要讲话体现了全新的文化史观、文明史观，全国各高等美术学府都有深厚的艺术人文学科基础，有成规模的学术研究群体，要以新思想新论断新要求为指南，对中国美术的发生和发展规律作出新的阐释，为中国美术历史探源上作出自己的贡献。

我认为，下一步教学实践跟进的重点在于进一步加强人才培养，在青年学生体现的创新意识、探索意识基础上，使他们的作品体现更为深厚的思想性和文化性。学生从萌生创作动机和火花，到选用媒介语言建构并呈现一件艺术作品，体现一名创作者的思维逻辑，反映更深层的文化关切与人文关怀。要持续大力推动教学改革，尤其是加强学生的创作引导，推动高等美术教育在建设教育强国征程上迈出坚实步伐，取得新的成就。

【作者系中国美术家协会主席、中国当代画家、美术评论家、美术教育家，中央文史研究馆馆员，中央美术学院原党委副书记、院长】

文化传统、美学追求和记谱法的差异使中华民族更加注重旋律审美

关　峡

今天，我主要从中西方音乐比较美学的角度来谈谈中华民族的旋律审美。

中国美学和西方美学有本质上的差别，文化传统、美学追求和记谱法的差异使中华民族更加注重旋律审美。

从各个艺术门类看，中国是讲究线条美的，具体到旋律来讲，也就是中华民族更加注重旋律线条的审美。最初，音乐还没有记录出构成旋律的全部要素，像音高、时值、节拍等完整的记谱法，在西方文艺复兴之后，欧洲产生了四线谱，一直发展定型为五线谱，终于能把旋律用乐谱的形式，比较准确地记录下来。在中国，我们的旋律主要是口传心授、代代相传。中国古代宫廷乐师总结出来的工尺谱和乐器演奏图形记载传承，因为没有记载节拍和节奏，就等于没有完整地记录音乐旋律的实质要素。音乐发展进程中也没有产生有逻辑意义的和声和复调音乐。流传下来的以曲牌、民歌、民间音乐、宗教音乐、戏曲（民歌歌谣、板腔体）、说唱等形式的旋律存在。美学上形成了"天人合一"的最高审美追求，也有"丝不如竹、竹不如肉"的对声音的审美取向。旋律单线条，注重意蕴，常常围绕某个乐器写意抒情。有"黄钟大吕"之壮丽辉煌，也有"余音绕梁三日不绝"之至柔至美。宫廷、士大夫阶层音乐与民间音乐（后

来的戏曲）延绵延续。流传下来的音乐作品有文人雅士的《高山流水》，有士大夫阶层的《春江花月夜》，也有民间市井的《百鸟朝凤》，等等。

中世纪西方教堂音乐通过传教士进入中国。特别是鸦片战争后，学堂乐歌（在外国旋律上填词歌曲）兴起，在功能上、审美趣味上第一次深刻地改变了中国人的旋律审美。

比如1926年北伐战争时期产生在黄埔军校的《国民革命歌》。这个儿歌旋律在法国叫作《雅克兄弟》，在德国叫作《马克兄弟》，在英国叫作《约翰兄弟》，在我国南方填词叫作《两只老虎》（填词者不详）。《国民革命歌》由罗振生等重新填词而成。随着"打倒列强！打倒列强……"歌声的传播，一举点燃了国民的心声，成为第一次国内革命战争时期的最强音。随着马克思主义进入中国带来的《国际歌》（瞿秋白译词）、《送别》（李叔同填词），还有一首非常有意思的填词歌曲就是《三大纪律八项注意》。此进行曲风格的旋律有说源于"德皇威廉练兵曲"，准确出处不详。从1904年起，由张之洞等先后填词为"大帅练兵歌""北洋军军歌""革命军军歌"。三个版本的填词把这个旋律流传下来，但是最成功的还是《三大纪律八项注意》这版填词。随着时代的发展和对人民军队的定性，随着中国革命的进程，这个旋律最后定格在红军时期的《三大纪律八项注意》。1984年的洛杉矶奥运会，中国台北队进场用的就是这个旋律，可见这个旋律对中华民族的意义巨大。另外，刘西林1943年根据冀鲁民歌填词的单部曲式作品《解放区的天》，影响也比较大。

聂耳原创的《义勇军进行曲》旋律，在历史上的地位，在旋律学上的地位极具代表性。在延安时期，光未然作词、冼星海作曲的《黄河大合唱》（康塔塔、清唱剧），抒发了危难时期中华民族的心声，形式是西方的，但原创的旋律是中国的。

潘子农作词、刘雪庵作曲原创的《长城谣》（抒情式的分节歌），安娥作词、任光作曲的《渔光曲》（抒情式的分节歌）也是旋律产生巨大影响力的代表。舞剧《永不消逝的电波》，其中就用《渔光曲》的旋律编了一段群舞，成为这部舞剧的亮点。《渔光曲》产生于1934年的上海，它的旋律给人们带来艺术上的美感，跨过世纪后依然感动着我们。

原创旋律以及民歌、戏曲旋律改编创作的许多声器乐作品，开启了中国式旋律蓬勃发展的几十年，涌现出大量的传世作品。

歌剧举例是依据三种音乐旋律叙事手段类型构成的典型性作品：1945年由贺敬之、马可等创作的歌剧《白毛女》首演，进行大的修改有1962年演出版和2015年演出版（民歌＋戏曲）。歌剧《白毛女》开启了中国歌剧的发展之路，它是中国第一部被称为"新歌剧"的原创歌剧，也是中国民族歌剧的里程碑式作品。万方、金湘1987年创作的《原野》首演（意大利式歌剧）。歌剧《原野》的典型性在于，它用中国的旋律、以意大利式的歌剧叙事方法，成功地讲述了一个中国乡村的感人故事。这也是西方歌剧中国化必然要走的一条路，因为它要民族化、它要使用各种歌剧元素，有序曲、有场景音乐、有重唱、有宣叙调、有咏叹调等等。从新歌剧到意大利式中国风格的歌剧，丰富了我们歌剧音乐的表现力。2004年刘麟、关峡创作的《木兰诗篇》首演（德国的瓦格纳＋意大利的普契尼式歌剧）。这部作品的旋律立足于河南民间音乐和河南戏曲音乐，借鉴了德国的瓦格纳乐剧的音乐叙事手法，特点是乐队表现力和声乐表现力不是从属关系而是并行关系，把乐队的表现力交响式地再提升，而不仅仅是伴奏。这部歌剧同时也兼具意大利普契尼歌剧的特征，没有那么多分节歌，讲究乐队的表现力，使得音乐性更强。歌剧《原野》是1992年第一部搬上欧美舞台，并产生国际影响力的中国歌剧。《木兰诗篇》于2005年在美国林肯艺术中心、2008年在维也纳国家歌剧院、2009年在日本巡演，2014年在俄罗斯克里姆林宫和马林斯基剧院演出，是迄今中国歌剧在国际舞台上产生影响力最大、获得荣誉最多的歌剧。

器乐曲举例是依据中外乐团演出频率高，有一定国际影响力的代表性作品，先有业界称谓的四大经典：

第一是1955年李焕之作曲的《春节序曲》（三部曲式《春节组曲第一乐章·序曲——大秧歌》）；

第二是1959年由陈刚、何占豪联合作曲的《梁祝》（奏鸣曲式）；

第三是1965年由吕其明作曲的《红旗颂》（奏鸣曲式）；

第四是1970年由殷承宗、储望华、刘庄、盛礼洪、石叔诚、许斐星六人根据冼星海《黄河大合唱》的旋律集体改编创作的钢琴协奏曲《黄河》（四个乐章）。

经过十多年的时间流淌，又增加了第五个经典，就是我本人在2004年作曲的第一交响序曲——《激情燃烧的岁月》（奏鸣曲式）。

这五大经典交响乐作品是几十年来中外乐团演出最多的曲目。1976年由郑路、马洪业联合作曲的《北京喜讯传边寨》（复三部曲式）；1991年由鲍元凯根据民歌创作改编的交响组曲《炎黄风情》等等交响乐作品常演常新，深受国内外观众欢迎。这是交响乐创作演出作品的基本情况。这些作品都是曲式借鉴西方，但民族化都做得比较好，尤其是旋律都属于中国风格、百听不厌的类型。

"给歌词插上旋律的翅膀"的歌曲门类，我举例已流传15年以上的作品有：王莘作词作曲的《歌唱祖国》（进行曲式的分节歌），乔羽作词、刘炽作曲的《我的祖国》(速度有对比的分节歌)，乔羽作词、刘炽作曲的《让我们荡起双桨》(抒情式的分节歌)，张藜作词、秦咏诚作曲的《我和我的祖国》(圆舞曲式的分节歌)，瞿琮作词、郑秋枫作曲的《我爱你中国》(抒情式的分节歌)，陈晓光作词、施光南作曲的《在希望的田野上》(欢快式的分节歌)，由翁思再作词、杨乃林作曲的京歌《梨花颂》(京剧《大唐贵妃》主题歌)，刘麟作词、关峡作曲的《祖国　我为你干杯》(圆舞曲式的分节歌)，等等，挂一漏万、数不胜数……

这些作品旋律的共性是：开始注重调式调性所与之相配的和声来构成旋律，歌曲的曲式结构也采用分节歌曲式的结构，结合中华诗词的"起承转合""起开合"等词牌结构，旋律随着歌词的抑扬顿挫设置旋律音起伏，设计腔韵扩展等手法，踏上了旋律中国化和民族化的必然进程。

说到这里我也要介绍一下有关中国与西方旋律沿革下来涉及的四个方面的基础知识：

1. 记谱法的确立是音乐发展的基本要素

在西方的中世纪，由四线谱发展到五线谱记谱法的确立，使得旋律乃至多声部音乐能够有完整的记录。

在中国的相应时期，有西方传教士在中国教堂里用五线谱唱圣咏时使用。近代五线谱的传播者是萧友梅，他在 20 世纪初在大学音乐课堂上教授五线谱。同时期简谱也传入了中国，简谱是法国人确立、日本人推广，使用阿拉伯数字参照五线谱确立的样式移植而成。可见，现在若没有使用国际通用的五线记谱法，作曲或演奏事业的发展都没谱。

2.简述西方近现代音乐旋律的发展脉络

器乐旋律的沿革概况：德奥乐派的海顿、莫扎特、贝多芬确立了奏鸣曲式这个音乐结构，并丰富发展了二部曲式、三部曲式、回旋曲式等音乐结构。这些音乐结构均由音乐主题旋律的分布和发展关系决定。

旋律作为交响乐主题，以乐句形态典型的作品有：捷克作曲家德沃夏克《第九交响曲》的第三乐章；旋律作为主题，以乐汇形态典型的作品有：俄罗斯作曲家柴可夫斯基《第五交响曲》的第二乐章；旋律以动机形态典型的作品有：德国作曲家贝多芬《第五交响曲》"命运"的第一乐章；在和声基础上生成旋律主题的乐句形态典型的作品有：德国作曲家贝多芬第三交响曲"英雄"的第一乐章；等等。

德国作曲家瓦格纳实现了自己的歌剧追求，确立了乐剧的音乐形态，重塑旋律的写法，弱化宣叙调和大出风头的咏叹调，声乐旋律器乐化，音乐以交响性为主导。代表作品是1859年创作的《特里斯坦与伊索尔德》。他从第一个和弦开始解构调性，打开了后来的以无调性、序列音乐、偶然音乐为代表的西方现代派音乐的大门。

贝多芬在他的第九交响曲《欢乐颂》创作中使用德国民歌，民族乐派中俄罗斯的米哈伊尔·格林卡作曲的歌剧《鲁斯兰与柳德米拉》序曲；柴可夫斯基作曲的芭蕾舞剧《天鹅湖》弦乐四重奏《如歌的行板》；里姆斯基·科萨科夫的交响组曲《天方夜谭》；捷克的德沃夏克歌剧《水仙女》《自新大陆》；等等。旋律来自民间和心灵的融合，好听并令人回味，流传至今成为世界经典。

3.流行音乐的影响

在全球世俗化浪潮的背景下，消费主义理念兴起，流行文化在全球迅猛传播。流行音乐从世界各国民间音乐、古典音乐中获取营养，出现了难以计数的各类作品，包括流行歌曲、电影电视音乐、音乐剧等形式。20世纪80年代，流行音乐全面进入我们的生活，深刻持久地改变了大多数人对旋律的审美感受。旋律的味道变了！流行音乐通过音像制品、电影电视、互联网产生持久广泛的影响，使得音乐创作、制作方式以及审美产生了巨大变化。中国作曲群体随着时代的变化而改变：写旋律的不擅长写乐队，乐队写得好的又写不好旋律，会写旋律又会写乐队的人数太少。加上旋律与编曲观念不统一，有旋律与乐队"两层皮"的现象和"罐头音乐"味道。

4.专业领域，现代派音乐的探索在19世纪末期兴起于欧美并形成了潮流

还有一个对当下旋律创作影响深刻的问题，就是西方现代派作曲技术对我们当代作曲家的影响。西方现代派作曲的音乐形式，追求解构调性排斥旋律形态，弱化声乐旋律线条等等。这些创作思潮在150年前从德国作曲家瓦格纳的创作中开始形成。后有奥地利作曲家勋伯格的《升华之夜》（1899年创作，十二音体系、序列音乐），德国作曲家兴德米特的《画家马蒂斯》（1934年创作，微复调），匈牙利作曲家李盖蒂的《大气》（创作于1961年，原为电影《2001年空间漫游》的配乐，唯音主义，众多音块形成微型复调），法国作曲家梅西安的《天堂的色彩》（1963年创作，全序列主义，鸟声及自然声进入音乐），美国作曲家约翰·凯恩的《4分33秒》（1952年，无声音乐），波兰作曲家潘德列斯基的《广岛受难者挽歌》（1960年创作，综合性的偶然音乐），等等。在序列音乐、偶然音乐、微分音音乐、表现主义音乐中创作出了名扬世界的著名作品，他们用新的声音理念发明新的作曲技术、新的个人建立的作曲体系、新奇的声音探索、

非传统的演奏方式和反传统的音乐追求，深深地影响了世界各国作曲家的创作。

20世纪70年代末现代派音乐进入中国，在音乐院校中，以外国专家讲座的形式逐渐进入教材教学。现代派音乐的构成追求有几个特点：不要旋律，解构传统和声体系，全面颠覆传统音乐观念，破除乐音音乐体系，以建立新的作曲体系、新的演奏体系和声音体系为目标，以自我体验、自我认知、自我表现为目的，很少考虑大众审美需求。在中国这种探索类型的小众音乐主要在音乐学院的教学领域、学术体系中存在，每年产生一定数量的音乐作品。由于作曲技术是学习模仿式的，鲜有个性。有人概括此类在中国创作出的现代派音乐属于"难听、难懂"非乐音体系的音乐。这也是王黎光教授特别焦灼而抨击的作曲现象，不能把西方现代派作曲技术的使用当作作曲家追求创作的目的。

我们要心系"国之大者"理念，认真做到传承发展、守正创新、虚心学习，要有扎实的理论素养、深厚的生活体验。杜绝抄袭模仿、食洋不化，引领新时代的创作风气。思想观念上要坚持以人民为中心，创作是根本任务，演出是中心环节，传播要与时代同步。

我们要增强音乐旋律的培根铸魂、美育教化、陶冶情操、净化心灵、向上向善、向美向真、振奋精神、抚慰心灵的社会功能和属性意识。我们要提倡深入学习研究在中国大地上存在着的民歌民间音乐、戏曲曲牌、曲艺音乐等丰富音乐宝藏，在此基础上根据"守正创新""创造性转化、创新性发展"的要求进行原创。建立激励机制，鼓励作曲家从民族民间音乐中改编或进行编曲式的旋律创作。俄国民族乐派创始人格林卡鼓励改编创作，后来柴可夫斯基进行改编和原创融合创作，形成作曲家的个性旋律和音乐，这是西方作曲大师们走过的路，给人类留下了许许多多的美好旋律。我们可以改编和原创两条线同时走，从而跨越与西方音乐的距离，矗立我们自己的音乐高峰。

【作者系中国交响乐团原团长，作曲家，全国政协第十一、十二届委员及第十三届提案委员会委员，中国音乐家协会第八届副主席，中国文联第十一届全国委员会委员，本文为作者在 2023 年文化和旅游部全国厅局长创作会议上所作的《旋律是人类音乐的永恒记忆》专题讲座的部分内容】

中华文明具有突出的包容性，对其他文化文明持开放包容态度并不断学其所长

黄　平

今天，我们正倡导文明互鉴、构建人类命运共同体。

实践已经很伟大，理论必须很深刻。

把文明互鉴、构建人类命运共同体背后的道理说清楚、讲明白、论透彻，起码应该有三个层次：首先是说事，其次是讲理，最后是论道。

首先，说事。事不清则理不明。作为学者，我们有责任从各个学科的角度把中国所发生的事说清楚。这里，也包括（甚至特别重要的是！）历史的延续性。说事，就是既分门别类又连续不断地在事实层面把我们的故事和历史延续说清楚。

在说事层面，有个谁来说、对谁说、在哪说、怎样说的问题。

谁来说？毫无疑问，在一个越来越信息化、传媒化的时期，说事的人也不仅是传统意义上的学者，广大普通人都既是听者也是讲者，"每个人都是知识分子"（葛兰西）今天更加彰显、更加突出。但是，毫无疑问，"教育者首先是受教育的"（马克思）。今天，每个人都在思考、都在发声，所以需要也有了更多的平台、渠道，更多的中国人来说更多的中国事，其实是大好事。

对谁说？我们获得国家独立与人民解放、建立新中国，从根本上解决了近代以来挨打的问题，后来，经过几十年的建设、发展、改

革，又从整体上解决了多少世纪以来挨饿的问题，现在和下一段，要解决在世界上挨骂的问题（既包括由于对中国的无知和傲慢引发的误解问题，又包括中国被恶意污名化、妖魔化问题），这也不仅仅是中国的外部形象和国际舆论环境问题。而解决形象和舆论问题，首先是要对自己的亿万人民把基本事实说清楚，即我们自己得清楚最基本的事实，包括自己走过的艰难而辉煌的历程，使我们的自信建立在历史事实依据上。

在哪说？传统的课堂、研讨会、新书发布会，仍然是我们所熟悉的场域，但今天的社会越来越信息化，大众传媒特别是新媒体已经深入大众尤其是青年的日常生活、工作和学习中，故在哪说也需要与时俱进，不能仅仅停留在课堂上、书本里、会议中。

怎样说？过去 40 多年中，我们除了在自己的课堂、媒体、出版等平台对自己的听众观众受众说写讲之外，也时常到其他国家和地区去讲中国的过去、现在和将来。客观地说，外面的听众也不乏能客观或相对理性地来倾听和理解的，当然也有人听下来要么出于傲慢偏见无知或者利益考虑而不理或不信。所以，怎样说就很关键，仅凭事实，未必就总能胜于雄辩，因为几十年几百年几千年下来，事实多且杂，这就涉及讲理的问题。

其次，讲理。讲理就不是简单地罗列事实，也不只是说话的技巧如何、外语水平怎样、资金和技术是否足够，等等。讲理，除了逻辑严密、推论合规，至少还有这几个层面：议题设置、规则制定、话语水平。如果议题已经提前定好（例如就只能踢足球），规则也已经提前定死（何谓犯规、进球、得分），那就只是在狭义的话语或辩论层面去说、去讲、去辩，未必会很有效，最多也就是能言善辩而已。但如果把议题、规则、话语这三个层面综合起来看，就有一个从语词到概念、到命题，再到逻辑，最后是从理论到思想的内在结构，这就不只是仅仅在狭义的话语层面编词造句或翻译等问题了。当然，这绝不是说话语和文风不重要，即使有理，也有个怎样说怎样讲才能使人信服的问题，呆板、枯燥、生硬、僵化的教条式的文风，连我们自己的普通群众、广大青年也是不能打动的，更何况对外交流与传播。

第三，论道。在充分讲理的基础上，更有个论道的问题。一者事说不完、说不清，所以需要讲理；二者至少听上去很多时候显得公说公有理、婆说婆有理，那背后的道是什么，怎样论道，这是特别重要也特别需要的。一方面，事不清则理不明、理不明则道不通；另一方面，无理则事说不清、无道则理讲不顺。比如，今天我们要论述如何走出中国式现代化道路并开创中华民族现代文明形态、为何要文明互鉴并建设人类命运共同体，等等，就有个论道的问题。这里，也有三个层面。

其一，中国式现代化和中华民族现代文明当然一定会有且须有自己的特色。当年走农村包围城市的道路就是因为不应也不能照抄照搬，之后我们也一直强调普遍原则与具体实践相结合，改革开放以来坚持走中国特色的道路就讲得更多。中国特色既不是苏式也不是西式，必然也必须有自身的特殊性，其很重要的一点就是只能从中国的实际出发、从中国的历史和文化背景考虑，这样才能发现并解决中国自己遇到的特殊问题。离开了这一点，不仅中国这么一个国家大、人口多、历史长的社会不能走稳走好，即使是一些看上去小得多的社会，也要么走不顺，要么走着走着已不再成其为自己。

其二，中国式现代化和中华文明的普遍性。如果仅仅是有特色，即使很成功、很灿烂，那还只是（或被认为只是）一个个案、一个特例，甚至一个"例外"。中国一方面正走出一条独特的现代化道路，另一方面又确实"拓展了发展中国家走向现代化的途径，给世界上那些既希望加快发展又希望保持自身独立性的国家和民族提供了全新选择"。这就是说，它的背后一定是具有普遍性因而是有参考性乃至推广性的。本来，普遍性存在于特殊性之中，任何特殊性中也都包含着普遍性，尽管中国始终坚持不强加给别人别国我们的现代化道路与治理模式，这既是对别人别国的尊重和对国际法与国际秩序的遵守，也是对自己发展道路与治理模式的审慎和我们优秀传统文化应有的守护，还是对我们近代以来受够了被欺负、被奴役、被宰割的痛苦经历后之决然选择。但是，也不能因为这些就看不到中国特色所蕴含的普遍性。承认特殊性中的普遍性，在坚持特殊性时不忌讳普遍性，也是说事时须说明、讲理时须讲清的内在要求。

其三，中国式现代化道路的优越性。如果再从更抽象的层面讲，任何一个事物，如果它所跨越的时间越长、覆盖的空间越广、涵盖的个体越多，那么（至少很可能！）其所蕴含的普遍性就会越强。如果是这样来看中国几千年一路下来一直走到今天，尽管也经历了很多艰难曲折、战争磨难，但这样一个文明形态，既绵延不绝还不断创新，不仅是发展的速度、规模、势头，而且其内在的生命力和影响力，特别是它所体现的包容性与亲和力，包括日常生活中的亲情、互助、团结，在社会层面的彼此认同、社区安全和凝聚力及其坚韧性，这些珍贵资源比起看得见的"发展指标"更重要也更关键。客观上，经济发展一定是有快有慢，生活水平也一定是有高有低，社会差距会时大时小，各种问题也总是层出不穷，"发展起来比不发展起来问题还要多"（邓小平）。

其四，中华文明的一个突出特点是其具有很强的包容性。对其他文化文明持开放包容态度，并不断从中学其所长补己所短，这是中华文明能够延续如此之长久的秘诀之一。生命力源自其包容性，在中华文明里，各种文化、宗教、习俗、信仰，一直彼此多元并存并总体上保持和平相处、和谐共生，这在人类文明史上如果不是绝无仅有也是极为罕见的，也正因为如此，无论在物质层面有多少困难曲折、在事实层面有多少矛盾纠纷，这个文明本身却可以一路走下来，还能不断开辟新的境界。

所以，所谓论道，不是在现象、经验、观察的层面说事，也不仅是在各个学科层面去讲理，虽然这些都很重要，也还没都说清、讲好，但论道者，是要把普遍性、原理性的东西弄懂阐明。例如"两个结合"，个人的体会，第一个"结合"使马克思主义获得了再生和新生。马克思主义也可能曾经被教条化，或者被诬蔑化以后失去其影响力，但是为什么它却在中国获得了再生和新生？第二个"结合"使中华优秀传统文化获得了激活与弘扬。中华优秀传统文化也可以躺在博物馆里，或者被复古倒退成为陈旧东西的辩护士。但是为什么能够成为中国式现代化的有机组成部分，并因此被激活与弘扬？这是论道所需要回答的大道之行中的问题。

这样来看，就需要在坚持"四个自信"的同时坚持开放、包容，在与其他文明的交流、互鉴中，去说事、讲理、论道，这样才能也一定能走出文明互鉴、建设人类命运共同体的新路来。

【作者系中国社会科学院台港澳研究中心主任、香港中国学术研究院常务副院长】

中华文明具有突出的连续性，
唯有中华文明历尽劫波从未中断

辛向阳

中华文明于坎坷跌宕中生发壮大，于艰苦卓绝中绵延拓展，成为世界史上"连续性文明"的典范，为人类文明进步事业作出了重大贡献。梳理中华文明的历史发展脉络，有利于增强历史信度、拓宽文明向度、强化中华文明世界化力度。

知所从来，方明所往。中国拥有一百万年的人类史、一万年的文化史、五千多年的文明史。习近平总书记在中共中央政治局第三十九次集体学习时强调，要深入了解中华文明五千多年发展史，把中国文明历史研究引向深入。弄清楚"我是谁""从哪里来"，方能理解"中华"二字的厚重与分量，摸准中华文明发展的脉络、历史进路、文明起点，将中华文明纵向上的源远流长、博大精深与横向上的民族融通融合统合起来考察，为铸牢中华文明共同体意识提供科学支撑。

古代文明：以独立存在构建独特的中华文明

数千年来，唯有中华文明历尽劫波从未中断，中华民族在广袤的神州大地上繁衍生息，不断把祖先的智慧镌刻成历史、把火热的生产生活实践积淀成文明。有证据表明，10000年前中华文化起步，6000年前聚落群居出现，5000多年前文明正式形成，3000年前进入文明巩固阶段。无数史料与历史遗迹已经证明，在距今 5500 年至 4000 年期间的中华大地上，星罗棋布地建立起城池，建墙以戍边、筑城以卫君、造郭以守民，形成样式繁多的聚落都邑。书写在典籍里的每一页历史，都可以活化为城中居民奋进的辉煌历程；收藏在博物馆里的每一件文物，都承载着城中居民鲜活的记忆。正如习近平总书记所说："几千年前，中华民族的先民们就秉持'周虽旧邦，其命维新'的精神，开启了缔造中华文明的伟大实践。"先辈在陶冶自然中创造文化，神农氏尝百草、有巢氏教人类建筑房屋、燧人氏钻木取火等传说，传颂着中国上古农耕文明的肇始。

中华文明在"家国同构""家国一体化"的实践中长期延续，以人为本的务实理念在古老的农耕文明中不断萌发。中华文明超强的创造能力不断夯实中华文明多元一体格局，不断强化文明秩序、文明意识、文化底蕴，正是这种文明内聚力以及民族凝聚力，推动中华民族攻坚克难、勇毅前行、衰而能兴，不断积攒着屹立于世界民族之林的磅礴力量，逐步形成中华优秀传统文化的独特样态。众多独立存在的文明早已证明，用一个地域的文明去格式化另一个民族的文明是野蛮的，用一种文明去裁判另一种文明的价值是荒谬的。

近代文明：在蒙尘中抗争

我们的祖先们既创造过"使者相望于道，商旅不绝于途"的丝路盛景，也创造过"万国衣冠会长安"的盛唐气象。即使到 19 世纪初期，中华文明在诸多领域依旧领先世界。麦迪逊估算的 GDP 数据显示，1820 年欧洲 30 国、中国和印度 GDP 占比分别为 22.9%、33.0% 和 16.1%。曾经的中国 GDP 占世界比重高于欧洲 30 国 GDP 之和是历史的常态。但是，近代以后，由于西方列强的入侵，由于封建统治的腐败，中国逐渐成为半殖民地半封建社会，山河破碎，生灵涂炭，中华民族遭受了前所未有的苦难，国家蒙辱、人民蒙难、文明蒙尘。

中华文明蒙尘体现在三个方面：第一，被西方中心主义者贬为低等文明，视作没有进步的循环文明。黑格尔说："中国历史从本质上看是没有历史的，它只是君主覆灭的一再重复而已，任何进步都不可能从中产生。"第二，肆意涂炭生灵，把中华文明看成可以任意践踏的东西。1900 年 7 月 27 日，德皇威廉二世在不莱梅港向开赴中国镇压义和团起义的德国侵略军发表演说称："我派遣你们前往征伐，是要你们对不公正进行报复，只有当德国的和其余列强的旗帜一起胜利地傲视中国，高高飘扬在长城之上，强令中国人接受和平之日，我才会有平静之时。"第三，以自由贸易为名不断侵蚀中华文明的优秀传统。马克思在 1858 年写的《鸦片贸易史》一文中引用了英国人蒙哥马利·马丁写的一段话："不是吗，'奴隶贸易'比起'鸦片贸易'来，都要算是仁慈的。我们没有毁灭非洲人的肉体，因为我们的直接利益要求保持他们的生命；我们没有败坏他们的品格、腐蚀他们的思想，也没有毁灭他们的灵魂。可是鸦片贩子在腐蚀、败坏和毁灭了不幸的罪人的精神存在以后，还杀害他们的肉体。"但是，中华文明具有顽强的生命力，具有不甘屈服的斗争精神，无数先贤奔走呐喊，呼唤新的文明复兴。

百年来的文明：马克思主义激活中华文明

如何洗刷近代文明被蒙上的厚厚尘土？靠马克思主义，靠中国共产党的领导。习近平总书记强调："在近代中国最危急的时刻，中国共产党人找到了马克思列宁主义，并坚持把马克思列宁主义同中国实际相结合，用马克思主义真理的力量激活了中华民族历经几千年创造的伟大文明，使中华文明再次迸发出强大精神力量。"中国共产党人把马克思主义与中华优秀传统文化相结合，激活了中华文明内在的活力。马克思主义真理的力量怎样激活了中华文明？有三条路径。

第一条路径，马克思主义以其与中华文明的契合性扎根于中国人民的心田，掌握了人民大众。"马克思主义传入中国后，科学社会主义的主张受到中国人民热烈欢迎，并最终扎根中国大地、开花结果，决不是偶然的，而是同我国传承了几千年的优秀历史文化和广大人民日用而不觉的价值观念融通的。"共产主义的理想与天下为公、大同社会何其相似，消灭阶级、消灭剥削与王侯将相宁有种乎何其相通，"全世界无产者联合起来"进入中国被翻译为"噫，来，各地之平民，其安可以不奋也！"，多么熟悉的话语。

第二条路径，马克思主义以辩证思维看待中华文明的发展，为中华民族寻找到从积贫积弱的困顿走向民族复兴的道路。帝国主义的野蛮侵略和中国人民的深重苦难引起了马克思对中华文明的高度关注。第二次鸦片战争期间，马克思撰写了十几篇关于中国的通讯，向世界揭露西方列强侵略中国的真相，为中国人民伸张正义。马克思恩格斯高度肯定中华文明对人类文明进步的贡献，科学预见了"中国社会主义"的出现，甚至为他们心中的新中国取了亮丽的名字——"中华共和国"。

第三条路径，马克思主义的真理性、科学性、革命性、人民性孕育了我们党伟大的建党精神。马克思主义是具有丰富科学内涵的真理性理论，是富有远大理想的现实性理论；正是这一理论品格孕育了我们党"坚持真理、坚守理想"的精神风范。马克思主义是爱国主义和国际主义紧密结合的科学体系，是能够真正造福人民的理论；正是这一理论特质孕育了我们党"践行初心、担当使命"的精神要求。马克思主义是具有强大解释世界力量和改造世界力量的革命的理论，是具有伟大斗争精神的理论；正是这一理论气质孕育了我们党"不怕牺牲、英勇斗争"的精神品格。马克思主义是具有真挚人民情怀的理论，是坚定捍卫人民利益的理论；正是这一理论性质养育了我们党"对党忠诚、不负人民"的精神风骨。

新时代新文明：创造了人类文明新形态

习近平总书记在庆祝中国共产党成立一百周年大会上的重要讲话中指出："我们坚持和发展中国特色社会主义，推动物质文明、政治文明、精神文明、社会文明、生态文明协调发展，创造了中国式现代化新道路，创造了人类文明新形态。"这个文明形态，是以社会主义为基础的新形态，更是以共产主义文明为方向的新形态。

这个新形态文明是人民作为历史和文明创造主体发挥主动性、积极性、创造性的文明。人类文明新形态从根本上扭转了"至今一直统治着历史的客观的异己的力量"，让人民成为历史主体、国家的主人、国家的核心，变"皇帝就是江山社稷，江山社稷就是皇帝"的旧文明，为"人民就是江山，江山就是人民"的新文明。这个新形态文明是不断创造性转化、创新性发展中华优秀传统文化的文明。如果没有中华文明，哪里会有什么中国特色？如果不是中国共产党开创了人类文明新形态，世界依然要在西方文明的短视与黑暗中长期徘徊。

党的十八大以来，以习近平同志为核心的党中央，既注重挖掘中华优秀传统文化讲仁爱、重民本、守诚信、崇正义、尚和合、求大同的时代价值，又注重以中华优秀传统文化作为涵养社会主义核心价值观的源泉。这个新形态文明是胸怀天下、为人类谋进步和为世界谋大同的文明。中华文明历来强调大道之行、天下为公、协和万邦、以邻为伴、好战必亡的文明理念，习近平总书记斩钉截铁地向世界宣告："强国只能追求霸权的主张不适用于中国，中国没有实施这种行动的基因。"汤因比这样讲："避免人类自杀之路，在这点上现在各民族中具有最充分准备的，是 2000 年来培育了独特思维方法的中华民族。"中华文明新形态不仅宣告了"文明冲突论"的终结，而且使人类正在走出资本主义文明带来的个人主义荒原和利己主义废墟。

【作者系第十四届全国人大代表，中国社会科学院马克思主义研究院党委书记、院长】

追求人与自然和谐相生，是五千多年中华文明蕴含的生态智慧和生态文化

钱　勇

地球是人类的唯一家园，建设美丽家园是我们每个人的共同梦想。在党的二十大报告中，习近平总书记提出"坚持绿色低碳，推动建设一个清洁美丽的世界"。这是中国式现代化的重要任务，也是中国坚定不移构建人类命运共同体的重要宣示，彰显大党大国的责任担当，为推动实现人类可持续发展贡献中国智慧、中国方案和中国力量。

一、人与自然如何相处的现代化之问

大自然是人类赖以生存发展的基本条件。人与自然是生命共同体，生态环境变化直接影响文明兴衰演替。如何正确处理人与自然关系，关乎人类未来。"竭泽而渔还是人与自然和谐共生？"这是 2023 年 3 月 15 日中共中央总书记、国家主席习近平在中国共产党与世界政党高层对话会上的主旨讲话中提出的"现代化之问"，也是攸关世界各国永续发展的重大课题。

人与自然的关系是人类社会最基本的关系。一部人类文明发展史，也是一部人与自然的关系史。从古埃及、古巴比伦和中国古楼兰等的兴起与衰落，到工业革命以来全球生态环境问题日益凸显、人类

生存和发展难以为继的现状，无不表明生态兴则文明兴、生态衰则文明衰，人类必须尊重自然、顺应自然、保护自然。早在原始文明、农耕文明时期，世界各国的先民就形成了依赖自然、崇拜自然、顺从自然的朴素生态伦理观。但进入工业文明以来，人类高强度利用、掠夺自然，人与自然深层次矛盾日益显现，引发人们对人与自然关系的思考。地球还能承载人类发展多久，人类文明能否永续发展下去，我们应该追求什么样的发展……成为摆在全世界人民面前必须回答的重大问题。

发达国家"先污染后治理"老路难以为继。现有发达国家推进现代化的过程中，大量消耗、大量排放，不计自然成本和环境代价，在实现自身生产力快速发展的同时，给全球带来了巨大的生态环境赤字。面对日益严重的生态环境危机，发达国家逐步开展污染治理，并通过产业转移，逐步将高污染、高消耗产业向发展中国家转移。这样一条"先污染、后治理、再转移"的路子，实质上仍未摆脱对自然掠夺、对他国掠夺的本质。迄今为止，全球实现现代化的国家和地区人口不到 10 亿，仅为全球总人口的八分之一。而对于后发国家来说，一方面，全球自然生态安全边界已然接近极限，继续走老路，地球必然无法承受；另一方面，全球资源条件有限，继续走老路，必然难以为继。如何跳出破坏性发展的恶性循环，实现发展与保护的双赢，是后发国家必然面对的大问题。

全球环境治理困境呼唤新的人与自然相处之道。从 1987 年正式提出可持续发展理念，到 2015 年通过联合国《2030 年可持续发展议程》，国际社会不断探索解决工业文明带来的诸多环境问题，在政策和实践方面积极行动并取得进展。但由于不可持续的消费和生产模式，地球依然面临多重生态环境社会治理危机。从长远来看，人类社会如果无法朝着正确的方向前进，生物多样性锐减、生态系统崩溃、人类健康状况下降、极端气候破坏和资源枯竭将愈演愈烈。同时，国际社会不稳定、不确定性因素仍然在上升，治理赤字、信任赤字、和平赤字、发展赤字有增无减，全球环境治理也陷入一系列矛盾与困境。责任缺失、利益冲突、监管缺位、协调不畅等导致生态环境领域的治理赤字愈发凸显。如何改善人与自然的关系，确保拥有一个可持续的未来，建设一个清洁美丽的世界，成为人类必须回答的时代之问。

二、人与自然和谐共生的中国探索与回答

追求人与自然和谐相处，是五千多年中华文明蕴含的生态智慧和生态文化。习近平总书记在 2023 年 6 月 2 日召开的文化传承发展座谈会上指出，中华优秀传统文化有很多重要元素，其中包括天人合一、万物并育的生态理念等，共同塑造出中华文明的突出特性。中国古人很早就形成了质朴睿智的自然观，《易经》"观乎天文，以察时变；观乎人文，以化成天下"、《老子》"人法地，地法天，天法道，道法自然"等，都表达了先人对处理人与自然关系的重要认识。进入新时代，以习近平同志为核心的党中央，牢固树立和践行绿水青山就是金山银山的理念，像保护眼睛一样保护自然和生态环境，努力探索人与自然和谐共生的发展之道，积极推进中国式现代化之路。

形成作为根本遵循的习近平生态文明思想。理论是行动的先导。党的十八大以来，以习近平同志为核心的党中央，大力推动生态文明理论创新、实践创新、制度创新，创造性提出一系列富有中国特色、

体现时代精神、引领人类文明发展进步的新理念新思想新战略，形成习近平生态文明思想，深刻回答了为什么建设生态文明、建设什么样的生态文明、怎样建设生态文明等重大理论和实践问题，系统阐释了人与自然、保护与发展、环境与民生、国内与国际等关系，开创了生态文明建设新境界。习近平生态文明思想，是马克思主义基本原理同中国生态文明建设实践相结合、同中华优秀传统生态文化相结合的重大成果，是习近平新时代中国特色社会主义思想的重要组成部分，是新时代中国生态文明建设的根本遵循和行动指南。随着习近平生态文明思想日益深入人心，全党全国推进生态文明建设的自觉性和主动性显著增强。

推进美丽中国建设迈出重大步伐。新时代以来，在习近平生态文明思想科学指导下，中国坚持绿水青山就是金山银山的理念，坚持山水林田湖草沙一体化保护和系统治理，污染防治攻坚向纵深推进，绿色、循环、低碳发展迈出坚实步伐。全国以年均 3% 的能源消费增速支撑了年均超过 6% 的经济增长；全国地级及以上城市细颗粒物（$PM_{2.5}$）年均值由 2015 年的 46 微克 / 立方米降至 2022 年的 29 微克 / 立方米，从而成为全球空气环境质量改善速度最快的国家；全国地表水 Ⅰ—Ⅲ 类水质断面比例为 87.9%。中国生态环境保护从理论到实践都发生历史性、转折性、全局性变化，创造了举世瞩目的生态奇迹和绿色发展奇迹，中华大地天更蓝、山更绿、水更清，人民群众在生态环境改善中的获得感、幸福感、安全感不断增强。

探索人与自然和谐共生的现代化道路。中国式现代化的一个重要特色就是要建设人与自然和谐共生的现代化。首先，这是生态优先的现代化，就是尊重自然、顺应自然、保护自然，不走西方的老路，以自然之道，养万物之生，保持自然生态系统的原真性和完整性，保护生物多样性，留给自然生态系统足够的时间和空间休养生息。其次，这是满足人类对美好生态环境需求的现代化，就是充分考虑人类对美好生活的向往和对优美生态环境的期待，努力实现生态文明的公平正义，创造良好的自然资源共有共享条件。最后，这是高质量发展的现代化，就是把人类活动限制在生态环境能够承受的限度内，坚持走绿色低碳的高质量发展道路，从保护自然中寻找绿色发展新机遇，解决工业文明带来的矛盾，以生态环境高水平保护促进经济社会高质量发展。新时代十年生态文明建设取得的历史性成就、发生的历史性变革雄辩地证明，走人与自然和谐共生的现代化道路，是符合中国实际、行得通、走得好的现代化道路。

推动共谋全球生态文明之路。中国坚持天下为公，不仅着力保护本国生态环境，也从全人类共同利益出发，致力于共建全球生态文明和清洁美丽的世界。在推动全球可持续发展的国际舞台上，中国坚定践行多边主义，坚持共商共建共享的全球治理观，努力推动构建公平合理、合作共赢的全球环境治理体系。引领全球气候治理进程，推动《巴黎协定》达成、签署、生效和实施，宣布碳达峰碳中和目标愿景，不再新建境外煤电项目，彰显负责任大国形象。成功召开《生物多样性公约》第十五次缔约方大会（COP15），推动达成了具有历史性成果的文件——"昆明—蒙特利尔全球生物多样性框架"，成为全球生物多样性治理的新里程碑。倡导建立"一带一路"绿色发展国际联盟和"一带一路"生态环保大数据服务平台，帮助共建"一带一路"国家提高生态环境治理水平。中国生态文明建设成就得到国际社会普遍认可，已成为全球生态文明建设的重要参与者、贡献者、引领者。

三、习近平生态文明思想是人类社会实现可持续发展的共同精神财富

习近平生态文明思想是过去我们为什么能够成功、未来我们怎样才能够继续成功的"绿色密码"。

面向全球，习近平主席倡议共同构建地球生命共同体，共建清洁美丽世界，彰显了大国领袖的全球视野、世界眼光和天下情怀。这一重要思想凝结着对发展人类文明、建设清洁美丽世界的睿智思考和深刻洞见，是中国式现代化和人类文明新形态的重要内容和重大成果，实现了人类文明发展史上的一次重大理论创新和思想变革，为全球可持续发展、建设清洁美丽世界提供了科学指引。

开辟了人类可持续发展理论新境界。习近平总书记融汇全人类先进的生态观点、理念、实践，吸收人类现代文明进步和全球可持续发展理论，将习近平生态文明思想升华为一个系统的、指导人类可持续发展的理论体系，开辟了全球人类可持续发展的新境界。这一思想创造性提出生态兴则文明兴、人与自然和谐共生，革新了对人与自然关系的认识。这一思想创造性提出绿水青山就是金山银山，强调绿色发展是发展观的深刻革命，革新了对发展与保护辩证关系的认识。这一思想创造性提出良好生态环境是最普惠的民生福祉、最公平的公共产品，革新了对环境与民生关系的认识。这一思想创造性提出共谋全球生态文明建设之路，强调积极参与全球生态环境治理，革新了对国内和国际关系的认识。党的二十大报告提出"站在人与自然和谐共生的高度谋划发展"，将可持续发展理论又提升到一个新的境界。

提供了人与自然和谐共生现代化的中国方案。世界上既不存在

定于一尊的现代化模式，也不存在放之四海而皆准的现代化标准。习近平总书记深刻反思西方传统现代化模式，分析西方式现代化道路在解决生态环境问题上的不足，坚决摒弃西方以资本为中心、物质主义膨胀、先污染后治理的现代化老路，打破"现代化等于西方化"的迷思，开创了一条人与自然和谐共生的中国式现代化道路。习近平总书记指出，我们要建设的现代化是人与自然和谐共生的现代化，既要创造更多物质财富和精神财富以满足人民日益增长的美好生活需要，也要提供更多优质生态产品以满足人民日益增长的优美生态环境需要。党的二十大进一步强调促进人与自然和谐共生是中国式现代化的本质要求，在世界上树立了现代化生态文明价值取向，为发展中国家解决人与自然和谐共生问题提供了新的选择。

创造了人类生态文明新形态。习近平总书记深刻指出，生态文明是人类文明发展的历史趋势。人类文明发展已经经历了原始文明、农业文明、工业文明，生态文明是工业文明发展到一定阶段的产物，是实现人与自然和谐发展的新要求，是人类文明发展进步的新形态和新道路。生态文明作为文明新形态，成熟于中国大地的实践土壤，代表了更加先进的生产力和生产关系，实现了人口、资源、环境与社会生产力发展的协调适应，推动了人类文明由工业文明向生态文明的范式转型。习近平生态文明思想扩展了人类文明新形态的深刻内涵，丰富和发展了对人类文明发展规律、自然规律、经济社会发展规律的认识，彰显了中国特色、战略眼光和世界价值，必将对重构人与自然关系、重建全球绿色生态体系、深化全球生态环境治理格局产生深远的世界影响。

四、勇担共建清洁美丽世界的使命任务

建设绿色家园是人类的共同梦想。为了共同的未来，国际社会应站在对世界文明负责的高度，秉持人类命运共同体理念，追求人与自然和谐、追求绿色发展繁荣、追求热爱自然情怀、追求科学治理精神、追求携手合作应对，共建人与自然生命共同体，共建清洁美丽世界。

坚持人与自然和谐共生。人与自然是生命共同体，无止境地向自然索取甚至破坏自然必然会遭到大自然的报复。我们要站在人与自然和谐共生的高度谋划发展，以资源环境承载力为基础，以共建人与自然生命共同体为目标，构筑尊重自然、绿色发展的生态体系，解决好工业文明带来的矛盾，实现世界的可持续发展和人的全面发展。

坚持绿色低碳发展。推动绿色低碳发展是国际潮流所向、大势所趋。我们要彻底改变过去那种以牺牲生态环境为代价换取一时经济发展的短视做法，摒弃损害甚至破坏生态环境的发展模式，以科技创新为驱动，加快经济社会发展全面绿色转型，大力推进经济、能源、产业结构转型升级，推动形成绿色低碳的生产方式和生活方式。

坚持以人为本。生态环境关系各国人民的福祉，保持良好生态环境是各国人民的共同心愿。我们要心系各国民众对美好生活的向往和对美好生态环境的需求，加强全球环境治理合作交流，在绿色转型过程中努力实现社会公平正义，实现保护环境、发展经济、创造就业、消除贫困等多面共赢。

坚持真正的多边主义。面对气候变化、海洋环境污染、生物多样性保护等全球性环境问题，全球行动、全球应对、全球合作是人类唯一的选择。我们要坚持以国际法为基础、以公平正义为要旨、以有效

行动为导向，维护以联合国为核心的国际体系，坚持共同但有区别的责任，遵循《联合国气候变化框架公约》以及《巴黎协定》的目标和原则，努力落实 2030 年可持续发展议程，推动"昆明—蒙特利尔全球生物多样性框架"等机制的有效执行。

【作者系习近平生态文明思想研究中心主任】

博大精深的中华文明是中国人民创造的

王炳林

习近平总书记指出："人民是历史的创造者，是决定党和国家前途命运的根本力量。"新中国成立以来，中国共产党领导中国各族人民发奋图强、艰苦创业，创造了"当惊世界殊"的发展成就，实现了小康这个中华民族的千年梦想，书写了人类发展史上的伟大传奇！伟大成就离不开伟大力量，伟大力量来源于伟大人民。新中国的发展进步充分印证，人民群众是推动事业发展的力量源泉，是推动社会变革的决定性力量。

一、人民群众的劳动创造是中华文明发展进步的"驱动力"

唯物史观认为，人民群众是社会物质财富和精神财富的创造者，是社会变革的决定力量，在创造历史过程中起着决定性作用。马克思恩格斯指出，"历史活动是群众的事业"，决定历史发展的是"行动者的群众"。作为坚定的马克思主义者，中国共产党人始终坚信人民群众的劳动创造是社会发展的原动力。劳动成就梦想，创造铸就辉煌。劳动群众的创造，是社会发展进步最基本的源泉。新中国的发展进步绝不是从天上掉下来的，而是一代又一代中国人用自己的双手接力奋斗创造的。中华民族是充满智慧而又勤劳的伟大民族，创造了人类历史上唯一一个绵延 5000 多年至今未曾中断的文明。2023 年 6 月 2 日，习近平总书记在文化传承发展座谈会上指出:"中华文明具有突出的统一性,从根本上决定了中华民族各民族文化融为一体、即使遭遇重大挫折也牢固凝聚,决定了国土不可分、国家不可乱、民族不可散、文明不可断的共同信念,决定了国家统一永远是中国核心利益的核心,决定了一个坚强统一的国家是各族人民的命运所系。"中华民族的共同努力,创造了辉煌灿烂的中华文明,正是这种文明,成为凝聚中华民族的精神纽带。

新中国的成立,使中华民族从此进入了发展进步的历史新纪元,勤劳的中国人民响应党和国家号召积极投身社会生产建设、修建基础设施、支援边疆开发等,为恢复发展国民经济和社会主义现代化建设作出了巨大贡献。改革开放以后,从实行家庭联产承包、乡镇企业异军突起到农村承包地"三权"分置、打赢脱贫攻坚战,从兴办深圳等经济特区、沿海沿边沿江沿线和内陆中心城市对外开放到加入世界贸易组织,从搞好国营大中小企业、发展个体私营经济到深化国资国企改革、发展混合所有制经济……我国以前所未有的速度快速发展,大踏步赶上时代潮流。邓小平同志说:"农村改革中的好多东西,都是基层创造出来的,我们把它拿来加工提高作为全国的指导。"党的十八大以来,人民群众辛勤劳动、诚实劳动、创造性劳动,苦干、实干、巧干,推动我国经济转型升级、推进创新型国家建设、推动经济高质量发展等,实现了从"中国制造"到"中国创造"的转变,确保中国经济在全球经济持续低迷背景下保持强劲势头。党的十九大报告将"坚持以人民为中心"确立为新时代坚持和发展中国特色社会主义的基本方略之一,这意味着不仅在经济社会发展方面要坚持以人民为中心的发展思想,而且在中国特色社会主义事业诸领域、各方面与全过程都必须坚持以人民为中心。党的二十大报告提出了以中国式现代化全面推进中华民族伟大复兴的战略任务，强调前进道路上要牢牢把握五个重大原则，其中一个重要原则就是坚持以人民为中心的发展思想，要维护人民根本利益，增进民生福祉，不断实现发展为了人民、发展依靠人民、发展成果由人民共享，让现代化建设成果更多更公平惠及全体人民。中国特色社会主义进入新时代，全国各族人民在中国共产党领导下推进一系列变革性实践，实现一系列突破性进展，取得一系列标志性成果，党和国家事业取得历史性成就、发生历史性变革，推动我国迈上全面建设社会主义现代化国家新征程。

新中国成立以来，中国人民在创造巨大物质财富的同时，也创造了丰富的精神财富，一批批优秀文化作品不断呈现。物质富足、精神富有是社会主义现代化的根本要求。人民群众不懈奋斗，不断厚植现代化的物质基础，不断夯实人民幸福生活的物质条件，同时大力发展社会主义先进文化，加强理想信念教育、传承中华文明，促进了物的全面丰富和人的全面发展。实践充分证明，一切伟大的奇迹都是人民群众奋斗、创新的结果。正是我们党紧紧依靠人民，充分尊重人民首创精神、鼓励人民群众进行开创性探索，把蕴藏在人民群众中的无穷智慧和力量充分激发出来，才创造了令世界惊叹的"中国奇迹"。

我们用几十年的时间走过了西方发达国家几百年走过的现代化历程，将新中国从成立之初的"一穷二白"建设成为世界上第二大经济体以及制造业、货物贸易、外汇储备第一大国，推动了中国从落后时代到大踏步赶上时代、引领时代的历史性跨越，使中华民族迎来了从站起来、富起来到强起来的伟大飞跃，前所未有地接近实现中华民族伟大复兴的目标。习近平总书记指出："波澜壮阔的中华民族发展史是中国人民书写的！博大精深的中华文明是中国人民创造的！历久弥新的中华民族精神是中国人民培育的！中华民族迎来了从站起来、富起来到强起来的伟大飞跃是中国人民奋斗出来的！"

二、人民群众的拼搏进取精神是中华文明发展进步的"助推力"

毛泽东同志曾说，人总是要有一点精神的。精神是人的意识、思维活动，影响着人的行为。人有了良好的精神状态，就有了克服困难、超越自我的勇气和力量。奋斗拼搏的精神状态，不仅可以转化为攻坚克难的坚强意志，而且可以转化为推动事业蓬勃发展的强大力量，是社会发展进步的助推力。

新中国的发展进步，不仅是人民群众用勤劳双手"干"出来的，更是人民群众靠拼搏奋斗精神"拼"出来的。新中国的历史，就是中国人民在逆境中奋发、在奋斗中自强的历史。新中国的成立，推翻了帝国主义、封建主义、官僚资本主义的反动统治，结束了几千年来极少数剥削者统治广大劳动人民的历史，结束了近百年来帝国主义、殖民主义奴役中国人民的历史。成为新社会、新国家主人的中国人民，在建设社会主义旗帜引领下，为甩掉积贫积弱的帽子，展现出斗志昂扬、奋发有为、励精图治的精神状态，推动社会主义革命和建设取得重大胜利。党的十一届三中全会后，中国人民在改革开放大潮中表现出顽强拼搏、自强不息、开拓创新、勇于变革等精神面貌，推动中国经济社会日新月异快速发展。党的十八大以来，在以习近平同志为核心的党中央坚强领导下，人民群众心怀梦想、积极进取、勇攀高峰、迎难而上，有效应对重大挑战、抵御重大风险、克服重大阻力、解决重大矛盾，推动了党和国家事业发生历史性变革、取得历史性成就。

习近平总书记在庆祝中国共产党成立 100 周年大会上指出："一百年前，中国共产党的先驱们创建了中国共产党，形成了坚持真理、坚守理想，践行初心、担当使命，不怕牺牲、英勇斗争，对党忠诚、不负人民的伟大建党精神，这是中国共产党的精神之源。一百年来，中国共产党弘扬伟大建党精神，在长期奋斗中构建起中国共产党人的精神谱系，锤炼出鲜明的政治品格。"伟大精神代代相传，成为推动中华文明发展进步的强大精神动力。"做一颗永不生锈的螺丝钉"的雷锋精神，"宁肯少活二十年，拼命也要拿下大油田"的铁人精神，"立下愚公移山志，决心劈开太行山"的红旗渠精神，"敢闯敢试、敢为人先、埋头苦干"的特区精神，"一日三餐有味无味无所谓，爬冰卧雪冷乎冻乎不在乎"的塞罕坝精神，"特别能吃苦、特别能战斗、特别能攻关、特别能奉献"的航天精神等，就是中国人民以顽强拼搏的进取精神推动社会发展进步的充分展现。实践充分证明，人民群众的拼搏进取精神是不断战胜前进道路上各种风险考验、推进中国特色社会主义伟大事业的活力源泉和重要法宝。

三、人民群众的美好生活需要是中华文明发展进步的"牵引力"

人民群众对美好生活的需要、对幸福生活的追求，是社会发展进步最持久的牵引力。马克思、恩格斯指出："人们为了能够'创造历史'，必须能够生活。但是为了生活，首先就需要吃喝住穿以及其他一切东西。因此第一个历史活动就是生产满足这些需要的资料，即生产物质生活本身。"广大人民群众对美好生活的需要，汇聚成强大的合力，推动着社会发展进步。

我们党作为马克思主义政党，全心全意为人民服务是党的根本宗旨，必须以最广大人民根本利益为我们一切工作的根本出发点和落脚点。时代是出卷人，我们是答卷人，人民是阅卷人。习近平总书记多次强调，人民对美好生活的向往，就是我们的奋斗目标。人民的美好生活需要是历史的、具体的、全面的，是不断丰富、持续提高的无止境过程。满足人民美好生活需要的过程，就是解决社会主要矛盾的过程，就是社会不断发展进步的过程。新中国成立之初，我国经济文化比较落后，物质文化需要是人民美好生活需要的主要内容，人民日益增长的物质文化需要同落后的社会生产之间的矛盾是我国社会的主要矛盾。改革开放以来，我国大力发展社会生产力，努力满足人民日益增长的物质文化需要，推动中国特色社会主义事业取得了巨大成就。党的十九大报告指出，经过长期努力，中国特色社会主义进入了新时代，这是我国发展新的历史方位。"我国社会主要矛盾已经转化为人民日益增长的美好生活需要和不平衡不充分的发展之间的矛盾。"人民的美好生活需要日益广泛，不仅对物质文化生活提出了更高要求，而且在民主、法治、公平、正义、安全、环境等方面要求日益增长。主要矛盾的转化对党和国家工作提出了许多新要求，而人民对美好生活的向往就是我们的奋斗目标，这一目标及其激发下的生动实践，进一步推动了我国发展的整体转型升级，为建设富强民主文明和谐美丽的社会主义现代化强国提供源源不竭的动力。党的二十大报告指出，经过长期奋斗，"人民群众获得感、幸福感、安全感更加充实、更有保障、更可持续，共同富裕取得新成效。"可见，人民群众的美好生活需要与中华文明发展进步是一个良性互动的过程，人民群众的美好生活需要牵引着中华文明的发展进步，中华文明的发展进步更好地满足人民的美好生活需要。

总之，中国共产党始终坚持以人民为中心，把人民放在最高位置，顺应人民对美好生活的向往，顺应我国社会主要矛盾的变化，在不断实现人民群众根本利益，增强人民群众获得感、幸福感、安全感的过程中，推动着经济社会发展进步。人民群众是历史的创造者，人民是决定我们前途命运的根本力量。只要全国各族人民心往一处想、劲往一处使，万众一心、众志成城，14亿多人的智慧和力量就能汇集成不可战胜的磅礴力量，托举起伟大的中国梦，创造中华民族现代文明。

【作者系北京师范大学中共党史党建研究院院长、国务院学位委员会学科评议组成员、教育部高校思政课教指委咨询委员，教育部社科中心原主任、北京师范大学原党委副书记】

努力创造属于我们这个时代的新文化

沈壮海

党的十八大以来，习近平总书记从新时代坚持和发展中国特色社会主义和强国建设、民族复兴的战略高度，对文化建设顶层擘画、系统推进，并于此中反复强调文化创造与时代同行、不负时代的问题。在 2014 年 10 月 15 日召开的文艺工作座谈会上，他期勉文艺工作者要努力"创作无愧于时代的优秀作品"；在 2016 年 5 月 17 日召开的哲学社会科学工作座谈会上，他强调哲学社会科学工作者"不能辜负了这个时代"；2019 年 3 月 4 日，在看望参加全国政协十三届二次会议的文化艺术界、社会科学界委员时，他希望大家"坚持与时代同步伐"，"为时代画像、为时代立传、为时代明德"。在党的十九大报告中，他强调要"在实践创造中进行文化创造，在历史进步中实现文化进步"；在党的二十大报告中，他提出要"开辟马克思主义中国化时代化新境界"。在 2023 年 6 月召开的文化传承发展座谈会上，习近平总书记又特别指出："要坚定文化自信、担当使命、奋发有为，共同努力创造属于我们这个时代的新文化，建设中华民族现代文明。"这些论述，发出了文化建设要以时代为观照、与时代同步伐、发时代之先声、创时代之伟业的伟大号召。我们要深刻领会"努力创造属于我们这个时代的新文化"的丰富意蕴，切实增强推动文化创新创造、繁荣发展的主体性，为铸就社会主义文化新辉煌贡献力量。

"创造属于我们这个时代的新文化"，是新时代中国共产党人强烈文化使命意识的鲜明表达

中国共产党是有着高度使命自觉的党，一经登上历史舞台，就义无反顾地肩负起实现中华民族伟大复兴的历史使命，为之顽强奋斗、勇毅拼搏。不忘初心、牢记使命，贯穿于党领导人民的百年奋斗之中，也鲜明地写入中国共产党世纪新程的行动宣言。党的二十大报告开篇强调的"三个务必"，摆在首位的，便是"不忘初心、牢记使命"。中国共产党人时刻牢记的"使命"中，始终内含着文化的使命。1940 年 1 月，在陕甘宁边区文化协会第一次代表大会上的讲演中，毛泽东同志便曾明确指出："我们共产党人，多年以来，不但为中国的政治革命和经济革命而奋斗，而且为中国的文化革命而奋斗"，"一句话，我们要建立一个新中国。建立中华民族的新文化，这就是我们在文化领域中的目的。"可以说，中国共产党带领中国人民的不懈奋进史，便是一部建设新文化、创造新文明的奋进史。经过长期奋斗，中国特色社会主义进入了新时代。长期奋斗，包含着文化的奋斗；新时代，确立在物质文明、政治文明等所奠定的坚实基础之上，也确立在文化建设、精神文明所达至的新高度之上。

中国特色社会主义进入新时代以来，与当今时代综合国力竞争新特点新趋势、中华民族伟大复兴进程新阶段新要求相适应，文化发展与文化强国建设问题，越发成为新时代中国特色社会主义建设理论与实践中的重大课题、关键课题、紧迫课题，中国共产党人和中国人民繁荣新文化、发展新文明的使命意识也更为强烈。习近平总书记反复强调："没有高度文化自信、没有文化繁荣兴盛就没有中

华民族伟大复兴"，"中华民族创造了源远流长的中华文化，中华民族也一定能够创造出中华文化新的辉煌"，"当代中国共产党人和中国人民应该而且一定能够担负起新的文化使命"，"中国人民不仅将为人类贡献新的发展模式、发展道路，而且将把自己在文化创新创造中取得的成果奉献给世界"。强烈的文化使命意识引领坚定执着的文化建设行动。在新时代以来的接续奋斗中，我们党更加鲜明地将建设社会主义文化强国确立为国家战略，把文化摆在党和国家事业全局的突出位置，提振文化自信、壮大文化事业、繁荣文化产业，传承优秀传统、推进文化创新、激发文化优势，为实现民族复兴的伟业构筑了更为主动的精神力量，为人类文明多样性贡献了更为绚丽的中国色彩。

新时代新征程，中国共产党的中心任务是团结带领全国各族人民全面建成社会主义现代化强国、实现第二个百年奋斗目标，以中国式现代化全面推进中华民族伟大复兴。中国式现代化是充满荣光但同时也空前艰巨的现代化，对以文弘业、以文培元，以文立心、以文铸魂提出了更多期待；中国式现代化是创造人类文明新形态的现代化，它从中华民族底蕴深厚的古老文明中走来，也要求现代文明的同行引领、全域文明的整体推进。没有足够丰富的新的文化创造，无以支撑起新时代文化强国之"强"。建成文化强国，已经写入二〇三五年我国发展的总体目标，征鼓催人，时不我待。在新的起点上继续推动文化繁荣、建设文化强国、建设中华民族现代文明，是我们在新时代新的文化使命。习近平总书记强调要"努力创造属于我们这个时代的新文化"，再次发出了以创新创造担负起我们在新时代新的文化使命的时代号令。

"创造属于我们这个时代的新文化"，内含着对新的文化创造本质规定的深刻阐明

"创造属于我们这个时代的新文化"，就是要建设中华民族现代文明。中华民族是一个有着高度文明自觉的伟大民族。在漫长历史进程中，中华民族筚路蓝缕，跋山涉水，走过了不同于世界其他文明体的发展历程，创造了源远流长、博大精深的中华文明，铸塑了中华民族独特的精神标识，滋养了中华民族的生生不息、自强日新，为人类文明进步作出了独特贡献。静止的文明，其涸必然；常新的文明，方有前景。"文明永续发展，既需要薪火相传、代代守护，更需要顺时应势、推陈出新。世界文明历史揭示了一个规律：任何一种文明都要与时偕行，不断吸纳时代精华。"中华文明之所以历史沧桑而不辍，成为世界上唯一没有中断的文明，一个极为重要的原因正在于其所具有的突出的创新特性。建设中华民族现代文明，既是古老的中华民族以青春的姿态屹立于世界民族之林的需要，也是中华文明永葆生机、永续发展的内在必然。这就要求新时代的中华民族继续秉持守正不守旧、尊古不复古的进取精神，把握时代特征，因应时代呼唤，不断拓深拓宽中华文明长河的新时代河床，接古源、开新泉、汇新流、蓄新能，使中华文明长河不断以新的气象澎湃向前。

"创造属于我们这个时代的新文化"，就是要不断培育和创造新时代中国特色社会主义文化。"我们这个时代"，是中国特色社会主义新时代。习近平总书记反复强调："全党同志必须牢记，我们要建设的是中国特色社会主义，而不是其他什么主义。"中国特色社会主义新时代，是中国共产党带领中国人民自信自立、勇毅前行，推进强国建

设、民族复兴的新时代。

"创造属于我们这个时代的新文化",就是要建设新时代中国特色社会主义文化。新时代中国特色社会主义文化,体现中国特色社会主义文化的本质规定性,是面向现代化、面向世界、面向未来的,民族的科学的大众的社会主义文化;又具有新时代的鲜明特色,以新时代马克思主义中国化时代化的最新成果——习近平新时代中国特色社会主义思想为指导,以社会主义核心价值观为引领,着眼于在新时代更好满足人民日益增长的精神文化需求,培养担当民族复兴大任的时代新人,增强实现中华民族伟大复兴的精神力量。新时代中国特色社会主义文化,源自于中华民族五千多年文明历史所孕育的中华优秀传统文化,熔铸于党领导人民在革命、建设、改革中创造的革命文化和社会主义先进文化,植根于新时代中国特色社会主义伟大实践。换言之,新时代中国特色社会主义文化,即新时代中国特色社会主义创造性实践中马克思主义与中华优秀传统文化互相成就而形成的新的文化生命体,它是中华文明长河奔腾行进至新时代的潮头所在,是中华民族现代文明的重要体现。

中国特色社会主义新时代,是一个呼唤文化新创造的时代,也是一个能够成就文化新史诗的时代。新时代党和国家事业发展所取得的历史性成就、发生的历史性变革,为文化的发展奠定了更为坚实的物质基础、更为完善的制度保证、更为丰厚的精神养料;新时代中国特色社会主义建设所展开的宏大而独特的实践创新、所推进的广泛而深刻的社会变革、所提出的崭新而复杂的时代课题、所激发的丰富而强劲的精神需求,为文化创造提供了强大动力和广阔空间。真正创造出接续历史荣光、彰显时代气象的新文化,我们才能不辜负这个风云际会的大时代。

"创造属于我们这个时代的新文化",要求我们坚定文化自信、秉持开放包容、坚持守正创新

"创造属于我们这个时代的新文化",建立在坚定文化自信的基础之上。没有坚定的文化自信,一个民族就没有坚实自觉的文化主体性,就既无以准确审己观人,也无以担当文化责任。坚定的文化自信,体现为对自己民族已有优秀文化创造及其时代价值的真诚礼敬和高度肯认。近年来,习近平总书记经常在前瞻时代新景的同时回望中华民族的历史文明,对中华优秀传统文化的形成发展、风骨神韵、精神特质等作出了精辟阐论。在文化传承发展座谈会上,习近平总书记从五个方面深刻总结了中华文明的突出特性,系统讲述了"第二个结合"的根据与意义,贯穿于其中的是高度的文化自觉、文化自信,值得我们反复体会,进一步增强珍视优秀传统、赓续历史文脉的自觉。坚定的文化自信,还体现为对中华民族在新时代创造新文化的能力与前景充满信心。文化前行,代有其责。中华文明的史卷之所以精美绝伦、璀璨斑斓,那是中华民族文化创造力的历史证明,那是我们的前人代尽其责、以无数文化新篇接续而成的。新时代的中华民族绝不是"望古兴叹"者,我们善于历史回望,同样善于历史展望,勇于面向未来、把握历史主动、开创历史新局。以百年奋斗,在民族复兴进程中写下了最恢宏篇章的中国共产党和中国人民,完全有能力以新的现代文明为中华文明再添浓墨重彩。这同样是我们应有的文化自信。

"创造属于我们这个时代的新文化",需要秉持开放包容的博大文化心胸。文明因多样而交流,因交流而互鉴,因互鉴而发展。开放包容是一种文化和文明体系汲取新鲜营养、增进创新思维、在新陈代谢中保持旺盛生命活力的重要条件,也是一种文化和文明体系生机蓬勃、自信从容的重要标志。"只有充满自信的文明，才会在保持自己民族特色的同时包容、借鉴、吸收各种不同文明。"中华文明之所以能久能大、历久弥新，就在于中华文明具有突出的包容性，始终以开放包容的姿态面对外域文明，敢于美人之人、善于择善而用。中华文明兼收并蓄、开放包容的胸怀是历史的，也是现实的。习近平总书记多次强调指出："对待不同文明，我们需要比天空更宽阔的胸怀"，"今天，我们要铸就中华文化新辉煌，就要以更加博大的胸怀，更加广泛地开展同各国的文化交流，更加积极主动地学习借鉴世界一切优秀文明成果"。博大的开放气象、自信的包容胸襟，是中华文明在历史上熠熠生辉的光彩形象，是当代中国直面世界的坚定姿态，也是中华文明能够再铸辉煌的重要特质。兼收并蓄而不囫囵吞枣，大胆借鉴而不削足适履，基于高度的文化主体性取长补短、会通超胜，是我们在建设中华民族现代文明的进程中面对域外文明的基本法则。

"创造属于我们这个时代的新文化"，需要时刻葆有、高扬守正创新的正气和锐气。葆有守正的"正气"，即在守正问题上要时刻清醒理性、坚定不移；高扬创新的"锐气"，即在创新问题上要始终坚韧不拔、一往无前。守正，最关键的是守社会主义先进文化前进方向之"正"、守中华文化立场之"正"、守中国特色社会主义文化根本规定性之"正"、守马克思主义基本原理与中华优秀传统文化相结合路径之"正"，坚持中国特色社会主义文化发展道路，坚持马克思主义在意识形态领域指导地位的根本制度，坚持为人民服务、为社会主义服务，坚持百花齐放、百家争鸣，围绕举旗帜、聚民心、育新人、兴文化、展形象扎实推进社会主义文化强国建设。创新，就是要以创新的精神对待优秀传统文化的传承，将传承与创新有机衔接，以传承滋养创新、以创新升华传承，更加自觉地推动中华优秀传统文化创造性转化、创新性发展；就是要以创新的精神推进文化的新发展，满腔热忱对待文化领域的新生事物，打开一切可能的文化想象空间，尊重创造、呵护创意，开拓文化新疆域、发展文化新业态、满足文化新需求、彰显文化新风貌，为中华文明贡献新增量、开创新历史。坚持守正创新的正气和锐气有机一体、相互为用，我们一定能够创造出属于我们这个时代且无愧于我们这个时代的新文化。

【作者系武汉大学党委常务副书记、马克思主义学院教授、教育部习近平新时代中国特色社会主义思想研究中心研究员】

把"坚守中华文化立场"与
"以马克思主义为指导"并举

王　杰

习近平总书记在庆祝中国共产党成立 100 周年大会上发表重要讲话，第一次提出"两个结合"，即"坚持把马克思主义基本原理同中国具体实际相结合、同中华优秀传统文化相结合"。在此基础上，习近平总书记在党的二十大报告第二部分进一步提出，"坚持和发展马克思主义，必须同中华优秀传统文化相结合"。于 2023 年 6 月 2 日在北京出席文化传承发展座谈会并发表重要讲话时强调："我们的社会主义为什么不一样？为什么能够生机勃勃、充满活力？关键就在于中国特色。中国特色的关键就在于'两个结合'。"这是继党的二十大报告后，关于"两个结合"的最为系统、全面、深刻的重要讲话。习近平总书记站在建设中华民族现代文明的高度，强调"两个结合"是在五千多年中华文明深厚基础上开辟和发展中国特色社会主义的必由之路，这是我们在探索中国特色社会主义道路中得出的规律性认识，是我们取得成功的最大法宝。

"和实生物"，马克思主义基本原理与中华优秀传统文化在根本上具有内在统一性，这为二者相互融通提供了重要的学理基础。

古往今来，外来文明多次传入中国，但中华文化不但没有失去其鲜明的民族性格，相反，却是兼容并蓄、融为我有，从而丰富了自己的民族个性。中华民族有着五千多年悠久辉煌的历史，为人类文明进步作出了不可磨灭的卓越贡献。马克思主义产生于 19 世纪 40 年代的欧洲。马克思恩格斯吸收和改造了人类优秀文化成果特别是 19 世纪欧洲重大科学成果，以《共产党宣言》问世为标志，形成了工人阶级认识世界和改造世界的思想武器、争取阶级解放和人类解放的科学理论，这就是马克思主义。自马克思主义传入中国以来，马克思主义与中华传统文化之间的关系，走过了二者"能否结合"到"如何结合""怎样结合"的过程，形成了"结合说""互补说""改造说""综合创新说"等观点；马克思主义中国化、时代化、大众化，逻辑地包含两方面的"结合"：一是与中国革命、建设和改革的具体实践相结合，二是与中国的优秀传统文化相结合。只有实现这"两个结合"，才能够在内容上和形式上真正实现马克思主义的中国化、时代化、大众化。在实现"两个结合"的过程中，不是一个"吃"掉、"化"掉另一个，也不是二者合而为一，而是各自都朝着相互融合的方向发展。

《国语·郑语》中说："和实生物，同则不继。"中国哲学发现了多元共生才能创新、封闭单一必然僵化的规律。马克思主义追求科学社会主义、共产主义，中华传统文化追求世界大同、天下为公，两者具有相通的社会理想；马克思主义关切人的自由全面发展，中华传统文化关切人的修身臻于至善，两者具有相通的人文旨趣；马克思主义重视实践改变世界，中华传统文化重视躬行修齐治平，两者都强调经世致用，具有相通的务实品格。马克思主义基本原理与中华优秀传统文化在根本上具有内在统一性，两者不同而和、和实生物，从学理上看两者具备"相结合"后实现马克思主义中国化的良好基础。

"与时偕行"，中国共产党人带领中国人民不断走向胜利的百年历程，正是马克思主义基本原理同中国具体实际相结合、同中华优秀传统文化相结合不断深化的历程。

中华文化有顺应历史发展潮流、自我更新、接纳历史变动所带来的社会变迁的意识，但这种转型需要正确理论的指引。只有根植于中华优秀传统文化的丰厚文化土壤，马克思主义才能在中华大地生根、开花、结果。

中华民族近代以来遭受了前所未有的劫难，从 1840 年鸦片战争开始，西方列强以武力侵略掠夺中国，"国家蒙辱、人民蒙难、文明蒙尘"，中国逐步沦为半殖民地半封建社会。从那时起，中国人民就奋起反抗、英勇斗争，不断探索拯救民族危亡、实现民族复兴的道路，太平天国运动、戊戌变法、义和团运动、辛亥革命轮番而起、接连失败。1917 年十月革命一声炮响，给中国送来了马克思列宁主义。李大钊认为"马克思的学说真是拯救中国的导星"，率先在中国举起马克思主义大旗。1921 年，在马克思主义同中国工人运动的紧密结合中，中国共产党应运而生。从此，中国共产党人不断探索前进，经过艰苦卓绝的奋斗，终于找到了马克思主义基本原理同中国具体实际相结合的科学方法，形成了毛泽东思想、邓小平理论、"三个代表"重要思想、科学发展观、习近平新时代中国特色社会主义思想等一系列马克思主义中国化的理论成果，形成了中国特色社会主义道路、理论、制度、文化体系，带领中国人民从一个胜利走向另一个胜利。

"第二个结合"作为又一次的思想解放，其所带来的影响及其伟大意义，在于把我们对于中华文化、中华文明的思想认识，从那些不合时宜的观念做法的束缚中解放出来，从主观主义和形而上学的桎梏中解放出来，从传统文化与现代文化对立的错误和教条式的理解中解放出来，带来我们党和民族关于中华文明新的伟大觉醒；在于进一步促进了马克思主义基本原理同中华优秀传统文化相结合，开辟了马克思主义中国化时代化新境界，必将孕育从理论到实践的伟大创造。

《易·损》中讲："损益盈虚，与时偕行。"中华文化向来推崇与时俱进、日新又新的精神。马克思主义基本原理同中国具体实际相结合的历程，也是马克思主义同中华优秀传统文化相结合的历程，在这一历程中，中国共产党人也日益形成清晰而坚定的理论与实践自觉。1938年，毛泽东同志明确指出："今天的中国是历史的中国的一个发展；我们是马克思主义的历史主义者，我们不应当割断历史。从孔夫子到孙中山，我们应当给以总结，承继这一份珍贵的遗产。"1943年，中共中央在《关于共产国际执委主席团提议解散共产国际的决定》中明确地阐明了中国共产党对传统文化的态度、方针和马克思主义中国化的科学内涵，指出："中国共产党人是我们民族一切文化、思想、道德的最优秀传统的继承者，把这一切优秀传统看成和自己血肉相连的东西，而且将继续加以发扬光大。中国共产党近年来所进行的反主观主义、反宗派主义、反党八股的整风运动就是要使得马克思列宁主义这一革命科学更进一步地和中国革命实践、中国历史、中国文化深相结合起来。"毛泽东同志将马克思主义基本原理与中国哲学中"实事求是"这一命题相结合，用"实事求是"精当揭示了马克思主义的精髓，成为中国化马克思主义思想路线的关键词。邓小平同志将马克思主义基本原理与《礼记·礼运》中"小康"的社会理想相结合，规划了改革开放后经济社会发展的战略构想，全面建成小康社会成为第一个百年奋斗目标。江泽民同志将马克思主义基本原理与中国传统德治文化相结合，提出了"坚持依法治国和以德治国相结合"，是马克思主义中国化在治国理政领域的重要体现。胡锦涛同志将马克思主义基本原理与中国传统和合文化相结合，提出了构建和谐社会的战略任务，是党对马克思主义关于社会主义社会建设理论的丰富和发展。进入新时代，以习近平同志为主要代表的中国共产党人在毫不动摇坚持马克思主义中国化的同时，更加高度重视中华优秀传统文化内在价值的挖掘阐发与传承发展，将中华优秀传统文化表述为"中华民族的基因"、"民族文化血脉"和"中华民族的精神命脉"，以高超的中国智慧将马克思主义基本原理、中国特色社会主义与中华优秀传统文化相互贯通、相互提升、相互融合，明确提出了"四个讲清楚"，即"要讲清楚每个国家和民族的历史传统、文化积淀、基本国情不同，其发展道路必然有着自己的特色；讲清楚中华文化积淀着中华民族最深沉的精神追求，是中华民族生生不息、发展壮大的丰厚滋养；讲清楚中华优秀传统文化是中华民族的突出优势，是我们最深厚的文化软实力；讲清楚中国特色社会主义植根于中华文化沃土、反映中国人民意愿、适应中国和时代发展进步要求，有着深厚历史渊源和广泛现实基础"。

"第二个结合"，开创了中共理论创新的新格局，开辟了马克思主义中国化时代化新境界。它是打开理解新时代中国之门的一把钥匙，是观察中国式现代化、人类文明新形态的一双慧眼，是读懂中国与世界关系的一种方法。它是21世纪引领未来的中国新的"文"治之道。

"保合太和"，坚持"不忘本来、吸收外来、面向未来"，推动马克思主义基本原理与中华优秀传统文化相结合，创建文明新形态。

习近平总书记在中国共产党第二十次全国代表大会上的报告中指出，"坚持和发展马克思主义，必须同中华优秀传统文化相结合。只有植根本国、本民族历史文化沃土，马克思主义真理之树才能根深叶茂。中华优秀传统文化源远流长、博大精深，是中华文明的智慧结晶"。习近平总书记把"坚守中华文化立场"与"以马克思主义为指导"并举，充分肯定和阐发中华优秀传统文化在个人、家庭、民族、国家与人类社会诸层面的价值意义，结合新时代国内外现实条件与改革开放建设实践，一方面用"中华优秀传统文化"为"以马克思主义为指导"的中国特色社会主义伟大事业重塑并筑牢文化的根基；另一方面用"以马克思主义为指导"的中国特色社会主义伟大事业来赋予"中华优秀传统文化"以新的时代蕴涵，将中华优秀传统文化转化升华为实现中华民族伟大复兴、构建人类命运共同体的强大精神力量。

《易·乾》中讲："保合太和，乃利贞。"中国文化一向追求和而不同、和谐共生的境界。如何深入推动马克思主义基本原理与中华优秀传统文化相结合，习近平总书记提出的"不忘本来、吸收外来、面向未来"的"三来"原则是最行之有效的方法论。"不忘本来"，就是坚定道路、理论、制度、文化四个自信，坚定不移地坚持以马克思主义为立党立国之本，坚守中华文化为中华民族的根与魂，推动马克思主义中国化、时代化、大众化，推动中华优秀传统文化创造性转化、创新性发展；"吸收外来"，就是善于借鉴吸收全人类创造的一切优秀文明成果，为铸就中华文化新辉煌，不断提供各种有益的思想养料与文化资源；"面向未来"，就是勇于站在全人类文明历史发展进程的高度，在构建人类命运共同体的过程中，坚持和发展中国特色社会主义，推动物质文明、政治文明、精神文明、社会文明、生态文明"五位一体"全面协调发展，创造完善人类文明新形态。

2023 年 6 月 2 日，习近平总书记在文化传承发展座谈会上两次提出建设中华民族现代文明——"只有全面深入了解中华文明的历史，才能更有效地推动中华优秀传统文化创造性转化、创新性发展，更有力地推进中国特色社会主义文化建设，建设中华民族现代文明。""在新的起点上继续推动文化繁荣、建设文化强国、建设中华民族现代文明，是我们在新时代新的文化使命，要坚定文化自信、担当使命、奋发有为，共同努力创造属于我们这个时代的新文化，建设中华民族现代文明。"此外，习近平总书记深刻阐述和概括了中华文明的五种突出特性：一是连续性，二是创新性，三是统一性，四是包容性，五是和平性。2023 年 6 月 7 日，习近平总书记在致首届文化强国建设高峰论坛的贺信中再次提出建设中华民族现代文明。中华民族创造的"人类文明新形态"是崇尚和平、协和万邦、包容性很强的文明，和平、和合、和睦、和谐的追求深深植根于中华民族的精神世界之中，深深融化在中国人民的血脉之中。"人类文明新形态"有利于构建人类命运共同体、维护世界和平。

【作者系中央党校（国家行政学院）哲学部教授，博士生导师，中国实学研究会会长，领导干部学国学组委会主任】

第三编

文明互鉴

以中华文明的传播力影响力引导世界、照亮前程

柳斌杰

党的二十大报告在"推进文化自信自强、铸就社会主义文化新辉煌"的标题下，专门用了一节的篇幅论述了增强中华文明传播力影响力，提出了许多带有世界观方法论意义的思想和能落实可操作的工作部署。2023 年 6 月初，习近平总书记又用了两天时间考察了中国国家版本馆和中国历史研究院，并主持召开了文化传承发展座谈会，就新时代文化建设新使命发表重要讲话。他指出："在新的起点上继续推动文化繁荣、建设文化强国、建设中华民族现代文明，是我们在新时代新的文化使命。"这个讲话以"新的文化使命、建设时代文明、创造属于我们这个时代的新文化这样"的宏大主题，升华了我党对文化建设的新认识，达到了新高度，振奋了全国。可以说开拓了我国创造时代文明、发展新文化和中华文明传播的新领域新空间新境界。下面我就这个主题从国家形象传播的角度讲三点思考。

一、"中华文明"提升了国际形象传播的精神内涵

党的二十大报告继续把"展形象"作为建设文化强国的任务之一，并且围绕怎么"展形象"提出了一系列的新概念、新思想，这为我们国家形象研究和传播打开了视野。

一是优秀传统文化是中华民族的精神血脉，坚持和发展马克思主义必须同中华优秀传统文化相结合，这就把中国古代文明和现代文明贯通起来，形成了中华文明的整体观念体系，展现了中华五千年文明整体形象。

二是坚守中国文化立场就是坚守马克思主义，提炼展示中华文明的精神标识，使国家形象传播更具感染力。

三是用中国的文化精髓加快构建中国话语体系和中国的叙事体系，增强与中国综合实力和国际地位相匹配的国际话语权。

四是坚持面向现代化、面向世界、面向未来，用人类思维和国际话语讲好中国故事，开展跨文化交流，让世界人民能够愿意听、喜欢听、听得懂。

五是增强中华文明传播力影响力，展现可信、可爱、可敬的中国形象。"中华文明"包含了中国物质技术创造和精神文化创造的全部成果，是更加宏大的场景，应改变只用几个文化符号就说明中国的表面化套路。实际上，大熊猫、中国结、功夫片、太极拳……这样一些东西，已经不能表达进入数字时代文明的中国。用"文明"代替"文化"是整个对外传播工作和国家形象传播的一次升华。在国家形象研究和传播中，要认真贯彻党的二十大精神，站在中华文明的新高度上全面审视和传播当代中国的国家形象。

增强中华文明传播力影响力就是要把中国特色社会主义现代化与历史文化之间的内在联系展示出来。中国道路的选择基于中华文明的土壤，要认识今天的中国道路选择和发展，开辟马克思主义中国化时代化新境界，必须要从中华文明中寻找根本思路，把传承和传播中华优秀传统文化作为重要依托。没有先进文化的积极引领，没有人民精神世界的极大丰富，没有民族精神力量的不断增强，一个国家、一个民族就不可能屹立于世界民族之林。要实现中华民族伟大复兴，必然要求中华文化的繁荣兴盛，这不仅需要强大的物质力量，也需要强大的精神力量。中华民族从磨难中奋起的历程，也正是中华文化焕发活力、走向复兴的历程。今天，在新时代的伟大变革中，中国共产党和中国人民正信心百倍推进中华民族从站起来、富起来到强起来的伟大飞跃，越接近目标越需要增强人民力量、激发中华文明的创造力。这就要求我们传承中华优秀文化，赓续中华文明，以文化自信自强和历史主动的信念，增强中华文明传播力影响力，为中华民族伟大复兴创造舆论环境。

增强中华文明传播力，就是要坚守中华文化立场，提炼展示中华文明的精神标识和文化精髓。基于此构建中国话语和中国叙事体系，从而加强国际传播能力建设，全面提升国际传播效能。习近平总书记多次指出："讲故事，是国际传播的最佳方式。"增强中华文明传播力需要我们全面讲述中国人民奋斗的真实故事，尤其是全面讲述中国共产党治国理政的故事、中国人民奋斗圆梦的故事、中国和平发展的故事。我们可以从向世界讲述中国共产党是如何破解世界难题，对外介绍我国的内外方针政策是怎么落地生根发挥作用，真实展现发生在中华大地上的伟大成就，从而帮助全球民众认识了解中国共产党为什么能、马克思主义为什么行、中国特色社会主义为什么好等等问题中所坚守的中华文化立场，从祖先的积淀和智慧中寻找答案，建构描绘出中国式现代化的中国声音与中国叙事体系。

增强中华文明影响力，就是要深化文明交流互鉴，推动中华文明更好地走向世界，并形成与我国综合国力和国际地位相匹配的国际话语权，从中体现中国立场、中国智慧、中国价值的理念、主张与方案，让世界更了解"为人类文明作出贡献的中国"。习近平总书记指出："要广泛宣介中国主张、中国智慧、中国方案，我国日益走近世界舞台中央，有能力也有责任在全球事务中发挥更大作用，同各国一道为解决全人类问题作出更大贡献。"国家主张从根本上反映出了一个国家的价值立场，在很大程度上决定了该国在国际社会中的国家形象。阐明中国道路，要积极向世界传递中国主张，让世界了解到中国倡导多边主义，反对单边主义、霸权主义，引导国际社会共同塑造更加公正合理的国际新秩序，建设新型国际关系。

二、中华文明影响力与国家形象传播

中华文明是国家形象的构建基础和内在力量。中华文明传播力影响力与国家形象的可信度是成正比的。前者的影响力越大，后者的传播效果就会越好。这是一个统一的双向促进的传播体系。

首先，中华文明丰富国家形象传播。习近平总书记在论及国家形象塑造时，要求重点展示中国"历史底蕴深厚、各民族多元一体、文化多样和谐的文明大国形象"，"要努力展示中华文化独特魅力"。文化，是民族的血脉，是人民的精神家园。在世界百年未有之大变局的深刻背景下，文化的地位和作用更加凸显，已成为综合国力竞争的重要因素、经济社会发展的重要支撑以及国家形象展现的重要载体。著名历史学家汤因比指出："中国人完整守护了一个超级文明，世界的希望在中国，中华文明才是人类的归宿，中华文明将引领世界。"可见中华文明的世界意义正在不断显现，也为中国国家形象提供了丰富的内涵。所以，我们在国家形象传播中要充分表达中华文明的内涵，以马克思主义与中华优秀文化相结合的视角，融传统文化、革命文化、现代文化和人类先进文化为一个宏大的体系，展示中华文明的辉煌和现代风采，为大变局的世界注入新的生机和活力。

其次，中国国家形象传播提升中华文明的可信度。形象塑造和传播是认识的窗口、认知的入门、认同的向导，认识任何事物和人都是从形象开始的，没有形象上的认可，就很难认知你的内在品质和格局。在跨文明交流合作中，必须从当代中国的国家形象传播入手，使人了解和理解你的面貌，才能使国家形象树立起来。"人无信不立，国无信则衰"。在国家形象上获得国际社会的信任，是国家屹立于国际社会的基础。改革开放以来，中国精神、中国行动、中国方案为全球治理和全球发展议题贡献了中国力量，在国际社会建立了负责任的大国形象，展现了中国智慧和中国文明力量，初获信任。当下，我们要努力地在诸如维护世界和平、抗击全球新冠疫情、维护区域稳定、消除绝对贫困和应对气候变化、支持经济复苏等人类共同面临的问题上建立信任，向世界传播更加立体、全面和真实的中国形象，为中华文明传播提供信用保障。

最后，重视中华文明传播和当代国家形象传播的优势互补。中华文明传播重在文明的多样态和内在气质，揭示人类文明多样性的历史进程和发展规律，是深度穿透和深层次的内容，是大逻辑大时代的叙事。比如联合国编辑的《人类文明史》和习近平总书记提议主编的《复兴文库》，讲的是历史演进的逻辑和重大历史的创造。而国家形象传播主要是关注当代国家的公民形象、社会形象、自然形象、外交形象和物质文明、政治文明、精神文明、社会文明和生态文明新时代政策和成绩。战略传播看长远，战役传播重当前。后者是更直观、更现实、更具体的国家形象表达，这是由表及里、由浅入深、由此及彼的必需环节，二者互为表里、相向而行，各有特点，优势互补。国家形象有效传播，就是提升中华文明的传播力影响力。所以要认真地做好战略和战役这两方面的工作，不能顾此失彼。

三、增强中华文明传播力影响力要用行动去落实

习近平总书记在中共中央政治局第三十九次集体学习时强调："中华文明源远流长、博大精深，是中华民族独特的精神标识，是当代中国文化的根基，是维系全世界华人的精神纽带，也是中国文化创新的宝藏。"为增强中华文明传播力影响力，我们要努力做到以下几点。

一是要加快构建中国话语和中国叙事体系，寻找共情点。用中国理论阐释中国实践，用中国实践升华中国理论，打造融通中外的新概念、新范畴、新表述。构建中国话语既是马克思主义中国化的过程，也是中国道路、中国制度、中国理论进一步科学化、大众化、国际化的必然要求。构建中国叙事体系需要我们全面讲述中国人民奋斗的真实故事，反映当代中国人脱离贫困、抗洪救灾、抗击疫情的真实生活，要让世界感知和认识"发展中的中国"、"开放中的中国"和"为人类文明作贡献的中国"，从而最广泛地争取国际社会对我们的理解和同情，使中外感情上相亲相近。

二是要大力传播弘扬中国精神，寻找共同点。习近平总书记提到："精神是一个民族赖以长久生存的灵魂，唯有精神上达到一定的高度，这个民族才能在历史的洪流中屹立不倒、奋勇向前。"我们要弘扬以爱国主义为核心的民族精神、以人文情怀为核心的传统文化精神、以改革创新为核心的时代精神，并以这些精神坚守和发展充实人类的基本精神。人类作为地球的主人当然有共同的价值追求和相同的

思想。要在文明差异中找共同点，我们批判美国推行的普世价值，但并不排斥人类的共同价值观。在当前世界秩序重构的重要节点上，中国文化以其兴邦济世求大同的先进思想观念、厚重的人文精神、系统的道德规范、科学的制度体系、严谨的政治理念，为解决当前世界矛盾冲突，重塑世界秩序提供了重要价值，为各国人民提供了一个可供选择的范本。尤其要融入习近平总书记提出的"和平、发展、公平、正义、民主、自由的全人类共同价值"，促进各国人民相知相亲。要尊重世界文明多样性，以文明交流超越文明隔阂、文明互鉴超越文明冲突、文明共存超越文明优越，形成人类共同的价值追求，团结起来共同应对各种全球性挑战。

　　三是要推进中国新理念的对外传播，寻找共鸣点。当代中华民族文明正在由传统进入现代，大力推进改革开放、拓展新发展格局，致力于在实现中华民族伟大复兴的过程中逐步将带有新文明创造的新理念带入全球，诸如发展社会主义先进文化、倡导国际关系民主化、构建人类命运共同体、提出"一带一路"、全球发展、人类健康、生命至上等倡议和目标性新理念体系，是引导国际社会发展的"导航仪"。中国的这些新理念作为一种面向未来、面向世界、积极向善、不断创新的思想，不仅为中国人民提供强大的精神指引，也将得到世界广泛接受和共鸣。推进当代中国新理念对外传播，需要树立中华文明历史自信，这是对外展现中国特色社会主义道路自信、理论自信、制度自信、文化自信的前提条件。我们要增强中国新理念的对外传播，建构与中国道路相适宜的、兼有民族特色和国际普适的对外传播体系，要更加重视用中国故事、中国声音、中国话语激发国际共鸣，树立好当代中国的国际形象，提升中华文明传播力影响力。

　　四是要展示好中国力量，寻找共振点。中国力量是中国精神的具体体现，也是增强中华文明传播力影响力的重要方向。中国力量是全体中国人汇聚而成的整体力量，是中国各族人民大团结的力量。中国力量在历史上造就了中华一统的大帝国，雄踞东方两千多年；在近代救亡图存的战争年代具体表现为不屈不挠、勇往直前的力量；在和平建设时期表现为独立自主、艰苦创业、顽强奋斗的力量；在改革开放时期表现为奋力拼搏、开拓创新的力量。中国力量造就了山河壮丽、经济发展、城乡面貌为之一变的奇迹，是中国梦想的动力源泉和物质能量。实现伟大梦想力量在人民，成就在大地上，这是全球共振的发力点。只要我们紧密团结，万众一心，为实现共同梦想而奋斗，实现梦想的力量就无比强大。全国各族人民只要牢记使命，心往一处想、劲往一处使，14亿多人的智慧和正能量就能汇集起不可战胜的磅礴力量，只要这个力量在，增强中华文明传播力影响力的核心力量就起作用，必将引导世界在共振中走向美好未来。

　　在世界百年未有之大变局和世纪疫情继续肆虐的今天，中华文明新形态正在创造出来。我们相信在中国共产党的坚强领导下，在中国人民的共同奋斗下，实现中华民族伟大复兴的第二个百年奋斗目标和中国式现代化一定能顺利实现。增强中华文明传播力影响力，展现可信、可爱、可敬的国家形象就有强大的物质基础和实践力量。唯其如此，我们应当在国际事务中发挥更大作用，积极面对全球局势不确定性的巨大挑战，加强和改进国际传播的策略方法，进一步增强国际传播能力，让世界了解真实、全面、立体的中国，让世界看到为人类共同发展付出巨大努力的中国。以中华文明的传播力影响力引导世界、照亮前程，将中国故事、中国精神、中国力量源源不断地注入世界信息流，让构建人类命运共同体的美好愿景深刻地印在世界进步人类的心中，携手共建地球村这个美好家园。

【作者系原国家新闻出版总署署长，第十七届中央委员，第十二届全国人大常委会委员、教科文卫委员会主任委员，本文在收入本书时已稍作修订】

促进不同文明真诚对话、互学互鉴、合作共赢

李慎明

习近平总书记在庆祝中国共产党成立95周年大会上指出："为人类不断作出新的更大的贡献，是中国共产党和中国人民早就作出的庄严承诺。中国共产党和中国人民从苦难中走过来，深知和平的珍贵、发展的价值，把促进世界和平与发展视为自己的神圣职责。""今天的人类比以往任何时候都更有条件共同朝着和平与发展的目标迈进。中国主张各国人民同心协力，变压力为动力，化危机为生机，以合作取代对抗，以共赢取代独占。什么样的国际秩序和全球治理体系对世界好、对世界各国人民好，要由各国人民商量，不能由一家说了算，不能由少数人说了算。"这些重要论述体现了中国共产党人的一贯立场。党的十八大以来，习近平总书记在多个场合对世界各国要加强真诚对话、互学互鉴、合作共赢作出重要论述，指明了推动人类文明发展、让世界和世界各国人民都好的必由之路。

尊重和维护世界文明多样性

习近平总书记指出："人类在漫长的历史长河中，创造和发展了多姿多彩的文明。从茹毛饮血到田园农耕，从工业革命到信息社会，构成了波澜壮阔的文明图谱，书写了激荡人心的文明华章。"世界上各种文明是各国家各民族人民世世代代、辛辛苦苦建立并传承下来

的，都应该受到尊重、得到珍惜。

但在当今世界，文明多样性受到严峻挑战。冷战结束后，出现了人类历史上少有的美国"一国独大"格局。与此同时，经济全球化深入发展。但是，经济全球化并非纯粹的经济过程，少数西方国家极力通过经济扩张推行其文化价值观念和政治理念，也就是极力推行政治上和文化上的单边主义。文化单边主义的突出代表就是所谓的"文明冲突论"和"历史终结论"。像"历史终结论"，其逻辑就是世界文明多样性是一个不需要讨论的问题，资本主义文明已经一统天下，历史到此终结。新形势下，我们提倡尊重和维护文明多样性，就必须正视这方面的不平等现状。当前，少数西方国家或是以追求商业利益为目标，或是以征服世界为目的，大搞文化霸权主义，严重侵蚀着世界文明多样性。一些发展中国家本土优秀文明传统和文化基因正在萎缩消亡，文明的创造力逐渐衰竭。但是，我们仍然深信，世界各国人民是历史发展的决定性力量，历史绝没有终结。有作用力就必然有反作用力，作用力越大反作用力也就越大。这既是一个最基本的物理现象和规律，也是一个最基本的社会现象和规律。现在，就连欧洲的许多政治家和学者也对美国强行推行自己的文化和价值观念极为不满。法国、德国、加拿大等国舆论界兴起抵制美国文化入侵的浪潮，应该说是顺理成章之事。前些年，联合国以压倒性多数通过《保护文化内容和艺术表现形式多样性国际公约》，就是反作用于文化单边主义的一个例证。

尊重各国人民自主选择发展道路的权利

习近平总书记指出："一个国家的发展道路合不合适，只有这个国家的人民才最有发言权""要坚持国家不分大小、强弱、贫富一律平等，尊重各国人民自主选择发展道路的权利，反对干涉别国内政，维护国际公平正义。"世界各国要共同朝着和平与发展的目标迈进，尊重各国人民自主选择社会制度和发展道路的权利尤为重要。

社会制度和发展道路是一个国家文明的核心和本质所在，是一个国家其他文明形式所依附的本体和灵魂。一种文明一旦失去了作为其基础的生产和生活方式，失去了适合本国国情的基本经济制度和政治制度，就会从根本上失去生机与活力。最终，这种文明就只能成为人类历史博物馆中展示的标本，或者成为受资本逻辑支配的现代旅游业、娱乐业的景观。因此，尊重和维护文明多样性，必须尊重和维护各国自主选择社会制度和发展道路的权利，反对经济上的单边主义和政治上的单边主义。政治上的单边主义无视世界各国历史传统、民族关系和社会环境的多样性与复杂性，粗暴干涉别国内政，甚至为了自身的利益任意发动战争。这是对当今世界和平与发展的最大威胁，也是对文明多样性的最大威胁。历史发展证明，缺少经济和政治多样性，文明多样性就无法单独存在。世界文明多样性发展，最终要依赖世界经济和政治多样性发展。

坚持和促进不同文明平等对话

习近平总书记指出："文明是平等的，人类文明因平等才有交流互鉴的前提。"人类历史上，各个国家和民族都有自己的文化传统和发展模式，都为发展人类文明作出了自己的贡献。承载文明的国家与民族有大有小，不同文明的发展有先有后，但决无优劣高下之别。坚持和促进不同文明平等对话，不仅有利于避免文明冲突，而且是世界各国共同朝着和平与发展目标迈进的必由之路。我们要促进不同文明的对话与交流，在合作比较中取长补短，在求同存异中共同发展，努力消除相互之间的疑虑和隔阂，使人类更加和睦，让世界更加丰富多彩。

实现不同文明平等对话，关键是强国、大国的态度。中国是一个多民族国家，"以和为贵""亲仁善邻""协和万邦"等友好相处、平等互助精神，既是中国人民自古以来处理人际关系和民族关系的基本价值取向，也是中国人民处理国与国关系的基本原则。能否善待他国，不仅是衡量一个国家和民族文明程度的标尺，而且是一个国家文明能否长盛不衰的决定性因素之一。历览人类文明的兴衰更替，可以清楚地看到，一种文明在兴起之后，如果对其他文明平等相待，并积极学习借鉴他人之优长，这种文明往往就能不断发展；如果企图侵蚀甚至用强力铲除其他国家和民族的文明，则必然使自己的文明发生异化，逐步走向衰落直至最终毁灭。环顾当今世界，个别大国所奉行的"文明逻辑"不正在造成更多的流血、苦难和冲突并使自己深陷困境吗？世界上各个国家和民族的文化传统和特性都积淀在其骨髓里，奔腾在其血液中。这些传统和特性并不是外来文明能够随意更改替代的。所有国家和民族都应尊重其他国家和民族不同特色和风格的文明传统，加强不同文明的对话与交流，以和平方式处理国际和地区争端，促进国际关系民主化，共同构建各种文明共同发展的和谐世界。

坚持和倡导不同文明相互学习和借鉴

习近平总书记强调："文明因交流而多彩，文明因互鉴而丰富。文明交流互鉴，是推动人类文明进步和世界和平发展的重要动力。"世界上不同文明不仅需要各个国家和民族代代相传、需要平等交流，而且需要相互学习和借鉴，推动人类文明不断发展。

不同文明相互学习和借鉴，是平等对话和交流的深化，不仅是对其他文明的鉴赏，更是对其他文明精华的汲取。这要求世界上各种文明应具有海纳百川的胸怀和勇气。同时，任何一种文明都不应凭借自身经济、政治和科技优势，封锁其他文明精华的传播。相互借鉴而不是刻意排斥，取长补短而不是定于一尊，这是推动人类文明发展的重要途径。迄今为止，没有一种文明是在完全封闭的环境中发展起来的，文明的产生和发展过程就是一个与其他文明碰撞、交流、融合的过程。第二次世界大战结束以来，西方资本主义文明在制度、文化等方面所取得的进步离不开对社会主义文明的学习和借鉴。当然，新中国成立 70 多年特别是改革开放 40 多年来所取得的巨大成就，同样是学习借鉴全世界各种文明包括资本主义文明有益成果的结果。在时代飞速发展的今天，任何国家和民族都不能夜郎自大、闭关锁国，而要坚持不同文明相互学习和借鉴。但在学习和借鉴的过程中，又必须结合各自国家和民族的特点，坚持趋利避害的原则，做到有所取舍，而绝不能照抄照搬，否则就会从根本上危及自身文明的生存。

对自身文明自尊、自爱、自信、自立，做到固本守源

习近平总书记指出，"中国共产党领导中国人民取得的伟大胜利，使具有 5000 多年文明历史的中华民族全面迈向现代化，让中华文明在现代化进程中焕发出新的蓬勃生机"。今天，我们对中华文明充满自信。但要看到，霸权主义过去有、现在有，将来相当长一个历史时期仍会有，甚至在特定时期还会强化。各个国家和民族尤其是处于弱势的国家和民族，都应对自身文明自尊、自爱、自信、自立，做到固本守源。

　　文明有着十分丰富而深刻的内涵，决不能仅仅把科技和物质发展水平作为衡量文明先进与落后的唯一尺度，否则就有可能对西方文明顶礼膜拜，把西方文明扩张视为向"未开化"国家和民族传播"文明"。其实，当今世界那些所谓的"普世文明"，说到底是西方霸权主义国家对全世界实施文明扩张的幌子。但不幸的是，它在一定程度上已经转化成为发展中国家一些人的思维定式。这种思维定式使得他们产生一种文明自卑感，对西方文明如痴如醉，对自身文明却十分苛刻甚至鄙视有加。越是民族的，就越是世界的。我们中国人应该倍加珍惜中华文明。中华民族历来奉行"己所不欲，勿施于人"，平等对待一切平等待我之民族。与此同时，对于那些怀有敌意甚至妄图摧毁中华文明的人，我们历来的态度是"威武不能屈"。正如习近平总书记指出的："中国不觊觎他国权益，不嫉妒他国发展，但决不放弃我们的正当权益。中国人民不信邪也不怕邪，不惹事也不怕事，任何外国不要指望我们会拿自己的核心利益做交易，不要指望我们会吞下损害我国主权、安全、发展利益的苦果。"中华民族悠悠五千年文明的发展历程波澜壮阔，也曾跌宕起伏，甚至几度危难当头，但始终得以传承并正在焕发新的蓬勃生机。中华文明的发展必将为人类文明发展作出新的更大贡献。

　　【作者系中国社会科学院原副院长、党组副书记，中国社会科学院世界社会主义研究中心主任】

构建人类命运共同体，是一个世界各种
文明交流互鉴的社会历史进程

周　力

一

推动构建人类命运共同体的理念，是在中共十八大之后正式提出来的。2013 年 3 月，习近平主席在莫斯科首次向世界传递了对人类文明未来走向的中国判断："这个世界，各国相互联系、相互依存的程度空前加深，人类生活在同一个地球村里，生活在历史和现实交汇的同一个时空里，越来越成为你中有我、我中有你的命运共同体。"

2015 年 9 月 28 日，习近平主席在第七十届联合国大会一般性辩论时的讲话中进一步提出，当今世界，各国相互依存、休戚与共。我们要继承和弘扬联合国宪章的宗旨和原则，构建以合作共赢为核心的新型国际关系，打造人类命运共同体。

按照我们现在的理解，构建人类命运共同体至少包括政治、安全、经济、文化、生态等五个大的方面，相应地，就要致力于在全球实现持久和平、普遍安全、共同繁荣、开放包容和环境的清洁美丽。显然，这不只是中国一家的事情，而是全世界的事情。

推动构建人类命运共同体的理念，很快得到国际社会的积极响应和具体承认。2017 年 2 月 10 日，联合国社会发展委员会第 55 届会议协商一致通过"非洲发展新伙伴关系的社会层面"决议，第一次将

"构建人类命运共同体"写入了联合国决议。紧接着，2017 年 3 月 17 日，联合国安理会通过关于阿富汗问题第 2344 号决议时，也写入了"构建人类命运共同体"和通过"一带一路"建设等有关加强区域经济合作方面的内容。2017 年 10 月 30 日，第 72 届联合国大会第一委员会通过了《关于防止外层空间军备竞赛》的两份决议，两份决议都加进了有关"构建人类命运共同体"的表述。2021 年 9 月召开的金砖国家领导人第十三次会晤和上海合作组织杜尚别峰会，都在发表的宣言文件中特别强调，要致力于在互利合作的基础上构建人类命运共同体。2021 年 11 月 1 日，第 76 届联大一委表决通过"不首先在外空放置武器"和"防止外空军备竞赛进一步切实措施"的决议。两份决议都在序言中明确指出，各国应防止外空军备竞赛，促进和平利用外空国际合作，构建人类命运共同体。

2017 年 10 月，党的十九大通过了修改后的《中国共产党章程》，其中写道："在国际事务中，坚持正确义利观，维护我国的独立和主权，反对霸权主义和强权政治，维护世界和平，促进人类进步，推动构建人类命运共同体，推动建设持久和平、共同繁荣的和谐世界。"2018 年 3 月 11 日全国人大通过的宪法修正案中，在宪法序言里加上了"推动构建人类命运共同体"的表述。这说明，推动人类命运共同体，已经从一般性的号召变为中国共产党全体党员和中华人民共和国所有公民要认真遵循的目标和努力奋斗的任务。

近几年来，我们在推动国际合作、地区合作的实践中，还相继提出了建立"中非命运共同体""澜湄国家命运共同体""中国—东盟命运共同体""中国—拉美命运共同体""亚洲命运共同体""上海合作组织命运共同体""网络领域命运共同体"等概念，得到地区国家的认同和支持。此外，还有诸如打造"安全共同体""发展共同体""卫生健康共同体"等等倡议和呼吁。许多国家的政府、政要、政党以及国际组织都明确赞同"人类命运共同体"的提议，认为这符合时代潮流，是将其本国发展战略和国家建设规划融入"一带一路"建设进程中的鲜明路标。

二

那么，在今天的情况下，究竟应当如何看待构建人类命运共同体呢？我认为，至少有以下几点。

第一，构建人类命运共同体，从根本上说，是一个物质生产和精神生产相互影响、相辅相成的社会历史进程，必须在不断推动社会生产力向前发展进而使生产关系作出相应调整和改变的基础上进行。这是人类社会发展最基本的客观规律，不以人的意志为转移。人类已经进入世界多极化、经济全球化、文化多样化、社会信息化彼此深度依存的新的历史时期，人们对享受美好生活的向往以及对新技术、新规则的运用和遵循，正以前所未有的态势推动着生产力快速发展，并要求建立与之相适应的生产关系架构，改革现存的全球治理体系。可以说，人类今天遇到的各方面问题和前进的阻力，似比历史上任何一个时期甚至所有时期的总和还要多，还要复杂。历史一再证明，没有哪一个国家能够独自解决全球经济和世界文明发展面临的诸多难题。正如《国际歌》中所说，从来就没有什么救世主，也不靠神仙皇帝！要创造人类的幸福，全靠我们自己！

第二，构建人类命运共同体，是一个人们不甘落后、奋力拼搏、团结制胜的社会历史进程。人类社会的历史，就是一部矛盾不断运动并呈螺旋式上升、波浪式前进态势的发展史，是一部敢于斗争、善于斗争的历史。从原始社会、奴隶社会、封建社会发展到资本主义社会，再到社会主义社会，我们看到，一方面，人类总是在通过自己的努力不断地征服自然和改造自然，以创造适合人类生存和发展的物质条件；另一方面，人类社会也在不断改变着从事征服自然和改造自然的各种社会组织形式，进行思想上的交流和碰撞，以创造更加适合人类生存和发展的社会和精神条件，满足人们对美好生活的向往。中华民族是世界上古老而伟大的民族，有着 5000 多年源远流长的文明历史，为人类文明进步作出了不可磨灭的贡献。

第三，构建人类命运共同体，是一个世界各种文明相互取长补短、交流互鉴的社会历史进程。人类文明总是在融合和互补中向前发展，没有哪一家能排斥所有、独领风骚。每一种文明都扎根于自己的生存土壤，凝聚着一个国家、一个民族的非凡智慧和精神追求，都有自己存在的价值。因此，我们必须加强不同文明交流对话，加深相互理解和彼此认同。必须坚持求同存异、和而不同；坚持开放包容、互学互鉴；坚持美人之美、美美与共；坚持与时俱进、创新发展。总之，必须努力把握"和平、发展、公平、正义、民主、自由"这些全人类共同价值的基本点，在国与国关系中找到最大公约数，携手努力，不断创造出跨越时空、富有永恒魅力的文明成果。

第四，构建人类命运共同体，还是一个各国寻求相互尊重、公平正义、合作共赢的社会历史进程。谁也不能否认，当今世界仍然存在着不同的意识形态和社会制度，存在着不同的国家利益、不同的宗教信仰和不同的发展道路，冷战思维还时不时充斥于国际关系中。但现实是，没有哪个国家能够独自应对人类面临的各种挑战，也没有哪个国家能够退回到自我封闭的孤岛。所以我们历来主张，坚持国家不分大小、强弱、贫富一律平等；坚持确保资源禀赋和发展水平不同的国家能够获得平等的发展权利和机会；坚持在追求本国利益时兼顾各国合理关切，在谋求本国发展时促进各国共同发展。只有超越种族、文化、国家以及意识形态的界限，超越冷战思维、零和博弈和各种偏见的壁垒，作出和平共处、有序竞争以及合作共赢的明智选择，世界才可能有光明的未来。

第五，中国作为世界的一员，将为构建人类命运共同体作出自己的贡献。中国的前途命运日益紧密地同世界的前途命运联系在一起。中国的发展离不开世界，世界的发展需要中国。中国坚定奉行独立自主的和平外交政策，坚定支持国际关系民主化，将继续秉持共商共建共享的全球治理观，致力于维护国际公平正义，致力于反对霸权主义和强权政治，反对干涉别国内政，反对各种形式的恐怖主义。中国将更加积极地发展全球伙伴关系，推动完善全球治理体系建设，不断贡献中国智慧和中国力量，做世界和平的建设者、全球发展的贡献者、国际秩序的维护者。

【作者系中共中央对外联络部原副部长、第十三届全国政协委员、外事委员会委员，现任中国人民争取和平与裁军协会副会长】

人类命运共同体与中华民族现代文明

韩庆祥

20世纪著名历史学家汤因比曾指出，如果中国能够在社会和经济的战略选择方面开辟出一条新路，那么就会证明自己有能力给全世界提供中国与世界都需要的礼物。当今，中国提供给中国与世界的"礼物"，就是习近平主席提出的构建人类命运共同体理念。

一、西方文明难以破解当今世界困局

从启蒙时代到现代的300多年，世界在西方文明主导下，社会生产力发展远远超过了以往人类历史发展的总和。然而，自进入21世纪，西方文明开始备受挑战，2008年国际金融危机爆发，更是把世界推入乱象丛生的境地。

当今世界，人类面临诸如经济长期低迷、贫富差距拉大、经济危机和金融危机加深、军备竞赛和核竞赛升级、战争危险加剧、恐怖事件频发、资源枯竭、环境恶化等困扰人类生存与发展的一系列全球性难题。习近平主席指出：当今世界经济存在的三大突出矛盾都未得到有效解决：一是全球增长动能不足；二是全球发展失衡；三是全球经济治理滞后。这意味着影响世界发展的动力、平衡、治理三大根本机制出了问题。其深层根源，是西方文明的逻辑出了问题。

西方中心论是西方文明的逻辑起点和内核，这是导致世界困局的

理论根源。西方中心论奉行"一元论""主客二分"的哲学思维，即西方世界是"主"、非西方世界是"客"，西方世界是"我族"、非西方世界是"异类"。它标榜西方价值的普世性和西方道路的唯一性，认为西方文明是人类真正的文明（单数文明），西方现代化道路是人类实现现代化的唯一道路，西方标准就是世界标准，非西方世界应向西方世界看齐。在这种逻辑中，"客随主便""我族歧视异类"，自然是西方认为情理之中的事。显然，西方把文化等同于文明，又把西方所谓的"文明"上升为"帝国文明"，就蕴含着"对抗"乃至野蛮的基因，世界因此被切割成相互冲突的对立体。如此，国际秩序就很难持续下去。

自由主义，是西方文明的精神支柱，这是导致世界困局的人性根源。自由主义主张个人利益和自由最大化，鼓吹私有制，倡导"市场万能"和"民主神话"，纵容物欲横流的消费主义，注重弱肉强食的丛林法则。在西方文明牵引下，人类几乎走上了一条追求物质享受的不归路。世界金融危机的后遗症、局部战乱的升级、世界贫困人口的急剧增加，都标志着西方文明已深陷危机。

资本扩张，是西方文明的行动旨趣，这是导致世界困局的制度根源。世界进入近代以来，资本就像脱缰的野马横行于世，推动资本主义从商业资本主义到垄断资本主义再到金融垄断资本主义的升级，直接或间接影响着世界的每一个角落，推动着人类社会的发展，同时也把世界带入险境。因为资本逐利、扩张和增殖的本性，使资本主义形成了以牺牲资源、环境、生态、人的发展以及发展中国家利益为代价的生产方式、生存方式，形成了以金融霸权、文化霸权、科技霸权和军事霸权控制世界的统治方式，加剧了地区发展的不公平性、非均衡性和不可持续性，引发了资本主义制度体系下的结构性、累积性、依附性发展问题。

如此来看，作为世界困局之始作俑者，尽管西方文明具有许多"美丽神话"，但西方文明难解当今世界困局，西方中心论、历史终结论终要破产，人类呼唤新理论和新文明。

二、中国向世界提出"人类命运共同体理念"

习近平主席提出的构建人类命运共同体理念，就是在中国发展起来但还不发达、不强大（即强未强、大而不强）的历史方位中提出的一种具有原创性和标识性且能为世界作出贡献的中国理念。

构建人类命运共同体理念具有强烈的问题意识。它主要是针对国际霸权主义横行而导致的全球创新动力不足、全球发展失衡、全球治理滞后提出的。不解决这些问题，不仅阻碍着全面建设社会主义现代化国家和实现中华民族伟大复兴的历史进程，而且会使整个世界陷入困境。习近平主席以大国担当的勇气，担负起重建世界秩序的使命和责任，提出了构建人类命运共同体这一具有世界意义的理念。

构建人类命运共同体理念强调世界既具有多样性又具有统一性的世界观，超越了西方的"一元论"世界观，确立"主主平等普惠"的哲学根基，超越了西方"主客二分"的哲学范式，具有解决中国和世界难题的立论基础。人类社会、世界各国在历史、传统、文化、国情、制度等方面都具有差异性和多样性。同时，世界各国之间也具有统一性，即具有共同性，都要遵循社会历史发展规律，还对美好愿景具有共同追求。统一，是在承认和尊重世界多样性前提下的统一；多样，是统一性中的多样。强调统一不要忽视多样，强调多样也不要忽视统一。世界是多样性的统一，也是统一性的多样。这样来认识和把握世界，既有利于使世界充满活力，又有助于使世界达至和谐。如果只强调统一而不注重多样，就易走向霸权主义；只强调多样而不注重统一，就会导致世界的对立和分裂。习近平主席从多样寻求共同，他所提出的构建人类命运共同体理念，既尊重世界差异性，又注重世界统一性。这就克服了西方中心论、历史终结论只强调"一"而排斥"多"的哲学根基和哲学方法论的弊端。

构建人类命运共同体理念强调国家平等的国家观，超越了西方"主体"统治"客体"的哲学思维。中华文明具有极大包容性、和平性，能够将各种文明的优秀因子加以黏合，这是中华文明的独特优势。同时，中华文明富含讲仁爱、重民本、守诚信、崇正义、尚和合、求大同、重善邻等优质基因，在修身、齐家、治国、平天下方面积累了丰富经验。这些基因、优势和经验不仅可以成为实现民族复兴、促进世界和平的战略资源，而且可以成为当今全球治理的独特资源，以救西方文明之弊。提出构建人类命运共同体，重在强调平等包容、主权平等，而不是"主体"统治"客体"；主张和而不同、仇必和解，而不是居高临下强加于人，甚至不惜诉诸武力；主张各国不分大小、强弱、贫富，都是国际社会平等的成员，提倡以和平合作、包容普惠的发展模式代替你输我赢、赢者通吃的发展模式。这些既可以纠正以"一元论"、"主体"统治"客体"为哲学基础的霸权主义，也有利于克服资本主义私有制的先天缺陷，并且更好地服务于人类。

构建人类命运共同体理念坚持文明互鉴的文明观，以开放的胸襟和世界眼光，学习世界一切国家先进文明有益的成果。

构建人类命运共同体理念坚持尊重世界各个国家根据自己的国情、历史、文化、传统自主选择的发展道路的发展观，既强调加快发展，又强调保持自身的独立性。

构建人类命运共同体理念坚持互利包容普惠的义利观，强调互利共享，超越零和博弈，建设利益合作共同体。人类命运共同体首先是一个利益合作共同体，合作共赢，维护全人类共同利益，是首要内容。国家之间交往首要看的是国家利益，只有具有共同利益才会展开合作。由于各国之间具有共同利益，所以要实现利益上的互利共惠。经济全球化已把世界紧紧联系在一起，大家都在一条船上，你中有我、我中有你、一荣俱荣、一损俱损，没有哪个国家和民族可以独善其身。构建人类命运共同体论的实质是追求包容普惠。习近平主席围绕构建人类命运共同体这一主题，多次在国际重要场合发表主旨演讲，提出"秉持普惠原则""建设一个包容、普惠的经济全球化""打造平衡普惠的发展模式"等重要思想。习近平主席首次提出普惠概念，把普惠作为建设持久和平世界的根本原则，作为推动建设经济全球化的核心理念，作为打造人类发展的一种模式。

构建人类命运共同体理念坚持共治共处、超越"修昔底德陷阱"、建设安全共同体的安全观。要发展，也要安全，二者相辅相成，可谓和平发展。习近平主席指出，世上没有绝对安全的世外桃源，一国的安全不能建立在别国的动荡之上，他国的威胁也可能成为本国的挑战。国家和，则世界安；国家斗，则世界乱。我们要完善机制和手段，更好化解纷争和矛盾、消弭战乱和冲突。国家之间要构建对话不对抗、结伴不结盟的伙伴关系。大国要管控好分歧，努力构建不冲突不对抗、相互尊重、合作共赢的新型关系。只要坚持协商沟通、真诚相处，"修昔底德陷阱"就可以避免。

三、人类命运共同体理念蕴含中华民族现代文明

构建人类命运共同体，实质上是在寻求一种不同于西方中心论的世界发展的再生之路，是在为解决人类共同面临的"和平赤字、发展赤字、安全赤字、治理赤字"四大难题提供"中国方案"、贡献"中国智慧"并创造中华民族现代文明，进而是为了重建新的世界格局。这实际上蕴含了一种不同于西方文明而注重多样性、平等性、包容性、普惠性的中华民族现代文明。

在世界文明谱系中，能与西方文明相提并论的，无疑是以中国为代表的东方文明，一般称为中华文明。中华文明是一种典型的农业文明和内陆文明，起源于夏商周三代之前，成型于秦汉，兴盛于隋唐，宋明时达到顶峰，其博大精深的文明成果为人类发展作出了卓越贡献。对于西方国家来说，无论是地理大发现、文艺复兴，还是走出中世纪进入现代社会，中华文明都起到了至关重要的作用。

由于清朝后期统治者的封闭僵化，中华文明在西方工业文明和海洋文明的冲击下出现某种曲折。在近代历史上，中国盛极而衰，中华文明也因此背负骂名，曾经成为中国的沉重"包袱"。全盘西化论因此泛滥，至今仍有一定市场。习近平主席提出的构建人类命运共同体理念，使中华文明正发生着凤凰涅槃式的变化。

构建人类命运共同体理念，实质上就是当代中国为人类和世界发展作出重大贡献的一种中华民族现代文明或中华新文明。无论是古代历史上的"华夏中心论"，还是近代以来的"西方中心论"，都不符合时代发展趋势，都无益于人类永续发展和世界持续繁荣。习近平主席构建人类命运共同体理念的世界意义，在于它辩证扬弃中华传统文明，超越西方文明，为人类和世界发展贡献一种中华新文明或中华民

族现代文明，且回答了"中国能为世界贡献什么"。中华新文明或中华民族现代文明，既以中华优秀传统文化、中国人民的革命文化、社会主义先进文化为母体，又合理吸纳西方文明等一切外来文明中的有益成分，还面向未来。中华新文明或中华民族现代文明具有不忘本来、吸收外来、面向未来的文化气度，它坚持吐故纳新、博采众长。习近平主席提出的构建人类命运共同体理念，站在人类真理和道义的制高点上，是化解世界冲突、管控国家分歧的"定海神针"，是引导经济全球化走向、构建人类命运共同体的中国方案、中国智慧。

【作者系原中央党校校委委员、国家哲学社会科学一级教授】

向着构建人类命运共同体的光明目标前进

徐　步

　　中国与世界的关系正站在新的历史起点上，中国的前途命运日益紧密地同世界的前途命运联系在一起。习近平主席指出，这个世界，各国相互联系、相互依存的程度空前加深，人类生活在同一个地球村里，生活在历史和现实交汇的同一个时空里，越来越成为你中有我、我中有你的命运共同体。构建人类命运共同体的重要思想，高瞻远瞩地回答了"世界怎么了""我们怎么办"的时代之问和人类命题，彰显了习近平主席作为马克思主义政治家、思想家、战略家的伟大领袖风范。构建人类命运共同体思想反映了全人类的普遍愿望和共同心声，日益产生广泛而强烈的国际共鸣。

　　党的十八大以来，习近平主席多次在重要场合阐述人类命运共同体理念。2013 年 3 月 23 日，习近平主席在莫斯科国际关系学院发表重要演讲，首次提出了人类命运共同体理念。之后，习近平主席在坦桑尼亚尼雷尔国际会议中心、印度尼西亚国会、纪念联合国成立 70 周年联大、联合国日内瓦总部等场合就人类命运共同体理念发表重要讲话。推动构建人类命运共同体，就是要坚持对话协商，建设一个持久和平的世界；坚持共建共享，建设一个普遍安全的世界；坚持合作共赢，建设一个共同繁荣的世界；坚持交流互鉴，建设一个开放包容的世界；坚持绿色低碳，建设一个清洁美丽的世界。

人类命运共同体是引领人类进步的伟大理论创新

推动构建人类命运共同体，汲取了中华优秀传统文化智慧。中国哲学文化十分崇尚"天下为公""天人合一""己所不欲，勿施于人"等观念，主张人与人的和谐、人与自然的和谐以及个人与社会的和谐。"大道之行也，天下为公"，出自中国古典《礼记》。这里面有两个词非常重要：一个是"大道"，指的是普遍接受的、放之四海而皆准的道理或真理；另一个是"天下为公"，这个"公"与共同的"共"含义基本相通，对应的是"私"，指的是不把国家或者权力当作一己之私。"大道之行也，天下为公"承载了中华民族对以人为本、以民为根、天下大同的根本认识和精神追求，是人类命运共同体理念的中华文化源泉。

推动构建人类命运共同体，体现了互学互鉴的文明观念。《论语》是中国古代重要的经典著作，集中体现了孔子及儒家学派的政治主张、伦理观念及教育主张。"和而不同"出自《论语》，这其中的"和"在中国文化中最初的本义是指各种音调相互应和，强调既承认事物的多样性与差异性，又追求整体的和谐性与统一性。"和"在中国文化中内涵丰富，体现的是经过复杂的平衡、协调后达到的一种完美的境界。《说文解字》曰："和，相应也。"以古代编钟为例，不同的声音相互激荡，才会组合产生美妙的乐曲。《左传》中说，"九合诸侯，如乐之和，无所不谐"。中国古人将音乐的和谐作为处理人与人、人与自然、人与社会等各种关系的模型。《尚书》中的"协和万邦"、《周礼》中的"以和邦国"等都体现了中华民族追求外部世界和谐的文化传统。"和"与"不同"虽然是两个概念，但重点强调的是事物之间的相互适应性，而非相互差异性。

推动构建人类命运共同体，是对马克思主义"自由人联合体"理念的创新发展。马克思和恩格斯在 170 多年前就提出了"自由人联合体"和"真正的共同体"。《德意志意识形态》《哲学的贫困》《共产党宣言》《资本论》等这些著作中，均出现了"自由人联合体"和"真正的共同体"思想。马克思和恩格斯高度重视个人与集体的关系，强调个人只有在集体中才能获得全面的发展和真正的自由。人类命运共同体理念继承和发展了马克思主义"自由人联合体"思想，以全人类共同价值为遵循，以实现人的自由全面发展为指标，以实现全人类发展、繁荣和幸福为宗旨，蕴含着对人类文明形态的前瞻性思考和对人类进步发展大势的准确把握。人类命运共同体理念把一国的利益与他国的利益结合起来，把个人的发展与他人的发展结合起来，既强调自身发展对世界发展的贡献，又强调世界共同发展对自身发展的促进，充分体现了辩证唯物主义和历史唯物主义的世界观。

推动构建人类命运共同体，是中国共产党坚持走和平发展道路的必然要求。中国共产党坚持走和平发展道路，是从对历史、现实、未来的客观判断中得出的结论。中国共产党和中国人民从苦难中走过来，深知和平的珍贵、发展的价值。消除战争，实现和平，建设独立富强、民生幸福的国家，是近代以来中国人民孜孜以求的奋斗目标。新中国成立后，中国共产党确立了独立自主的和平外交政策，大力倡导和平共处五项原则，全面发展同各国的友好交往和互利合作。党的十八大以来，以习近平同志为核心的党中央多次表明中国将坚持和平发展道路，但任何人、任何势力、任何国家如果损害中国的核心利益，中国人民都坚决不答应。坚持走和平发展道路的精髓是，通过维护世界和平发展自己，又通过自身发展维护世界和平。构建人类命运共同体，是中国和平发展追求的目标，同时也是中国和平发展的有力保障。

推动构建人类命运共同体，必须建设新型国际关系，弘扬全人类共同价值。习近平主席强调，各国人民命运与共、唇齿相依。当今世界，没有一个国家能实现脱离世界安全的自身安全，也没有建立在其他国家不安全基础上的安全。只有坚持相互尊重、公平正义、合作共赢的原则，世界才能变得更加美好。和平、发展、公平、正义、民主、自由，是全人类的共同价值，也是构建人类命运共同体的价值基础。长期以来，西方国家把近代西方资产阶级倡导的"自由""民主""人权"等价值观美化成"普世价值"，以此粉饰他们打着"人权高于主权""人道主义干预"等幌子干涉发展中国家内部事务的行为。西方的价值观绝不是"普世价值"，其宣扬的只是西方信奉的宗教、文化及政治制度，具有突出的扩张性、排他性和利己性，实质上已沦为西方对外谋求强权利益的口号与工具。谋求把西方价值观强加给广大发展中国家，违背了联合国宪章的宗旨和原则，不符合广大发展中国家的切身利益，也不符合人类社会发展的进步潮流。

三大全球性倡议是构建人类命运共同体的强有力支撑

面对当今世界严重的发展赤字、安全赤字、信任赤字及治理赤字，习近平主席相继提出全球发展倡议、全球安全倡议和全球文明倡议，表明了中国共产党人的鲜明立场和使命担当。三大倡议是习近平外交思想在发展、安全和文明三大领域的最新发展和突出成果，直面人类共同挑战，解答当今时代之问。三大倡议相互联系，密不可分，形成一个有机整体，为推动构建人类命运共同体提供了强有力支撑。

聚焦发展合作，推动互利共赢，是习近平外交思想的一条主线。

发展是硬道理，没有发展，一切都无从谈起。发展是执政兴国的第一要务，是实现人民幸福的关键，也是全球治理体系改革和完善的核心要求。实现可持续发展，构建全球发展命运共同体，是各国共迎挑战、共谋发展的新路径。2015 年 9 月，《2030 年可持续发展议程》在联合国发展峰会上正式通过。17 项可持续发展目标涉及社会、经济和环境等各个领域，指出要促进持久、包容和可持续的经济增长，在全世界消除一切形式的贫困。2021 年，中国历史性地完成了消除绝对贫困的艰巨任务，创造了彪炳史册的人间奇迹，谱写了人类战胜贫困的里程碑式的伟大壮举。

全球发展倡议提出发展优先，突出以人民为中心，强调普惠包容、创新驱动、人与自然和谐共生、行动导向。这一倡议秉持以人民为中心的核心理念，遵循务实合作的行动指南，倡导开放包容的伙伴精神，一经提出就得到国际社会积极响应。迄今已有 100 多个国家对倡议表示支持，53 个国家加入"全球发展倡议之友小组"，是中国为全球发展事业提供的重要公共产品和作出的重大贡献。习近平主席提出全球发展倡议，把中国的发展与世界的发展密切联系起来，在中国与世界的紧密互动中推动构建全球发展命运共同体，为世界和平与发展擘画了宏阔蓝图。

心系各国安危，致力世界和平，是习近平外交思想的突出担当。当前国际形势深刻复杂演变，传统安全与非传统安全相互交织，世界进入新的动荡期。在博鳌亚洲论坛 2022 年年会开幕式上发表的主旨演讲中，习近平主席向全世界郑重提出全球安全倡议。此后，习近平主席在金砖国家外长会晤开幕式致辞中提出共建人类安全共同体。2023 年 2 月 21 日，中国发表《全球安全倡议概念文件》，这是中方落实全球安全倡议的重大举措。该文件从核心理念与原则、重点合作方向、合作平台和机制等方面全面系统阐释中方应对全球安全问题的主张，并针对乌克兰危机及中东局势采取具体步骤推动外交努力及和平进程，彰显了中方落实习近平主席全球安全倡议的重要实践，引起国际社会高度关注。

全球安全倡议是中国在全球安全领域向国际社会提供的重要公共产品，是人类命运共同体理念在全球安全领域的生动实践，为应对全球安全挑战、推进全球安全治理贡献了中国方案。习近平主席强调，各国应当坚持共同、综合、合作、可持续的安全观，共同维护世界和平和安全。我们必须认清世界转型过渡期国际形势的演变规律，从各种乱象中看清本质，从历史的维度中把握规律。世界正在经历的百年未有之大变局，既是大发展的时代，也是大变革的时代。经济全球化大势不可逆转，合作共赢是人间正道，真正的多边主义是国际社会战胜共同挑战的必由之路。各国人民对和平发展的期盼更加殷切，对公平正义的呼声更加强烈，对合作共赢的追求更加坚定。

倡导文明交流，主张包容互鉴，是习近平外交思想的价值根基。2023 年 3 月 15 日，习近平主席在中国共产党与世界政党高层对话会上提出全球文明倡议，倡导尊重世界文明多样性，以文明交流超越文明隔阂、文明互鉴超越文明冲突、文明包容超越文明优越。落实全球文明倡议，应当加强国际人文交流合作，充分挖掘各国历史文化的时代价值，推动各国优秀传统文化在现代化进程中实现创造性转化、创新性发展，共同推动人类文明发展进步。落实全球文明倡议，必须反对将自己的价值观和模式强加于人，必须反对搞意识形态对抗。中国倡导的弘扬全人类共同价值，勾画出超越差异分歧的价值同心圆，凸显出各国人民期盼美好生活的最大公约数，为推动构建人类命运共同体提供了价值支撑，为人类文明朝着正确方向发展注入了强大精神动力。

全球文明倡议主张文明包容共存、交流互鉴，为世界和平发展注入积极正能量。西方工业革命以及现代化进程加速了殖民扩张和文明纷争，西方国家为争夺霸权而引发的两次世界大战给人类带来沉重灾难，世界文明多样性遭受严峻挑战。福山的"历史终结论"和亨廷顿的"文明冲突论"都无法解决人类社会面临的共同挑战，需要各国携起手来齐心协力、共同应对。文明交流互鉴是实现世界和平发展的重要路径。世界上不存在十全十美的文明，也不存在一无是处的文明，每种文明都蕴含着独特的魅力和深厚的底蕴，都是人类共同的精神瑰宝。中国坚持平等、互鉴、对话、包容的文明观，尊重文明多样性，推动不同文明交流对话。只有从多种不同文明中汲取营养、取长补短，才能跨越"文明冲突"的陷阱、摒弃意识形态纷争，为促进人类文明多元共存和世界和平发展作出应有贡献。

构建人类命运共同体是时代要求历史必然

中国共产党是为中国人民谋幸福、为中华民族谋复兴的政党，也是为世界谋大同、为人类进步事业而奋斗的政党。当今世界正处于大发展大变革大调整时期。和平、发展、合作、共赢是主旋律，但各种全球性问题和挑战层出不穷。经济全球化遭遇逆流，单边主义、保护主义、霸权主义对世界和平与发展构成威胁。治理赤字、信任赤字、发展赤字、和平赤字有增无减，公共卫生、恐怖主义、气候变化、网络安全等非传统安全威胁持续蔓延。人类只有一个地球，各国共处一个世界。各国虽然历史、文化、制度各异，但都应该彼此和谐相处、平等相待，都应该互尊互鉴、相互学习，摒弃一切傲慢与偏见。

习近平主席指出，我们生活的世界充满希望，也充满挑战。我们不能因现实复杂而放弃梦想，不能因理想遥远而放弃追求。历史和现实都告诉我们，只要国际社会秉持人类命运共同体理念，坚持多边主义、走团结合作之路，世界各国人民就一定能够携手应对各种全球性问题，共建美好地球家园。

全球发展倡议、全球安全倡议和全球文明倡议为构建人类命运共同体开辟了新路径。全球发展倡议围绕发展不平衡、不充分的核心矛盾和问题，从中国自身发展经验出发，强调以人民为中心、以实干为途径，助力联合国《2030 年可持续发展议程》落实，得到联合国以及近百个国家的积极响应。全球安全倡议植根于真正多边主义理念，回应了国际社会维护世界和平、防止冲突战争的迫切需要，为破解全球安全治理难题和当前人类面临的安全困境提供了重要理念引领。全球文明倡议在以上两个倡议的基础上，凝聚了以文明交流互鉴推动世界和平发展的共识，回应了各国加强团结协作、共同应对全球性挑战的迫切诉求，为促进人类文明进步提供了中国方案。安全是发展的前提，发展是安全的动力，文明是发展与安全的土壤，发展与安全又是文明演进与前行的途径。"三大倡议"作为推动构建人类命运共同体的重要支柱，形成了一个有机统一的整体，共同体现了中国特色大国外交全方位、多层次、宽领域、立体化的工作布局，反映了中国对建设更加美好世界的深邃思考。

实现中华民族伟大复兴进入了不可逆转的历史进程，中国共产党正团结带领中国人民向着全面建成社会主义现代化强国的第二个百年奋斗目标迈进。实现中华民族伟大复兴的中国梦，与各国人民的美好梦想息息相通，这要求我们不断推动构建人类命运共同体。中国坚定奉行独立自主的和平外交政策，不扩张、不称霸、不谋求势力范围，同一切单边主义和霸凌行径作坚决斗争，坚定维护国际公平正义，为世界和平与发展注入强大正能量。中国秉持和平合作、开放包容、互学互鉴、互利共赢的丝路精神，坚持走团结合作、互联互通、共同发展之路，同各方一道建设更加紧密的"一带一路"伙伴关系。中国坚定维护以联合国为核心的国际体系、以国际法为基础的国际秩序，秉持共商共建共享的全球治理观，推动建设更加公正合理的全球治理体系。中国在历史性解决自身绝对贫困问题的同时，努力开创共同发展新境界，引领全球可持续发展合作，为加速全球减贫进程贡献中国智慧和中国力量。中国将始终站在历史正确的一边，站在人类进步的一边，携手世界一切进步力量，推动历史车轮向着光明目标前进！

【作者系习近平外交思想研究中心原秘书长，中国国际问题研究院原党委书记、院长，中国国际关系学会副会长，联合国秘书长高级别咨询委员】

讲好中华文明的故事

张维为

亚洲是世界古老文明的主要发源地。两河流域文明、印度文明、波斯文明、伊斯兰文明、中华文明都发源于亚洲大地，这些古老的文明由于种种原因，有的已经干枯凋零，有的至今还根深叶茂。

在漫长的历史长河中，亚洲不同的文明既经历过矛盾冲突，也受益于交流互鉴。从人类发展的大历史来看，这种交流互鉴的历史和记忆，对于今天的亚洲和世界都弥足珍贵。

中华文明从这种文明交往中获益良多，中华文化至今根深叶茂，很大程度上是"多元融合"的结果，其中最著名的例子当属源于印度的佛教传入中国后，对中国方方面面所产生的深刻影响。中国自己漫长的历史长河中，儒家和道家影响力一直比较大，而儒家尊"圣人"，道家讲"真人"，两者的共同之处是需要相当的知识修养，所以儒家也好，道家也好，在相当长的时间里，未能进入寻常百姓家。佛教不一样，它直指人心，比较关心芸芸众生的身心安顿，而且佛教还有雕塑、音乐等传播方式，它的传入显然填补了中国宗教传统中的某些不足。

佛教传入的过程也经历过磨合碰撞。幸运的是，这种磨合碰撞没有导致西方那种持续千年之久的宗教战争，而是佛教逐步适应和融入了中国文化，同时也在相当程度上丰富和改造了中国文化。中国也因此而形成了儒释道兼容并蓄、互补融合的伟大传统。

同样，中华文明与伊斯兰文明的交流也源远流长。阿拉伯世界流传着这样的古训："知识，虽远在中国，亦当求之。"中国历史上也有过"以儒诠经"的过程，主要指明清之际穆斯林学者用中国的宋明理学来阐释伊斯兰教的经典，使伊斯兰教逐步中国化。此外，阿拉伯民族的"一千零一夜"民间传说，特别是"阿里巴巴和四十大盗"故事在中国更是家喻户晓，乃至今天世界最大的互联网公司之一，就是中国的"阿里巴巴集团"。中华文明与亚洲其他文明交流互鉴的最好证明就是延续千年之久的丝绸之路。在那么艰苦的条件下，在那么漫长的历史长河中，亚洲国家通过丝绸之路进行了广泛的商业和文化交流：中国输出了丝绸、茶叶、火药、指南针等大量产品，而丝绸之路沿线各国则给中国带来了大量的异域文化和商品。

中国今天的民族乐器，如琵琶、二胡等均来自中亚，中国唐朝人"胡服骑射"，使中国的服装从宽袍大袖变成了波斯风格的窄袖。丝绸之路还为中国从中亚和西亚带来了汗血马、玻璃、玛瑙等珍贵商品。中国今天提出的"一带一路"倡议某种意义上也是对古代丝绸之路的一种崇高敬意。丝绸之路交流互鉴的精神，今天还激励着亚洲各国人民去建立合作共赢的伙伴关系。

可以说，以中华文明为代表的"文明型国家"的哲学观，认为社会发展从来都是多元复合的，各种模式从来都是百花竞放的。它们可以互相竞争，也可以互相借鉴，甚至你追我赶，超越对方。

历史进入近代后，事情起了变化，随着西方的崛起，西方国家对非西方世界发动了一场又一场的殖民战争，以征服整个非西方世界。不仅如此，他们还创造了一种话语，即西方世界代表了文明，非西方世界是非文明的，代表了某种"自然状态"，象征了愚昧、无知甚至野蛮。

在这样的西方话语逻辑下，文明对野蛮的征服，就被解释为正当的，所以就有了 17 世纪美洲印第安民族的灭绝；就有了 18 世纪整个非洲大陆被西方殖民，如南非图图大主教所说，西方一只手给了我们《圣经》，另一只手拿走了我们的土地；就有了 19 世纪对亚洲的征服，印度和中国成了最大的受害者。现在不怀偏见的人都认识到，正是在这种话语逻辑下，西方以血腥战争和话语忽悠，以"零和游戏"的逻辑，完成了自己的财富积累。

一个世纪前，中国哲人梁启超先生曾这样总结过中国的历史，他将中国历史大致分为三个阶段：第一阶段是"中国之中国"，即从黄帝时代到秦始皇，这大致上也是世界其他古文明存在的时间，但限于当时条件的制约，中国与其他古文明之间几乎没有什么交流。第二阶段是"亚洲之中国"，从秦始皇到 18 世纪，中国与外部有交流，有矛盾，有征战，也有融合，但这一切基本上局限于亚洲大地，上述的亚洲主要文明之间的交流互鉴大都属于这个时代。第三阶段是"世界之中国"，也就是 19 世纪以来，中国被西方列强强行打开了国门，从此饱受战乱、国无宁日。

当然，梁启超之后的中国变了，世界也变了。但是从某种意义上看，西方唯我独尊、损人利己、"零和游戏"的思维方式迄今也没有大的改变：西方主要国家还会以推动"普世价值"的名义，把自己的意志强加于人，推动所谓的"颜色革命"和"阿拉伯之春"，甚至不惜发动战争，这一切使许多国家和地区陷入了动荡战乱，生灵涂炭。

同时，中国的迅速崛起正在深刻地影响世界政治经济秩序的演变。新中国成立后，短短 70 年间，中国发生了翻天覆地的变化。在这个意义上，"世界之中国"亦可以分为前后两个部分，前一部分是长达一个世纪的中国被西方列强任意欺辱的历史；后一部分是经过上千万人的流血牺牲，中国真正获得民族独立后，开始了大规模社会主义建设，并在独立自主的基础上主动开放国门，与世界进行了大规模的良性互动，中国也因此而迅速崛起，震撼了世界。这正好印证了毛泽东同志的名言："中国的命运一经操在人民自己的手里，中国就将如太阳升起在东方那样，以自己的辉煌的光焰普照大地。"

今天的中国，按照购买力平价计算，已经是世界上最大的经济体，中国已经创造了世界上最大的中产阶层，成了世界上最大的制造业国家、最大的贸易国，有着世界最大的外汇储备，中国在全球的影响力也全面上升。尽管中国仍然面临诸多挑战，但已经找到了自己的全面复兴之路。

中国这么一个古老的文明，今天以一个现代国家的形态迅速崛起，在人类历史上是绝无仅有的。这种"文明型国家"既是一个国家，又是"百国之和"。作为一个国家，它有世界上最难得的民族凝聚力和宏观整合力；作为"百国之和"，它有世界上最罕见的内部差异性和复杂性，但作为一个历史上延绵不断的统一国家，这些差异最终又能"和而不同"地共存，良性互动，相得益彰，造福国人，惠及世界。

我们为有中华文明这么一种源远流长的伟大传承而感到光荣与自豪，我们也为中华人民共和国在世界范围内的迅速崛起而感到光荣与自豪，我们从历史和现实两个维度找到了自信的源泉。2013 年底，德国前总理斯密特在谈到中国时表示："我依然保持乐观。一个高度文明的国家，存在了四千年以上，而且现在依然生机勃勃，这样的国家世界上只有一个。古罗马、古希腊、古埃及都已成过眼云烟，拉丁美洲文明也已经逝去，可是中国还在。"历史学家汤因比也曾如是说："将来统一世界的大概不是西欧国家，也不是西欧化的国家，而是中国……中国的统一政府在以前的 2200 年间，除了极短的空白时期外，一直是在政治上把几亿民众统一为一个整体的……正是中国肩负着不只给半个世界而且给整个世界带来政治统一与和平的命运。"

　　过去四十多年的改革开放，就是把整个中华文明推入国际大竞争，看一看中华文明能不能站住脚。结果发现，中华文明不但站住了脚，经受了考验，我们文明的很多内容还被迅速激活。我们通过取长补短、兼容并蓄，促使中国成了世界上进步最快、活力最大的国家。可以说，中国是一个"天降大任"的国家，它应该承担起自己对于人类和世界的责任，特别是与各国人民一起去构建一个更加和平、公正和繁荣的世界新秩序。

　　在这样一个新的历史起点上，中国的崛起具有了多重的意义。我也可以借用梁启超先生的"三种中国"的概念来描述今天的中国：中国在一个全新的基础上正同时演绎着"三种中国"的身份，即今天的中国既是"中国之中国"，更是"亚洲之中国"与"世界之中国"。

　　"中国之中国"意味着随着中国的迅速崛起，我们比过去任何时候都更清楚地意识到我们从哪里来，我们走什么路，我们往哪里去。中国的崛起是一个"文明型国家"的崛起，即一个数千年没有中断的古老文明与一个超大型现代国家的崛起，它的政治、经济和社会模式在很多方面都与别人不一样，过去不一样，现在也与众不同，未来也还是自成体系的。它有超强的历史和文化底蕴，不会跟着别人亦步亦趋，它愿意借鉴别人的一切长处，但不会放弃自己的独特性，它只会沿着自己特有的轨迹和逻辑发展，并深刻地影响人类和世界未来的发展。

　　"亚洲之中国"意味着，我们比过去任何时候都认识到自己是亚洲的一部分，认识到自己和其他亚洲国家的文化文明长期交流互鉴的历史。作为人类主要文明的发源地，作为世界经济最充满活力的地区，中国与其他亚洲文明之间的交流互鉴，就像亚洲国家历史上在丝绸之路所做的那样，也许可以引导人类文明走出西方文明的唯我独尊、"零和游戏"的困境。

"世界之中国"意味着中国的命运已经和整个世界的命运息息相关，中国对世界的影响也会随着自己的进一步崛起而越来越大。世界由不同的文明组成，文明的力量是巨大的，如果这种力量走向分歧对抗，那将是人类的灾难；同样，如果它能够拥抱合作共赢，那就是人类的希望。我们亚洲国家应该携起手来，发扬丝绸之路交流互鉴的精神，让人类的希望战胜人类的灾难，而"世界之中国"将是这种努力的中坚力量。

作为一个迅速崛起的世界大国，作为联合国安理会的常任理事国，中国将在国际舞台上更多地主持公道正义，更多地拒绝"零和游戏"，更多地推动世界不同文明的合作、共赢、和平、繁荣，为人类作出更大的贡献。正如习近平主席在《全球文明倡议》中所指出的："我们要共同倡导尊重世界文明多样性，坚持文明平等、互鉴、对话、包容，以文明交流超越文明隔阂、文明互鉴超越文明冲突、文明包容超越文明优越。"无疑，具有多元融合伟大传承的中华文明将继续造福中国，并为推动不同文明交流互鉴、繁荣世界文明百花园作出自己独特的贡献。

【作者系复旦大学中国研究院院长，复旦大学特聘教授，国家高端智库理事会理事】

从文明高度解决人类命运共同体的构想

王 帆

中西方观念差异的形成，既有不同文明发展演变的原因，又有观念和思维差异本身的原因。少数差异是由于历史发展阶段不同造成的，更多的则是因主观臆断、国家社会心理和舆论所促成的。这种观念差异不仅给中西方的深度合作带来了阻碍，而且限制了对彼此认同、归属和文明多元化的交流，从根本上影响着人类社会的稳定。然而，差异是始终存在的，我们应当学会在当下这个充满差异的社会中和睦共处并进行有效合作。2023 年 3 月 15 日，习近平总书记在中国共产党与世界政党高层对话会上提出了"全球文明倡议"，主张尊重世界文明多样性、弘扬全人类共同价值、重视文明传承和创新、加强国际人文交流合作，为推动世界和平发展、构建人类命运共同体指明了文化路径、提供了中国方案。中国一向强调观念差异的包容互鉴、价值兼容、交融共享，在外交上也希望实现由求同存异、求同化异到求同合异的递进。

探索中西方观念差异形成的原因，有助于我们认清差异的本质，寻找共存互促的途径，从文明的高度解决好人类命运共同体构建的重要课题。

同异之辩：中国先贤的辩证智慧

所谓"同"乃相似性或同质性，而"异"乃差异性、异质性也。

西方人讲认同、一律、一元化以及西方价值观普适性，讲求对差异的排斥，虽然在文化上也讲多元化，但骨子里还是信奉西方文化主导。这就与东方的二元论辩证统一思想发生了根本性的冲突。东方人讲同与异是相对的，不能强求一律，是相互依存、对立统一的。同与异都是在一定条件下的产物，是可以转换的。同与异的问题，是求同存异，还是去异求同，推及中西方观念，涉及的是共存还是势不两立的问题。

习近平总书记于 2023 年 6 月 2 日在北京出席文化传承发展座谈会并发表重要讲话。他指出，中华文明具有突出的包容性，从根本上决定了中华民族交往交流交融的历史取向，决定了中国各宗教信仰多元并存的和谐格局，决定了中华文化对世界文明兼收并蓄的开放胸怀。中国先贤对同与异的辩证认识，便是这种突出的包容性的体现。中国人早就懂得了"和而不同"的道理。生活在 2500 年前的中国史学家左丘明在《左传》中记录了齐国上大夫晏子关于"和"的一段话："和如羹焉，水、火、醯、醢、盐、梅，以烹鱼肉""声亦如味，一气，二体，三类，四物，五声，六律，七音，八风，九歌，以相成也""若以水济水，谁能食之？若琴瑟之专壹，谁能听之？"世界上有 200 多个国家和地区、2500 多个民族和多种宗教。如果只有一种生活方式，只有一种语言，只有一种音乐，只有一种服饰，那是不可想象的。中国古代哲学家孟子说过："夫物之不齐，物之情也。"自然界如此，人类社会也是如此。

中国先贤认为，同与异既是相对的，也是一体的，还是可以相互转化的。老子曰："有无相生，难易相成，长短相形，高下相盈，音声相和，前后相随……"，中国与外部环境的变化互动本就是一个相生相成的过程。只看到差异性，忽略统一性，是难以生存的。事物是按照"差异—趋同—新差异—再趋同"的规律发展的。同中有异，异中有同，按照哲学上的说法，同就是异，异就是同，同和异可以相互转化，万事万物都处于变化之中，决不是一成不变的。

所谓合同异，即同与异是相对的。古人强调谈论异与同，取决于参照系。"从绝对参照系统的角度来看，相同与相异的区分并无意义。他们还认为如果大外有大，那么大与小一致，而如果小内有小，小也就是大。北方之北仍然有北，南越之南仍然有南，所以南北也是相同，至少是相通的。"更进一步说，正因为存在不同，才能推动事物发展和演化。《国语·郑语》记载了西周末年史伯说过的话，"夫和实生物，同则不继"，讲的只是自然生态系统质能中和反应的引申，即同性质能互斥，异性质能吸引。这是物理静力学上的经验定律。"事实上，在整个物理世界，同异皆可融合，只是融合的方式不同，异性则亲和，同类则聚合。"

中国哲人两千多年前便意识到文化多样性和差异性的重要性，认为"不同"是事物互补和发展的根本，相异的事物相互补充，才有可能不断发展和繁荣。如果事物相同，就没有比较和借鉴，事物就会停滞不前甚至窒息。相反的事物，不仅相生相成，而且本身就包含对方的因素在内。毛主席认为，"同一性、统一性、一致性、互相渗透、互相贯通、互相依赖（或依存）、互相联结或互相合作，这些不同的名词都是一个意思，说的是如下两种情形：第一，事物发展过程中的每一种矛盾的两个方面，各以和它对立着的方面为自己存在的前提，双方共处于一个统一体中；第二，矛盾着的双方，依据一定的条件，各向着其相反的方面转化。这些就是所谓同一性。""一切对立的成分都是这样，因一定的条件，一面互相对立，一面又互相联结、互相贯通、互相渗透、互相依赖，这种性质，叫做同一性。"

显然，同异之辩的核心在于同异不是泾渭分明的，两者并不存在不可逾越的鸿沟。不仅同和异是可以转化的，而且同与异是辩证统一的，同中存异，异中有同。既可能是大同小异，也可能是小同大异。正是由于同异的存在，事物才能够生成、互补、互促和发展。

东西之别：西方主导的文化霸权

文化霸权涉及历史发展中的文化之界的问题。出生于耶路撒冷的巴勒斯坦裔学者萨义德在他的经典著作《东方学》中指出，东方在西方人眼中是一个被西方建构起来的概念，这个概念一开始就是与西方相对立相比照而出现的。他还分析了欧洲文化如何从作为一种替代物甚至是一种潜在自我的东方获得其力量和自我身份的。近三百年来，在西方的殖民统治和文化训导下，东方始终处于从属和被奴役的地位。西方的历史优势导致欧洲拥有包括沃土和财富在内的天然优势。西方文化被置于中心地位，而东方文化则处于边缘地位。东西之别是文化中心与文化从属的区别，涉及西方价值主导还是多元价值共存的问题。表面上看，主导与被主导由竞争法则决定，实际上东方却长期受到西方不平等不公正对待。

回顾中西方文化交流的历史，我们不难发现：在西方人的视野中，东方文化并非一直作为弱势文化而存在，东方在历史上曾经一度被尊奉为西方的榜样。如果我们对东西方的文化交流进行研究，我们就会发现，大体上讲，启蒙运动以前，西方对东方的态度是以肯定为主的。启蒙运动以后，西方的迅速崛起使西方的种族主义日益膨胀，对东方的态度也发生了180度大转弯。准确地说，东方是作为西方的他者而存在的，东方在西方人心目中的形象跟西方自身在各个历史时期的文化心理有关：当西方文化自我批判、自我改造时，东方的形象就呈现为值得肯定的一面，并被蒙上美丽、神秘的面纱；而当西方自我认同、自我陶醉的时候，东方的形象就表现为需要被否定的一面。西方人在描述东方时，对东方的态度是不断变化的：有时是敬仰的——东方在他们的心目中是一种神奇的美；有时是厌恶的——东方在他们的视野中是怪诞的丑。

由此可见，世间原本并不存在东西之别，是西方中心观造成了一个东方概念。萨义德的《东方学》明确地界定了东西方的概念和内涵，本文姑且以东西之别来探讨。东西方文化有许多相似的地方，均强调自由平等，反对做坏事——但西方传统发达国家在政策执行层面却往往背离其文化理念。基督教戒律与儒家文化的主张有诸多相同之处。但由于历史、文化、语言和发展环境等存在一系列不同，东西方的观念和哲学思想确有惊人的不同之处。必须承认基于文化取向、生活经历以及历史文化发展根源的差异，东西方之间存在明显而巨大的观念和认识差异。有些冲突是由思维差异引起的，因此要分析各国独特的思维特点。

东西方思维的差异体现在思维方向、思维工具、思考过程三个方面。东方人对差异的认识与西方人不同，东方人认为差异只是相对的、可变的，是可以随时相互转化的，甚至认为异与同之间没有明确的不可调和的界限；而西方人基于"他人即地狱"的思维，将同与异区分得十分明确，过分强调认同，结果导致观念单一。西方分析性思维强调概念的明晰，而东方分析性思维强调模糊，所谓"道可道，非常道"。

东方强调整体，西方强调个性。东方人谈差异可能多是整体的差异，而西方讲个体差异更多，同时也有一个西方文明的整体感。东方强调集体主义，家庭、社会、国家三位一体。西方讲个人主义。中国人对自我的认识多是集体主义的认识，很少是个人主义的认识。重大我轻小我，重客我轻主我，力求在物质自我、社会自我和精神自我之间找到平衡。东方集体主义强调文化依存的自我——与其他人相互联系、相互依存，西方个人主义文化强调独立的自我——内在归因和分离。

西方人相信：不同种族、不同观念的人即使相聚，也必然排斥。一些学者认为，东方的思维方式重在综合，西方则注意分析。有人认为，东方人的思维方式是包含、包存、溶化，西方人的思维方式则是超越、取代、取消。用中国学者钱穆的话说，"西方人贵分不贵合。中国人讲究的是和合与同化"，"中西方思维方式的一个显著差别是东方思维方式讲究求同原则，而西方更强调求异原则。这种差异也会在日常生活中体现出来"。

西方人偏重非此即彼（Either-Or）的逻辑。正如沟通理论专家罗伯特·洛格曼所说，"希腊人已经成为线性及非此即彼思维的奴隶"。西方社会讲类属思维和冲突性辩证法，而中间道路实际是另一种选择，一种通过交流与对话而产生的真正合题。合题总是正反两题的相互结合与相互包容，抑或共题间互融，而不是一方消解或消灭另一方。这就是共存逻辑。东方人讲和谐合作，反对强制，因为强制会带来联系和自觉性的中断，会引发反强制的后果，主张自觉自愿地接受，一时接受不了，则通过渐进方式来接受。

东方与西方观念不同还体现在中国哲学中的中庸思想上。中国的中庸思想特别强调不偏不倚，讲持中，就是要避免极端思想。《周易》讲中道、中行、中正观念。《尚书》讲"执中"，强调"无偏无倚"，不能偏左，也不能偏右，不能偏上，也不能偏下。孔子以中庸为至德，提出"执两用中"的思想。"执其两端而用其中"，不走极端。他强调这个"中"的"无过不及"的一面。

虽然东西方有别，但实际上东西方也存在一致性。东西方文明在最高境界上是一致的：都是想认识解释世界。中国文化主张天人合一，自然和谐，物我合一。近代西方强调理性，强调理性的哲学，也认同单一认识世界与多维认识世界是并存的。王国维强调"有我之境"与"无我之境"。天时地利人和，尤其强调人际之和。中国传统文化以和为贵，强调和而不同，从思维方式上，中国强调整体思维、循环思维、模糊思维。中庸、整体、和谐都是强调合。

承认和鼓励差异才有多元化，才能够百花齐放。习近平总书记提到，"和羹之美，在于合异"，"不同历史和国情，不同民族和习俗，孕育了不同文明，使世界更加丰富多彩"，"相互尊重、和衷共济、和合共生是人类文明发展的正确道路"。强调管理好差异，这样才有利于合作的持续。从根本上看，西方面临两个选择，一是维护现状的徒劳之举，二是在深刻变化的环境中再造自己。"以中国为中心"或"以西方为中心"的政治将导致无穷无尽的紧张甚至冲突，世界性的思考与行动将使我们走向和平与发展。中国等东方国家要有强大的文化，这样才能解决文化的不对称，才能形成文化的平衡，才能解决这种不对称带来的以强凌弱、单一价值主导多样化的国际问题。

中西方观念差异的影响

2014 年，美国《福布斯》（*Forbes*）杂志发文分析"西方误读中国的五个原因"。其一是一厢情愿，认为中国的发展模式不可能成功；其二是短视，仅相信美国的各种指数和标准；其三是武断的教条主义，简单排斥偏离西方制度规范的发展模式，但对恰恰是这种偏离带来的发展增长视而不见。此外，还有天真和个人主义等原因。

时至今日，西方人仍痴迷于西方精神的胜利，以至于 20 世纪 90 年代冷战刚一结束，美国学者弗朗西斯·福山就提出"历史终结论"，但不久另一些学者发现这个结论下得过于仓促了，美国学者萨缪尔·亨廷顿提出了"文明冲突论"，于是很多人又相信西方价值和精神的最终胜利远远没有到来，还必须继续强加其影响。这样的"历史使命"仍是西方一些"民主"人士的精神支柱和寄托。

自近代以来，西方凭借先发优势，好为人师。出现问题总是指责别国不对，从不反省自己。对他国缺乏基本的了解和认识，却以本国的标准或评价来指责他国。西方与东方在发展阶段上也存在差距，由此引发了先发与后发国家之间的独享与分享之争。美国并非天生反感其他文明，但美国必须强调自身文明的现代性，因为只有在强调美式文明体制的重要意义时，美国才能发挥其影响力，东西方的观念差异直接带来了西方对中国认识的非理性与非客观、轻视与歧视、误解与对立等。

其一，西方过分美化自身，导致对中国的歧视。16 世纪的法国散文家米歇尔·蒙田曾说："当对自己的观点相当看重时，便会严厉批评他人对此观点的看法。"西方人因捍卫自身的信念而痛斥别人也非一朝一夕之事。外交部前副部长傅莹大使曾说，西方习惯于用自己的标准来衡量中国，认为中国不符合标准。但是中国不会符合那个标准，中国有自己的悠久历史，中国文化传承了五千年；中国与西方时常发生分歧的主要原因之一是政治差异，但"同一个屋顶不能放在所有建筑上"。她说："政治体制就像建筑的顶部，英国西敏寺议会大厦是哥特式建筑，屋顶很漂亮。但其他国家可能有不同的建筑，如果想把这个屋顶放到所有建筑上，首先要看是否有同样的建筑。强加于人的感觉在中国与西方世界的关系中不时出现。"

其二，东西方差异还会带来对他国的误解和偏见。偏见的形成有其客观原因。人的观点是很容易形成的，一个细节、一次见面、几个举止导致了对一个人的印象和评价，而这种印象和评价一旦形成，就很难被轻易改变。很多时候，一个人的注意力会分散到生活和工作中的许多领域，使得一个人很少有时间对已经形成的观点和偏见及时而主动地进行验证，更遑论修正或纠错了。因此，当一个误判形成之后，在人自身不知不觉间会长久地影响到他／她的看法。时间越长，偏见越固，以至于很难得到纠正。人的年龄越长，固有观念越难以改变，而且会越趋保守。这种状况持续的时间越久，评判者越是不愿理解新生事物、难以接受新的观念。

比如，美国一些现实主义学者往往以冷战思维和现实主义权力观来看待中美关系的变化。他们从来不思改变，对中美关系中的新因素充耳不闻，一味认定中国就是为了谋求扩大权力。而当中国基于自身防卫需要而增加合理的国防预算时，他们便以此作为国强必霸的依据，而绝口不提美国的国防预算不断上涨仍是中国数倍的事实。当中国与其他国家一样保卫海疆、开放海洋、发展海军时，则更是据此得出中国不仅谋求陆权还要谋求海权的不实结论。在他们眼中，美国主导地区事务、横行霸道的事实被忽略，美国强化联盟、遏制他国的意图被掩盖，中美相互依存、合作共赢的可能性被排除，中国对于中美关系发展所作出的积极努力和隐忍付出则被视为无可奈何之举。由此可见，偏见是一种单方面的思维，否定了事物的两面性，看不到事物的变化，对新的变化因素始终持排斥的态度。

其三，东西方观念差异历史成因有可能导致对中国发展的对立观念。东西方深刻的历史文化的隔离与对立、非我族类的观念导致西方自身保持着中心论和对不同发展制度和发展模式的对立心态，美国国际关系理论的立足点是国家对立，没有对立也要制造对立，没有对立不符合其利益诉求。欧洲国际关系理论试图超越国家层面，但没有放弃种族差异和种族优越论，实际上还是没有放弃对立思想。中国既承认国家的历史属性，又承认人的多样性。中国讲多元平等、多元共存、差异共存，而不是试图消灭差异。这是对立统一。

将差异极端化、提升自己贬低他人缘于对立或排斥对方的需要，一些国家强行输出价值观也带来观念上的对立和更大的差异。对于一个国家而言，实力强大的同时，其观念推行和扩展的意愿也更强，一个国家强制他国接受其制度和价值的意愿也更强，客观上影响也更大。这使得这类实力强大的国家更易于或偏好于采用简单粗暴的方式。无论是当年的希特勒德国，还是二战后的美国，其输出价值观的手段和方式都如出一辙。美国为了推行民主价值观，甚至不惜对许多国家使用"颜色革命"甚至挑起战争，然而这种方式带来的抵触和反弹也更为强烈，从而导致族群和国家间产生更深的对立。当国家间出现重大变化的时候，就会有更多的对立思维和对立做法。比如，当中美关系因为商业和贸易问题出现矛盾，美国一些人便将其上升到意识形态和人文价值对立的层面，从而又进一步产生了与中国对立的想法并付诸实施。

其四，东西方观念差异还使西方看待中国崛起时充满恐惧。自新中国成立以来，美西方对中国发展的恐惧随之产生。随着中国的改革开放和中国经济的腾飞，"中国威胁论"在西方不断涌现。他们惧怕中国发展，希望中国崩溃。其实质就是担心代表不同的发展模式的中国复兴会削弱甚至取代他们不合理的国际地位和例外特权。西方的恐惧是对不合理不公正的国际制度和优越性丧失的恐惧，是对更为合理公正的发展机遇和规则取代西方主导的国际体制的恐惧。这种恐惧本身就是不合理的。

中国从一个贫弱的大国迅速成长为世界经济的重要支柱，还有很多在现代化进程中需要改善和变革的领域。中国的发展机遇和挑战并存。这些又带来对于中国两极化和极端化的观点。如此不同的国家却能够在几十年中完成西方发达国家几百年才能够完成的历史任务，不同的发展道路、中国经济的高速发展和出乎意料的发展现实，在西方视野中从没有出现过。中国不是苏联、不是日本、不是德国，西方完全缺乏与历史如此深厚、发展路径如此不同而又发展如此迅速的一个东方大国打交道的经验。以对立为主导的关于中国研究的碎片化现状，势必对各国的对华政策形成错误引导和影响。可以预料，研究中国越偏离事实和非客观化，各国就涉华问题上的态度就会越为混乱，对华政策的执行可能就会越善变，就越容易采取种种手段来试探中国的政策，甚至会不可避免地出现对华政策的"朝令夕改"和某种错乱。

结语

习近平总书记指出："文明差异不应该成为世界冲突的根源，而应该成为人类文明进步的动力。"每一种文明都有其自身特色，也是历史阶段的产物，文明不可能一成不变，也没有一种文明可以成为主导其他文明的金科玉律，文明与发展相关。现代文明应该是包容的，任何文明都没有高高在上的例外性，也不是决定他国文明的先决条件，多重与多元文明的存在为多种制度的存在提供了理由。评价事物优劣的标准是多样化、人民化和本土化的，没有千篇一律的指南。党的二十大报告指出，"尊重世界文明多样性，以文明交流超越文明隔阂、文明互鉴超越文明冲突、文明共存超越文明优越，共同应对各种全球性挑战"。以习近平同志为核心的党中央以高度的文化自信推动文明交流互鉴，提出"全球文明倡议"，倡导平等、互鉴、对话、包容的文明观，弘扬和平、发展、公平、正义、民主、自由，不搞文化霸权、不输出"中国模式"，展现出不同于西方的人类文明新形态与新图景，丰富了世界文明的百花园。中国强调观念差异的包容互鉴，强调共同价值与价值多元兼容、交融共享，在外交上也是希望解决好观念差异阻碍合作的问题，从而实现由求同存异、求同化异到求同合异的递进，为人类命运共同体的推进奠定坚实的基础。

【作者系外交学院院长、党委副书记兼中国外交培训学院院长，教授、博士生导师，中国国际关系学会常务副会长】

精准聚焦，着力提升中华文明国际传播效能

张树庭

党的二十大报告对建设社会主义文化强国作出战略部署，明确提出："加快构建中国话语和中国叙事体系，讲好中国故事、传播好中国声音，展现可信、可爱、可敬的中国形象。"加强国际传播能力建设，全面提升国际传播效能，形成同我国综合国力和国际地位相匹配的话语权，已成为实现中国式现代化需要解决好的一个重大问题。全面提升国际传播效能，既要加强顶层设计和研究布局，构建具有鲜明中国特色的战略传播体系，也必须在精准施策上出实招、在精准布局上讲实谋、在精准推进上下实功、在精准落地上见实效。

一、坚持系统观念，明确提高国际传播能力的使命任务

不谋全局者，不足谋一域。习近平总书记指出："宣传思想工作一定要把围绕中心、服务大局作为基本职责，胸怀大局、把握大势、着眼大事，找准工作切入点和着力点，做到因势而谋、应势而动、顺势而为。"当前，做好国际传播工作，不仅要传承走出去的历史实践经验，更要具备系统思维和全局观念，促进文明交流互鉴，推动构建人类命运共同体，营造实现中国式现代化的良好外部环境。

提高国际传播能力，推动不同文明相互尊重、和谐共处，构建各美其美、美美与共的世界文明观。习近平总书记指出，"交流互鉴是

文明发展的本质要求。只有同其他文明交流互鉴、取长补短，才能保持旺盛生命活力"；他强调要"以文明交流超越文明隔阂、文明互鉴超越文明冲突、文明共存超越文明优越"。文明因交流而多彩，文明因互鉴而丰富，深化文明交流互鉴，必须大力弘扬和而不同、兼收并蓄的文明观。中华文明经历了五千多年的历史变迁，但始终一脉相承，积淀着中华民族最深层的精神追求，代表着中华民族独特的精神标识。中华文明是在中国大地上产生的文明，也是同其他文明不断交流互鉴而形成的文明。文明如水，润物无声。各美其美、美美与共。从不同文明中寻求智慧、汲取营养，能够为人们提供精神支撑和心灵慰藉，携手解决人类共同面临的各种挑战。

提高国际传播能力，弘扬和平、发展、公平、正义、民主、自由的全人类共同价值，促进各国人民相知相亲，牢固树立人类命运共同体意识。习近平总书记提出的"构建人类命运共同体，促进全球治理体系变革"，是应对全球挑战的原创性理论贡献，充分展示了中国促进和平发展、维护国际秩序的初衷，为推动完善全球治理指明了正确的方向。放眼世界，人类正处在大发展大变革大调整时期，挑战层出不穷、风险日益增多。各国相互联系、相互依存，共同谋求开放创新、包容互惠的发展前景，全球命运与共、休戚相关，合作共赢的时代潮流更加强劲。只有各国行天下之大道，和睦相处、合作共赢，繁荣才能持久，安全才有保障。构建人类命运共同体是一个美好的目标，需要代代相传、持续奋斗才能实现。中国共产党和中国人民将为解决人类面临的共同问题提供更多更好的中国智慧、中国方案、中国力量。

提高国际传播能力，构建中国特色、融通中外的话语体系，为实现中华民族伟大复兴营造良好的外部环境。习近平总书记强调："中

国人民的梦想同各国人民的梦想息息相通。实现中国梦，离不开和平
的国际环境和稳定的国际秩序，离不开各国人民的理解、支持、帮
助。"党的二十大报告提出："党的百年奋斗成功道路是党领导人民独
立自主探索开辟出来的，马克思主义的中国篇章是中国共产党人依靠
自身力量实践出来的，贯穿其中的一个基本点就是中国的问题必须从
中国基本国情出发，由中国人自己来解答。"党的十八大以来，党和
国家在许多领域实现历史性变革、系统性重塑、整体性重构，推动我
国迈上全面建设社会主义现代化国家新征程。党的二十大报告提出：
"中国式现代化，是中国共产党领导的社会主义现代化，既有各国现
代化的共同特征，更有基于自己国情的中国特色。"在全面深化对外
开放的条件下，国际传播工作需要让外部世界更加全面客观地认识当
代中国，把国内外一切可以调动的积极因素充分调动起来，汇聚成推
进中国式现代化建设的强大力量。

二、坚持问题导向，找准提高国际传播能力的着力点

习近平总书记指出，"我国综合国力和国际地位不断提升，国际
社会对我国的关注前所未有，但中国在世界上的形象很大程度上仍是
'他塑'而非'自塑'"。在国际传播中，我们有时还存在习近平总书
记指出的"有理说不清，说了传不开"的问题。增强中华文明传播力
影响力，深化文明交流互鉴，推动中华文化更好走向世界，任务非常
艰巨。

进一步建立对外传播话语体系。要深刻理解习近平总书记提出的
要求，"要加强对外话语体系建设，用中国理论阐释中国实践，用中
国实践升华中国理论，更加鲜明地展现中国思想，更加响亮地提出中

国主张。"话语体系必须增强主动性、掌握主动权、打好主动仗，划清是非界限、澄清模糊认识。要提高国际传播的质量和水平，把握好时机、尺度与效果，增强吸引力和感染力；要阐释好中国形象的时代本质，运用多元的传播载体，把中国道路、中国理论、中国制度、中国精神融入其中，通过内在的吸引力和感召力来对国际社会产生出无形的影响力；要将"中国历史深厚、各民族多元一体、文化多样和谐的文明大国形象，政治清明、经济发展、文化繁荣、社会稳定、人民团结、山河秀美的东方大国形象，坚持和平发展、促进共同发展、维护国际公平正义、为人类作出贡献的负责任大国形象，对外更加开放、更加具有亲和力、充满希望、充满活力的社会主义大国形象"，通过引人入胜的方式给人启发，通过循循善诱的方式让人理解。

进一步健全多主体、立体式的大外宣格局。随着国际形势的变化、传播技术进步和媒介形态的演变，国际传播工作也要与时俱进、守正创新。在媒体融合的大背景下，要构建全程媒体、全息媒体、全员媒体、全效媒体的传播生态，关注突飞猛进的人工智能技术对信息生产、内容生成以及舆论形态带来的冲击。要创新叙事逻辑和呈现方式，打造融通中外的新概念、新范畴和新表述，从话语方式、传播形态、传播本领等方面入手，坚持古为今用、洋为中用，去粗取精、去伪存真，经过科学的扬弃后使之为我所用。要在乐于接受和易于理解上下功夫，让更多国外受众能够入耳入心，感同身受，形成共鸣。

三、遵循传播规律，全面提升国际传播效能

国际传播是全方位、多层次、立体化、动态性的传播工程。加强国际传播能力建设需要对国内外的新现象不断加以认识，深入分析，

遵循传播规律，实现宣传舆论工作的内外联动，聚焦国际传播能力提升的全生态、多维度、分层级。当前，国内外环境都处于深刻复杂变化之中，国际传播领域的新情况新问题层出不穷，新做法新经验不断涌现，需要我们提高辩证思维能力，带着问题深入调查研究，善于透过现象看本质，提高把握问题实质、把握矛盾规律的能力。

习近平总书记指出："当今世界是开放的世界，当今中国是开放的中国。中国和世界的关系正在发生历史性变化，中国需要更好了解世界，世界需要更好了解中国。"提高国际传播能力，应该深刻认识中国故事的历史演变和当下所处的世界方位，从宏观的世界视域审视中国式现代化的独特性、科学性和系统性，以推陈出新的方式展现中国故事的价值取向和丰富内涵。提升国际传播效能，重点要抓好理念创新、方法创新、实践创新，努力以思想认识新境界打开工作实施新局面，积极探索有利于破解工作难题的新举措新办法，分层次、分阶段、分步骤地将国际传播工作做实做细做深。

坚持精准施策，解决好"对谁说"的问题。要研究国外不同受众的习惯和特点，有的放矢，对症下药，才能事半功倍。世界上有 200 多个国家和地区，2500 多个民族和多种宗教，要区分不同国家、不同民族在历史传统、文化积淀、语言表达、风俗习惯等方面的差异，更有针对性地宣传阐释中国特色。要创新对外话语表达方式，把我们想说的和国外受众想听的结合起来，把摆事实和讲道理结合起来，把自己讲和别人讲结合起来，使中国故事更多为国际社会和海外受众所认同。要针对不同类型受众设立立体式、多圈层、分目标式传播格局。对与我国长期睦邻友好的邻国民众，要用好地缘相近、文缘相通、人缘相亲的先天优势，讲好源远流长的友好交往，讲好携手共进的相互依存，巩固其与中国人民的友谊根基；对一些对中国持有较深偏见的西方不同阶层民众,既要善于运用陈情说理,又要学会从话语逻辑入手,运用对方喜闻乐见的方式,逐步引导其客观看待中国;对打着"双重标准""中国威胁论"等论调的西方政客和媒体,要敢于亮剑,善于破解对方设置的议题和话题,坚决驳斥其污名化、妖魔化中国言论的行径,抢占道义制高点。

坚持精准布局,解决好"谁来说"的问题。任何一项传播任务,都离不开传播者或行动主体。国际传播要依托多元的传播主体来完成,它们相互独立,又多元互动,共同围绕国际传播主题,在国际舆论的变化中提升中国国家形象和软实力。要坚持实事求是,以战略眼光总结历史、立足当下、着眼未来,提出全面的国际传播顶层设计和总体规划,明确国际传播的战略目标、战略重点、优先顺序、主攻方向、工作机制、推进方式。要发挥政府机构、相关智库和主流媒体机构的作用,明确这些机构的职责应是把方向定调子,做好关键信息的权威发布和舆论引导。要整合一切可以整合的资源,挖掘非官方交往潜力,凝聚多方力量,发挥各自的长处和优势,多角度、多渠道、多形式开展国际传播。要从管理机制上将内宣外宣统筹考虑,协同整合社会各方资源。要发挥企业尤其是"走出去"的民企的作用,充分认识到企业品牌及其文化建设是国家形象认知与建构的柔性力量,是国家历史与文化的良好载体,更是国家形象对外传播中与在地民众沟通的软渠道。要发挥好在地民间团体组织的作用,善于"借船出海",发挥本地意见领袖的正向引导功能,完善人文交流机制,创新人文交流方式,协同在地各组织各部门各方面力量,在不同区域以多元化方式展示中华文化魅力。要从各环节、多细节提升国外民众的体验感知,使其将中华文化过滤、转译,形成自己的认知,主动自觉地转发扩散,形成口碑效应。

坚持精准推进，解决好"说什么"的问题。新时代的中国正在以习近平同志为核心的党中央的带领下践行着实现中华民族伟大复兴的庄严使命，为讲好新时代中国故事提供了丰厚素材和广阔空间。宣传阐释中国特色，要深入领会习近平总书记所强调的，"讲清楚每个国家和民族的历史传统、文化积淀、基本国情不同，其发展道路必然有着自己的特色；讲清楚中华文化积淀着中华民族最深沉的精神追求，是中华民族生生不息、发展壮大的丰厚滋养；讲清楚中华优秀传统文化是中华民族的突出优势，是我们最深厚的文化软实力；讲清楚中国特色社会主义植根于中华文化沃土、反映中国人民意愿、适应中国和时代发展进步要求，有着深厚历史渊源和广泛现实基础"。中华民族创造了源远流长的中华文化，文化的传播更容易在潜移默化之中将人们对文化的认同迁移到对国家形象的认知、态度的改变以及情感的共鸣之上。要扶持自主品牌"走出去"，让商品跨越国境和文化藩篱，让消费者在满足消费需求的同时完成对中华文化的感知与认同。

坚持精准落地，解决好"怎么说"的问题。讲故事，是国际传播的最佳方式。习近平总书记指出，"讲故事就是讲事实、讲形象、讲情感、讲道理，讲事实才能说服人，讲形象才能打动人，讲情感才能感染人，讲道理才能影响人"，并强调将"主动宣介新时代中国特色社会主义思想，主动讲好中国共产党治国理政的故事、中国人民奋斗圆梦的故事、中国坚持和平发展合作共赢的故事，让世界更好了解中国"作为中国故事最精彩的主题。"远人不服，则修文德以来之"，中华民族早就懂得"观乎人文，以化成天下"的力量，以理服人，以文服人，以德服人，是中华文化的生命禀赋和生存耐性。要提高国际文化交流水平，开展深层次、多样化、重实效的思想情感交流。要推动互联网这个最大变量成为国际传播中的最大增量，"谁掌握了互联网，谁就把握住了时代主动权；谁轻视互联网，谁就会被时代所抛弃。"要发挥好新兴媒体和"出海"平台的作用，顺应互联网传播环境，建立传播矩阵，把握国际传播领域移动化、社交化、可视化的趋势，充分发挥社交媒体平台传播速度快、传播范围广、传播效果好的优势，挖掘并善用外国民众容易接受的内容形式，增强国际传播的创造力、感召力、公信力。

大道至简，实干为要；惟志惟勤，善始善成。做好国际传播是一项长期性和艰巨性的任务，必须坚持不懈、久久为功。只有坚持推动国际传播守正创新，才能让新时代中国故事在世界范围内传得更远更广！

【作者系中国传媒大学党委副书记、校长】

旅游业在文化传播创造和
文明互鉴中发挥重要作用

戴　斌

2022 年 1 月 20 日，一则国务院印发《"十四五"旅游业发展规划》（国发〔2021〕32 号，以下简称《规划》）的消息上了热搜、霸了大小屏幕。党中央、国务院对旅游业的高度重视，对于正在经历最艰巨挑战、最漫长复苏和最深刻变革的旅游业而言，无疑是现阶段最大的政策利好和信心释放。《规划》站在两个百年未有大变局的历史高度，概括总结了"十三五"期间旅游业发展的历史成就和发展经验，科学研判了大众旅游进入全面发展阶段所面临的形势和挑战，坚持以人民为中心、以现代化为导向，擘画了"十四五"旅游业高质量发展的新蓝图。

一、过去五年，是大众旅游全面发展的五年，也是融合发展、创新发展的五年

2016 年是"十三五"开局之年，《政府工作报告》中明确提出"迎接一个大众旅游的新时代"。改革开放以来，我国旅游业从入境旅游起步，很快就进入了国家战略视野，并以星级酒店和导游服务引领了社会生活的风向标。1999 年国庆节"黄金周"开始，旅游业逐步进入以国民消费为基础，入境、出境和国内三大旅游市场协

调发展的新阶段。党的十八大以来，旅游业更是驶入了发展的快车道。2019 年的国内旅游、出境旅游和入境旅游市场规模分别达到60.5 亿人次、1.55 亿人次和 1.45 亿人次，成为全球最大的国内和出境旅游市场。"十三五"期间人均出游超过 4 次，假日旅游成为新民俗，旅游成为小康社会人民美好生活的刚性需求。这是一个足以载入世界旅游发展史册的伟大成就，也是建设旅游强国最为坚实的市场基础。

过去五年，也是文化和旅游融合发展最好的五年。文化建设和旅游发展都是为了人民的美好生活需要，人民在旅程中领略自然和人文之美，提升了文明素质，增强了文化自信。游客越来越愿意到访文博场馆、历史文化名城和休闲街区、红色旅游景点，越来越愿意参与到非遗和民俗活动中，看展式社交、国风雅集、研究旅行成为新时尚。旅游业的经济属性强、市场化程度高，在文化传播、文化创造和文明互鉴的过程中发挥了重要作用。2018 年文化和旅游部成立不久，就确定了"以文塑旅、以旅彰文；宜融则融、能融尽融"的工作方针，并取得了有目共睹的成就。

过去五年，还是旅游科技创新和产业现代化取得长足进展的五年。科技馆、沉浸式演出、光影秀成为旅游新场景，移动互联网让旅游信息搜寻、票务预订、行程攻略、社交分享等旅游过程更加便捷，房车、越野车、无人机、游轮游艇、索道、滑雪场等让个性旅游有了更多选项。在制度创新、科技创新和市场创新共同作用下，投资机构和运营商创造出了更多"旅游+""+旅游"的新业态，现代旅游业体系初步成型。在过去的两年中，旅游业统筹疫情防控、企业纾困和行业复苏，稳步推进旅游业高质量发展，游客满意度再创新高。

二、未来五年，旅游业仍然处于高质量发展的战略机遇期

新冠疫情是过去三年，也是"十四五"前半段旅游业最大的影响因素，但是从总体上看，旅游业仍然处于高质量发展的战略机遇期。

人民对旅游休闲有期待。就是在疫情期间，人们也从来没有停止过对旅游的向往，微旅游、微度假成为过去两年的热词和市场主体创业创新的市场基础。2021 年劳动节假期，全国旅游出游人次甚至超过了疫情前同期水平。后来的虎年春节，北京等城市周边的民宿和度假村，已是一房难求，"包个小院过大年"成为家人团圆的新选择。冰雪旅游、自驾旅游、研学旅行、高铁旅游热度不减。人民从来没有像今天这样渴望休闲和旅行，无论是远方的美丽风景，还是身边的美好生活，都是人们愿意欣赏、体验和分享的。增长的意愿、升级的消费和下沉的市场，是旅游复苏的信心之所系，也是高质量发展的动力之所在。

国家对旅游发展有要求。《规划》对旅游业高质量发展有了更加明确的要求，要建设一批世界级旅游城市、富有文化内涵的世界级旅游景区和度假区、文化特色鲜明的国家级旅游城市和街区，发展红色旅游和乡村旅游。要结合长征、长城、大运河、黄河、长江国家文化公园的建设，培育一批国家级文化旅游带和国家级精品旅游线路。在规划布局节点城市、带状线路和区域空间的同时，《规划》也对冰雪旅游、避暑旅游、夜间旅游、研学旅游、自驾旅游等新需求和新业态，从消费环境、主体建设、产品供给、市场监管和政策保障等方面作了明确部署。特别要指出的是，《规划》对发展和改革委、财政部、自然资源部、交通运输部、住房城乡建设部、外交部、工业和信息化部、国家民委、国家卫生健康委、金融管理部门、文化和旅游部等部

门支持旅游业发展提出了明确要求。《规划》还要求各地区要将旅游业发展纳入重要议事日程，从已经发布的安徽等地方旅游业发展规划来看，均从需求侧管理、供给侧改革、制度创新等方面进行了响应和落实。

产业发展动能有创新。科技和文化从来没有像今天这样全面、系统而深入地推进旅游业的变革、创新和高质量发展，更多的机构携资本、技术、文化、艺术、教育、体育等新要素新动能跨界而来。新动能不是为了挽救一个旧时代，而是要创造一个新时代。从这些年中国旅游集团化发展论坛发布的文化和旅游融合案例、旅游科技创新来看，固然有些企业离场了，但是更多的企业在创新中前行。正是因为生生不息的创业创新，所以旅游业的边界从来就不是封闭静止的，而是动态演化的。

三、坚持人民性、现代化和未来感，奋力开创旅游业高质量发展的新格局

在习近平新时代中国特色社会主义思想的指引下，《规划》系统研判了大众旅游新阶段的时代特征，贯彻创新、协调、绿色、开放、共享的新发展理念，擘画了未来五年旅游业高质量发展的新蓝图。各级党委、政府和旅游业界在贯彻《规划》的过程中，必须牢牢把握人民性、现代化和未来感三个基点和方向。

推进旅游业的高质量发展，必须坚持大众旅游的人民性。全面建成小康社会以后，旅游在扩大消费、繁荣经济、带动就业等经济社会发展方面仍将扮演关键角色，发挥积极作用。与此同时，我们更要关注旅游业在保障人民的文化权利、促进共同富裕方面的新内涵和新任

务。放长历史的视野,"九五"之前的旅游业重心在入境旅游,关注如何吸引国际和港澳台游客到访以创造更多的外汇收入。从"十五"开始,国内旅游成为越来越显化的基础市场,扩大消费和平衡收支成为政策导向,并通过全域旅游和厕所革命让旅游业在更大的空间发挥作用。共同富裕不能只是物质充裕,还要更多的文化参与,"吃有肉、住有楼,还有闲钱去旅游"是老百姓对小康社会的朴素想象。在开启中华民族伟大复兴第二个百年梦想的今天,人民的旅游权利意识更加高涨,要有得游,还要游得起;要游得开心,更要玩得放心。人民对美好旅游生活的向往,就是我们的奋斗目标,也是新时期旅游工作的出发点。各级政府要从"国之大者"政治站位统筹经济功能和事业属性,以更大的力度保障人民的旅游权利。

推进旅游业的高质量发展,必须建设现代旅游业体系。要树立共同富裕的现代化发展理念,城市居民要出游,农村居民也要出游。无论市民还是农民,旅游的方式都以自主、自助和自驾为主,多样性、分层次和品质化将是游客的主流需求。从国家公园到国家文化公园,从城市到乡村,从戏剧场到菜市场,都将成为主客共享的美好生活新空间。要培育文化创造和科技创新的现代发展动能,过去四十年,旅游业之所以取得举世瞩目的历史成就,并不完全是资源开发和市场创新的结果,而是享受了开放和人口两波红利期。就是没有疫情,传统的红利窗口也将会关闭。与此同时,文化创意、科技创新、投资创业正在取代传统的自然、历史和人文资源,成为现代旅游业的新动能。要建设现代市场主体,旅行社、星级饭店和旅游景区是典型旅游业态,但不是旅游业的全部,更不是现代旅游业的代表,只有那些面向新需求、应用新动能、经由市场竞争成长起来的新型市场主体,才能代表现代旅游业的发展方向。要创新现代发展模式,对于广大中西部和北方经济欠发达地区而言，必须以现代思维取代传统经验，由资源依赖和政策依赖转向思想引领和市场驱动。因地制宜、因时制宜，顶层设计和基层探索相结合，培育现代旅游发展新模式。

推进旅游业的高质量发展，必须具有绿色旅游的未来感。绿水青山是金山银山，冰天雪地也是金山银山，当代旅游发展的行政主体、市场主体和消费主体要将生态文明和绿色发展理念贯彻到旅游活动的各环节、旅游产业的各要素。经过四十多年的发展，旅游业的贡献不能只限于消费、就业等经济领域，还要承载促进社会发展和文明提升的责任。既要推动文化和旅游进一步融合，也要推进文化和旅游相互借鉴，不断彰显旅游的社会属性。旅游业要承担"碳达峰、碳中和"的应尽责任，也要为传统文化创新性传承和创造性转化作出应有的贡献，让广大游客在行程中领略文化之美，增强文化自信。要结合研学旅行将文明旅游推向新的高度，既要抓好旅游过程中的文明，也要抓好游客出行前的文明教育，只有更多文明的居民出来旅游了，文明旅游才会得到稳定的保障。

旅游的未来感还体现在共同价值和人类命运共同体意识，体现在对多元文化的认同、包容和发自内心的尊重。在全球新冠肺炎疫情得到有效控制的前提下，还要分步有序促进入境旅游，也要稳步发展出境旅游。对于全面进入小康社会的中国来说，追求持续和全面的旅游服务贸易顺差既没有必要，也没有可能。只有在更高的层次上推进入境出境旅游市场动态平衡和相互促进，我们才能真正融入世界，并促进全球旅游业的繁荣和可持续发展。旅游业应当，也可以在"一带一路"倡议，在亚太经合组织、金砖国家、上海合作组织、RECP、亚洲文明对话等多边机制和双边合作中发挥更大的作用；在世界旅游繁荣发展进程中讲好中国故事，贡献中国智慧。

　　《规划》对旅游理论研究和人才建设也提出了新要求，部署了新任务。没有实践支撑的理论是空洞的理论，没有理论引领的实践可能会走弯路。旅游教育、学术研究、理论建设机构要直面旅游业发展的重大现实问题、热点问题和难点问题，加强基础理论研究和行业智库建设，加快构建以人民为中心的中国特色社会主义旅游发展理论，对外讲好新时代的中国旅游故事。要用好中国旅游科学年会、中国旅游集团化发展论坛等研究成果交流平台，推进旅游学科建设和专业建设。加强需求研究和数据生产，吸引科技界关注旅游，加强事关旅游业创新发展的关键共性技术的研发与突破。建设一批体现国家意志、实现国家使命、代表国家水平的研究平台，构建更加广泛、更为多元、更有代表性的旅游学术共同体，为建设以人民为中心的现代化旅游业体系、推进旅游业高质量发展而努力奋斗！

　　【作者系中国旅游研究院院长、文化和旅游部数据中心主任】

守护文化遗产　推动文明互鉴

杭　侃

2023 年 6 月 10 日是第十八个中国文化和自然遗产日，丰富多彩的活动在各地举行。目前，中国已有 56 项世界遗产，长城、敦煌莫高窟、颐和园、云冈石窟、福建土楼等蜚声中外的名胜古迹均名列其中。

保护文化遗产、实现代际传承，是人类共同的责任。联合国教科文组织文化遗产专家尤卡·尤基莱托在《建筑保护史》中说："作为对文化特性的肯定和丰富的一个组成部分，作为属于全人类的共同遗存，文化遗产赋予每一个特殊的地方其可识别的特征，是人类经验的宝库。"从这个角度而言，保护文化遗产就是保护人类文明多样性。

文化遗产是文明交流的结晶

人类文明多样性是世界的基本特征，也是人类进步的源泉。2000多年前，中国人就意识到"物之不齐，物之情也"。文明的繁盛、人类的进步离不开求同存异，正是不同文明之间的相互交往，促进了人类的进步和繁荣。

不同文明之间并无优劣之分，早期文明的特质与其所处的地理环境密切相关。例如，几千万年前的喜马拉雅造山运动彻底改变了亚洲的地理环境：青藏高原、兴都库什山和伊朗高原阻隔了来自印度洋的暖湿气流，造成亚洲内陆出现大量荒漠地区，隆起的高山上融化的雪水又灌溉形成大小不一的绿洲。绿洲面积因水源丰富程度有所不同，最大绿洲的产出也无法完全自给自足，人们的许多生活必需品依赖交换，客观上推动了东西方文明的交流。正如元代史专家刘迎胜所说："欧亚内陆的居民并没有因为这种恶劣的地理环境而陷于孤立，恰恰是这种恶劣的地理条件，决定了欧亚内陆和北方草原之间必须有所交往。"

正因不同文明异彩纷呈，人们才跋涉万里寻求沟通。比如中国的丝绸和西方的玻璃器，都曾被对方视若珍宝。英国学者赫德生在《欧洲与中国》一书中说："公元 1 世纪的早年，丝绸的使用已经从安息传到地中海，在安息宫廷中丝绸或许从头一个中国使节到达时就已开始了。"中国出土的文物中也有不少来自国外的玻璃制品。玻璃的主要原料是硅酸盐岩石中的石英，分布范围广泛，但单纯的石英熔点在 1700 摄氏度以上，在古代需要添加助熔剂来降低其熔解温度。最好的助熔剂是纯碱（碳酸钠），地中海东岸分布有大量自然纯碱，因而这里的人很早就烧制出玻璃制品。

世界文化遗产云冈石窟是新疆以东地区出现的第一个大型石窟群，在当时被寄予凝聚社会共识、促进民族融合和稳定社会秩序的功能。公元 439 年，北魏太武帝重新统一了中国北方地区，丝绸之路更加畅通。《魏书》中所记西域国家与中国的距离均以平城（今山西大同）为起点，云冈石窟中随处可见中外文化交流的印记。例如，最早开凿的五座大像窟之一、云冈石窟第 18 窟，北壁的弟子像是典型欧罗巴人种形象，但尚无文献表明曾有欧洲工匠参与云冈石窟的开凿，这些异域形象正是彼时中外交流的反映。此外，云冈石窟里的装饰花纹中外杂陈，柱子的某些部分明显受外来文化影响，既有希腊古典的"爱奥尼亚"式柱头，也不乏波斯和印度的柱式。

不同文明之间的相互吸引促进了技术交流，从古至今持续影响着世界。例如，瓷器是古代中国送给世界的礼物，今天的制瓷技术依然在迭代升级。以各种稀土为原料，或混入不同金属元素，或使用多元烧制技术的高科技陶瓷，可以用于人造骨、人工关节等生物医学领域。水稻也是如此。中国南方稻作系统被列入全球重要农业文化遗产，杂交水稻技术的推广普惠人类。非洲已有 16 个国家种上了中国的杂交水稻，马达加斯加在货币上印有杂交水稻的图案。

促进"一带一路"人文交流合作

艺术是人类共通的语言。人们出国时，常常前往博物馆或文化遗产地，通过一件件具体文物了解该国的历史与文化。在国内，人们也能通过各类展览了解不同文明的特色和发展。文化遗产不仅能够触发人们的思古幽情，对于促进中外交流亦举足轻重。

1973 年，时任法国总统蓬皮杜在周恩来总理陪同下参观云冈石窟时说："云冈石窟毫无疑问是世界艺术的高峰之一。它表明你们的创造精神，是贵国文化遗产对世界最优良的贡献之一。"同年 5 月 8 日，"中华人民共和国出土文物展览"首站在法国巴黎开幕，展品包括甘肃武威雷台汉墓出土不久的"马踏飞燕"、河北满城汉墓出土的中山靖王刘胜和王后窦绾的金缕玉衣等。随后，展览前往英国、加拿大和美国，观众人数达数百万。以文化遗产为主题的展览打开中国对外关系的新通道，借由文物这一文化和美学载体，中国与世界展开互动与交流。

近年来，越来越多的国外精品文物展被引进国内，反映出当代中国的开放视野。例如故宫博物院"譬若香山：犍陀罗艺术展"，就吸引了大量参观者。犍陀罗是古丝绸之路上的交通要道，犍陀罗艺术是希腊、波斯、印度等多元文明碰撞融合的产物，体现了丝路沿线文明交流互鉴中焕发的创造活力。

"十三五"期间，中国的文物出入境展览累计达 300 余项。"华夏瑰宝"文物展、"东西汇流：13—17 世纪海上丝绸之路"文物展，特别是与亚洲 46 国及埃及、希腊合作举办的"大美亚细亚——亚洲文明展"，无不以文物展览凸显中国与世界各国文明的交融互鉴，成为"一带一路"人文交流的"金名片"。

可以说，文化遗产帮助我们更好地平视世界。我们既要讲好中国故事，让世界理解中国，也要敞开胸怀，加强国际文化交流，在交流中更好地理解世界、理解自己，增强我们的文化自信。

守护文化遗产是全人类共同的责任

文化遗产是祖先留给我们的宝贵财富。在元代，尼泊尔工匠阿尼哥参与了包括北京白塔寺在内的一些著名寺庙的建设。2015 年，尼泊尔遭受 8.1 级强震，许多文化遗产遭到损毁。2017 年 8 月，中国政府正式启动援尼泊尔加德满都杜巴广场九层神庙修复项目，这是中国在尼泊尔开展的首个大规模文物援外项目。

西方文化遗产保护工作起步较早，形成了比较完整的保护原则和保护理念，如 1931 年的《雅典宪章》和 1964 年的《威尼斯宪章》等。中国传统文物保护以传统技术和工匠经验为主。近年来，我们积极学习国外文化遗产领域的先进理念和经验，借助科技手段进行文物病害机理分析和保护效果评估，取得了良好效果。同时，我们也认识到东西方文化遗产类型、类别之间存在差异。西方文化遗产以砖石质为主，东方文化遗产则以土木建筑为主。每个国家和地区的文物都有工艺材料的差别，相应的保护工作也要因地制宜。

当前，文化遗产保护合作已成为文明交流合作中最具发展潜力的领域之一。作为中国在中亚地区的首个文物遗产保护项目，乌兹别克斯坦希瓦古城历史古迹保护修复项目已于 2019 年圆满竣工。在这一过程中，中方深入研究当地文化历史及传统工艺，同时带去了中国文化遗产保护的理念、技术与经验。孟加拉国毗诃罗普尔古城的纳提什瓦遗址考古发掘，则是中国与南亚次大陆国家间的首次考古协作，取得了重大成果。目前，两国正在积极筹划建设考古遗址公园，以进一步发掘文化遗产价值，增进当地民生福祉。

文化遗产保护合作在符合国际文化遗产保护准则和当地文物保护原则的同时，尊重不同国家和地区的文化风俗，有助于实现合作共赢。目前，中国与共建"一带一路"国家合作开展的历史古迹保护修复项目，已从 1 国 1 处拓展到 6 国 11 处。中国与 17 个共建"一带一路"国家开展的 33 个联合考古项目，均得到当地政府与人民的高度评价。

澳大利亚学者哈里森在《文化和自然遗产：批判性思路》一书中写道："文化遗产最重要的不是关乎过去，而是关乎我们与现在、未来的关系。"今天，守护文化遗产，推动文明互鉴，日渐成为国际社会的共识。但是我们也要看到，人类社会中的冲突与大自然的变化都会对文化遗产形成破坏，实现文化遗产的代际传承，任重而道远。

"各美其美，美人之美，美美与共，天下大同。"期待各国携起手来，在保护人类文化多样性的过程中更好地传承优秀传统文化、尊重对方的文化，同时创新发展新的先进文化，将文化交流合作不断推向更深更远处。

【作者系云冈研究院院长，本文首发于《人民日报》2023 年 7 月 5 日】

"全球文明倡议"深刻回答了
人类社会"现代化之问"

王丕君

2014年3月27日，国家主席习近平在联合国教科文组织总部发表历史性演讲，第一次系统地向世界阐释文明交流互鉴，是人类发展进步和世界和平发展的重要动力，完整提出中国面向新时代的文明观。2023年3月15日，习近平总书记在中国共产党与世界政党高层对话会上，提出"全球文明倡议"。这是习近平总书记代表中国向世界提出的进一步构建人类命运共同体的中国理念、中国思想、中国方案。构建人类命运共同体得到了国际社会的广泛好评和积极响应，但推进这一伟大理念和构想的行动还要付出持续的努力。其中十分重要的是把中国理念、中国思想、中国方案有序、有力、有效地传播给全世界。为此，我谈三点体会及建议：

一是"讲好中国故事"研习中心要成为全球文明倡议学习的表率。我们要对外讲好中国故事，首先要自己了解中国，同时也要了解世界。不了解中国，就难以把一个具有悠久历史、又是超大社会、很多方面完全不同于西方和其他国家的中国国情讲清楚、讲到位；不了解世界，就难以把握国外对中国究竟想了解什么、为什么有一些误读甚至偏见，就难以做到有针对性和实效性。泛泛而谈讲中国、一般性地讲讲世界，大部分人都能做到，但从让世界全面、客观认识可信、可爱、可敬的中国而言，还远远没有破局，而且任务依然艰巨。对外讲述中国是一个系统工程，而要把这个系统工程实施好、完成好，我认为最基础的、最重要的，就是要全面地、系统地、深入地学习习近平新时代中国特色社会主义思想，以及构成这些思想的重要讲话、指示、批示和回信。"全球文明倡议"深刻回答了人类社会"现代化之问"，为促进不同文明包容共存、交流互鉴和推动人类社会现代化进程、繁荣世界文明百花园注入了信心和力量。有学者认为，该倡议彰显了中华5000多年历史文明古国的智慧和担当，是新时代中国为应对人类共同挑战提供的又一重要科学解决方案。因此，我们"讲好中国故事"研习要担当起中心学习中心、交流中心、实践中心、示范中心的四项职责任务，首先要学深悟透这个倡议，在担当好学习中心方面有所作为。

二是"讲好中国故事"研习中心要做全球文明倡议研究的表率。当今世界，人类面临百年未有之大变局下来自各方面的问题和挑战，需要政党、国家、政治家、学者、媒体一起担当起来，最核心的是在国内解决执政党为谁执政的问题、在国际解决如何建设性地处理国与国关系的问题；最关键的是面对国内、国际问题和挑战以什么为坐标，确定行稳致远的前进方向、确保走在历史正确的一方。我们不得不承认，西方发达国家产生过一大批对世界文明有突出贡献的哲学家、思想家、理论家，中国和中国人民也从中受益，我们无论从建党、新中国成立以及革命、建设、改革不同历史时期，都学习和吸收了西方文明的有益营养。但我们同样不得不承认，善于学习的中国和中国共产党，通过创造性转化、创新性发展，"创造了中国式现代化新道路，创造了人类文明新形态"。这个文明新形态"既基于自身国情、又借鉴各国经验；既传承历史文化，又融合现代文明；既造福中国人民，又促进世界共同发展"，是"强国建设、民族复兴的康庄大道，也是中国谋求人类进步、世界大同的必由之路"。这一新形态在过去几十年受到关注，并且现在更是越来越多地受到包括西方发达国家在内的世界各国的持续关注，相信必将成为世界的"显学"。所以，我们"讲好中国故事"研习中心要担当好四项职责任务，就要在研究方面有所作为。

三是"讲好中国故事"研习中心要做全球文明倡议宣介的表率。"全球文明倡议"尽管篇幅不长，但内涵极其深邃博大，客观上对对外宣介提出了很高的要求。在宣介内容方面，我们要紧紧围绕"尊重世界文明多样性""弘扬全人类共同价值""重视文明传承和创新""加强国际人文交流合作"四个方面进行系统深入的阐释，要讲出中西方、中外文明观的同与异，多在讲同方面着力。在宣介目标方面，我们要助力推动世界各国人文交流，开创文化交流、民心相通新局面，南京大学在这方面有优势，欧美同学会在这方面有独特资源，我们要发挥各自优长，搭建相互借重的平台，形成一起来想、一起来干的工作合力；要促进各国人民相知相亲，共同推动人类文明发展进步，让世界文明百花园姹紫嫣红、生机盎然，要作出不负习近平总书记对我会和南京大学讲好中国故事、促进中外友好往来期望的积极贡献。在宣介方式上，既要正面介绍全球文明倡议的核心要义、思想内涵，也要针对西方固有和不断炮制的有关"文明优劣论""文明冲突论"等谬论进行有力批驳，该正面宣介时要大张旗鼓、理直气壮，该斗争辩论时也要敢于亮剑、勇于争辩，该和风细雨时还要做到润物细无声。真理既是客观存在，有时也是通过辩论才能得以弘扬和传播的。真实的中国和发展、进步、文明、和平的中国就是一个客观存在，但美西方长期妖魔化了一个"虚拟化的中国"，我们要把他们的主观臆断加以扭转，就要在宣介中国方面狠下功夫。我在国务院新闻办从事过 10 年中国西藏对外宣传工作，这些关于"真实中国"与"虚拟中国"的体会，就是来自于那 10 年与美西方政要、议员、媒体等主流社会以及公众交流交往中的深切感受。因此，我们"讲好中国故事"研习中心要做好宣介的表率，就不是自己给自己说，而是要向国际社会介绍。要在担当好讲好中国故事的实践中心、示范中心等方面有所作为。相信一定会有所作为、大有作为。

百余年来，广大留学人员在不忘留学初心、牢记报国使命、积极发挥作用等方面作出了不懈努力、取得了扎实成效。面向新征程，让我们牢记自己的使命，发挥留学人员的优势，以开放的心态和广阔的视野，推动全球文明交流与合作！让我们共同努力，行动起来，为增进人类命运共同体的发展积极贡献留学人员的智慧和力量！

【作者系中国人才发展基金会监事长，中国政治学会副会长，原欧美同学会（中国留学人员联谊会）党组书记、秘书长。本文为其在欧美同学会和南京大学共同主办、江苏省欧美同学会协办的"学习贯彻党的二十大精神　谱写留学报国新时代华章"主题论坛上的讲话，发表于 2023 年 5 月 27 日，在收入本书时已稍作修订】

中华文明自古就以开放包容闻名于世，更以胸怀天下为己任

江和平

中华文明自古就以开放包容闻名于世，如何改善、提升中国与世界沟通交流的质量和效果，是我们今天讨论这个话题的核心。本人通过在中央广播电视台北美总站三年多来的实践，总结了三个关键词：亲和力、历史感、责任感。

关键词一：亲和力

毋庸讳言，在美国乃至西方现在的政治语境下，"社会主义"是被妖魔化的，甚至被不少政客认为是对西方主流价值观的挑战。例如，拜登就多次在演讲中强调中国的崛起可能威胁美国人的生活方式。中国发展了，人民过上好日子了，怎么就会威胁到美国人的生活方式？这是什么逻辑？实际上，政客们就是想通过这种方式挑动西方社会的危机感。长期以来，西方政客有意强调"公有制"与"私有制"的对立，强调"政府对经济的管控"与"自由市场"的对立，归根结底是想告诉普通民众，社会主义会带来威胁，夺走他们赖以生存的一切。

之所以描述我亲身感受的美国政治环境，是为了说明一件事：想在一个充满敌视和防范的氛围中，扭转人们的刻板印象，打造正面积

极的形象，不仅要有过硬的内容，还要具有亲和力，说白了，就是要有"人情味儿"。

2022 年 1 月 10 日，我们在美国华盛顿的首都体育馆推出"迎冬奥 一起向未来"大型媒体活动。当晚共有 18000 多名观众到场，现场被一片中国红点燃，在现场冰球比赛的气氛烘托下，观众纷纷通过我们的镜头表达对冬奥的美好祝福和热情期待。这一活动通过网络发酵后，成为现象级传播事件，相关稿件被 85 家北美地区媒体转载，触达海外受众 800 多万人次。

这件事给我们的启示是公众外交有潜力，因为它更具有亲和力，更容易被人共情、接受。中美官方外交遇阻，需要在公众外交方面寻找突破口。此次在冰球场上点燃中国红的活动就是一次典型的公众外交行动。我们通过"冬奥＋春节""体育＋文化"的多元、立体、交互式传播形态，不仅突出了冬奥主题和中国传统文化，而且通过领导致辞视频、大屏视觉特效、赠送吉祥物等多个环节，在现场营造了浓浓的中国春节氛围，让现场观众感知中国文化，实现了官方外交达不到的多元传播效果。我认为，争取美国人民与争取美国政府同等重要，官方外交和公众外交必须两个轮子一起转，从而达到相互借力、相得益彰的效果。

关键词二：历史感

习近平总书记曾强调："要立足中国大地，讲好中华文明故事，向世界展现可信、可爱、可敬的中国形象。要讲清楚中国是什么样的文明和什么样的国家，讲清楚中国人的宇宙观、天下观、社会观、道德观，展现中华文明的悠久历史和人文底蕴，促使世界读懂中国、读懂中国人民、读懂中国共产党、读懂中华民族。"

我的体会是，对于我们与世界的沟通来说，最重要的是，讲清中国共产党的发展历史，讲清楚中国人是怎样一步步取得今天的成就，讲清楚中国人为此付出的努力和牺牲。

2021 年，中国共产党迎来百年华诞。我们结合总台《美术经典中的党史》系列节目，推出了英文版百集短视频 "The Art of the Party"，通过艺术激起来自不同文化、种族背景的海外用户共鸣，揭示美术作品背后的历史故事，向用户讲述中国共产党各时期的重大事件，引领其了解中华民族独立和发展的历史，重新认识党的百年历程，思考背后的思想力量和精神力量，从而更好地了解一个真实、立体、全面的中国。

从 2021 年 6 月 23 日上线以来，"The Art of the Party" 百集系列短视频聚焦了中国共产党在新中国成立前的峥嵘岁月、新中国成立后的国家建设、改革开放以及民族复兴，讲述了中国共产党与中国人民一道革命、创业、改革、创新的故事，展现了长征精神、抗战精神、抗洪精神、载人航天精神、抗震救灾精神、北京奥运精神、脱贫攻坚、乡村振兴、"绿水青山就是金山银山"的理念，通过中国共产党的实际行动，揭示了一个伟大政党的宗旨、理念、执行力，展现了中国的责任、担当。

"The Art of the Party" 根据目标受众浏览习惯，选取推发时间和上线平台，按照各平台的主要目标用户群有的放矢设定对应的截图和标题，化整为零、多平台、多角度地实现有效投放，使党史产品在欧美社会获取超 1.6 亿流量。有外国网友看完数集短视频后评论"从一条小船到人民大会堂，中国共产党在百年间完成了难以想象的发展征程。"在看过《天堑通途》后表示："中国共产党是人类历史上最成功的组织，改善了人民的生活、带领世界上人口最多的国家实现脱贫，这些都是其他文明没有达到的"。

关键词三：责任感

习近平总书记提出，弘扬中华文明蕴含的全人类共同价值，推动构建人类命运共同体。我的体会是，"构建人类命运共同体"体现中国的担当，它要求新时代的中国人不仅是中国公民，更是"全球公民"，应有跨越文明隔阂，直面全球挑战的胸怀和气度。

中华文明自古就以开放包容闻名于世，更以胸怀天下为己任。时至今日，中国仍然是世界和平的建设者、全球发展的贡献者、国际秩序的维护者和公共产品的提供者。我们支持联合国和其他国际组织的工作，参与解决国际问题，这是展示中国的国际责任感的最好机会。

在这方面，我们也身体力行。我们已经连续三年举办一项特别媒体行动——全球行动倡议（Global Action Initiative），我们提供平台，请全球政商学界有识之士集思广益，商讨如何应对人类面临的共同挑战。

我们的宗旨是：坚守人类情怀，发出中国声音，解决全球问题，彰显媒体责任，为推动构建人类命运共同体作出贡献。

过去两年，我们先后关注了全世界的贫困问题、气候变化问题。2022年，为响应党的二十大报告中提出的"促进世界和平与发展，推动构建人类命运共同体"的主张，我们推出"全球行动倡议《2022全球发展在行动——可持续发展》"特别节目，邀请联合国秘书长古特雷斯、国际货币基金组织总裁格奥尔基耶娃、世界自然基金会总干事马可·兰博蒂尼等十多位国际组织高级别官员，玻利维亚总统路易斯·阿尔塞、厄瓜多尔总统吉列尔莫·拉索、圭亚那总统穆罕默德·阿里等十多位国家政要参加。同步播出六集可持续发展的纪录片，通过特别节目的方式，展现中国在可持续发展方面的实际行动，加快构建人类命运共同体。众多高端嘉宾、知名专家学者等通过这一活动贡献了大量智慧，并且向全世界的媒体发出了行动倡议。

在 2022 年的"全球行动倡议"特别节目中，中央广播电视总台党组书记、台长慎海雄呼吁："让我们行动起来，让地球恢复健康，让共识替代歧见，共同构建地球生命共同体，守护好我们共有的家园！"这一倡议发出后，相关报道在短短一天内就被 27 个国家的 501 家海外媒体转载，触达潜在海外受众超过 4.2 亿人次。

综上所述，亲和力是打通人与人沟通的桥梁，历史感是疏通文化隔阂的钥匙，而责任感则是树立国际公信力的关节，三者兼顾，可以很大程度上促进中国与世界沟通的效率。当然，要让国际社会感受中国是一个可靠的合作伙伴，让中国的声音更加清晰和有力，让中国的主张能够在国际社会中被更多人接受，我们还有很长的路要走。

【作者系中央广播电视总台北美总站前负责人、中宣部国际传播"四个一批"人才】

第四编

文明发展

大国崛起从文明崛起开始

朱永新

一个民族崛起的标准，远远不止于经济总量，国民素质和社会文明程度同等重要甚至更加重要。

许多人谈到"大国崛起"时，更多地将目光投向经济建设的成就与国际地位的提升。"不学礼，无以立"，虽然中国已成为世界第二大经济体，但是，关于"国民素质"的质疑，时有耳闻。

一些国家在经济高速增长的时期，也曾有过国民素质和经济发展不相称的情况。19世纪末的美国、20世纪60年代的日本、80年代的韩国等，都曾因国民素质备受诟病。今天，我们同样遇到了相似的问题：如何"文明崛起"？

我们必须清醒地意识到，一个民族崛起的标准，远远不止于经济总量，国民素质和社会文明程度同等重要甚至更加重要。如果一个民族长期处于精神贫瘠状态，经济的发展迟早会遭遇新的瓶颈。

文明崛起，首先要清晰认识提高国民素质和社会文明程度的重大意义。

相当长的时间里，许多部门往往重经济工作而轻文化建设；而文化建设，又常常被简单视为吹拉弹唱的业余生活，并没有和国民素质、社会文明联系起来。

尽管文化建设存在众多不同的门类，但是，塑造一个民族基本的精神面貌始终是一个根本的任务。从科技水平、劳动效率、遵纪守法，到知书达礼、互助友善、见义勇为，国民素质的方方面面无不来自文化环境的长期熏陶。

人们常说，未来的竞争很大程度上是人才的竞争。许多时候，这种观点也可以具体表述为：民族的未来很大程度上取决于国民素质的竞争。很难想象，懒散、无知、缺乏自律精神的社会成员，能够真正肩负民族的未来。"十三五"规划把国民素质和社会文明程度的显著提高，作为经济社会发展的主要目标明确提出，正体现了党中央高瞻远瞩的眼光。

文明崛起，要有更切实的措施落实社会主义核心价值观。

社会主义核心价值观是引领国民素质提高的重要标准。但是，许多时候，学校教育、家庭教育、社会教育并没有把社会主义核心价值观同社会成员的日常生活结合起来。

如果说，物质生产可以直接地改善人类的物理环境，那么，社会的文明程度即是全体社会成员赖以生存的人文环境。求真、向善，继承优秀传统家风，重视友爱孝亲和睦，这些都是人文环境的组成部分。我们不能让社会主义核心价值观仅仅停留于观念层面，而将日常空间让渡给不良风尚。要将社会文明落实到各种生活细节之中，从过马路、候车、让座、文明旅游等小事做起。勿以善小而不为，勿以恶小而为之。

文明崛起，需要进一步倡导国民的公共意识和理性精神。

一方面，各级政府要加强和创新社会治理，建立完善的公众参与制度，使各个群体都能够公平地享受公共资源和基本公共服务，避免某一个群体因为利益诉求无从表达而产生被社会抛弃的感觉。另一方面，要增强公共意识，积极倡导社会成员以理性的方式处理社会事务，形成完善的沟通和利益协调机制。

文明崛起，需要从建立诚信中国开始。

2000 多年前，中国古人曾经把诚信作为"国之宝也"，认为是"民之所庇也"。治国理政，无信不立，应当建立和完善个人信用制度，增加失信和破坏规则的成本；从政府诚信开始做起，为诚信中国立范；从一件件小事抓起，如恶意欠薪、非法集资以及"为晋升职称而抄袭论文""为买房而伪造纳税证明"等行为。诚信体系的建设是一个系统工程，一个环节的塌陷可能造成连锁反应。

大国之大，既是国土之大、国力之大，更是民心之大、民德之大。古人说，知易行难。国民素质和社会文明的提高并非一朝一夕的事情，需要锲而不舍，才能以中华文明之崛起，实现真正的大国崛起！

【作者系全国政协副主席、民进中央常务副主席，本文首发于《人民日报》2016 年 3 月 17 日】

不断开辟马克思主义中国化时代化新境界

谢春涛

党的十八大以来，中国特色社会主义进入新时代，马克思主义中国化时代化进入新阶段。以习近平同志为主要代表的中国共产党人坚持把马克思主义基本原理同中国具体实际相结合、同中华优秀传统文化相结合，推动马克思主义中国化时代化取得重大成果，理论视野之宏大、原创性成果之丰富、世界性影响之巨大，在党的思想理论创新史上、在马克思主义发展史上写下了浓墨重彩的篇章。

新时代马克思主义中国化时代化取得重大成就

回答重大时代课题实现新飞跃。习近平总书记对关系新时代党和国家事业发展的一系列重大理论和实践问题进行深邃思考和科学判断，就新时代坚持和发展什么样的中国特色社会主义、怎样坚持和发展中国特色社会主义，建设什么样的社会主义现代化强国、怎样建设社会主义现代化强国，建设什么样的长期执政的马克思主义政党、怎样建设长期执政的马克思主义政党等重大时代课题，提出一系列原创性的治国理政新理念新思想新战略，创立了习近平新时代中国特色社会主义思想。这一思想以全新的视野深化对共产党执政规律、社会主义建设规律、人类社会发展规律的认识，实现了马克思主义中国化时代化新的飞跃，引领新时代党和国家事业取得历史性成就、发生历史性变革。

赓续中华文脉达到新高度。中华优秀传统文化是中华民族的根和魂，是中国特色社会主义植根的文化沃土。马克思主义与中华文明具有融通的天然基因，马克思主义以其真理的力量激活了中华民族历经几千年创造的伟大文明，中华文明以其丰厚的思想财富涵养了马克思主义赖以扎根生长的文化沃土。赓续中华文脉，厚植文明底色，是我们党推进理论创新创造的伟大传统和重要方法。习近平总书记强调，"如果没有中华五千年文明，哪里有什么中国特色？"党的十八大以来，他带领全党更加自觉、更加深入推动中华优秀传统文化创造性转化、创新性发展，推动马克思主义基本原理与中华优秀传统文化相结合。比如，同中华优秀传统文化中"追求一统、天下大同"的共同愿望相结合，丰富发展了马克思主义共同体理论和世界历史思想；同中华优秀传统文化中"惠民利民、安民富民"的价值导向相结合，丰富发展了马克思主义人民主体思想；同中华优秀传统文化中"自强不息、厚德载物"的理想人格相结合，丰富了马克思主义关于人的能动性的思想；同中华优秀传统文化中"道法自然、天人合一"的生存理念相结合，丰富发展了马克思主义关于人与自然的思想；同中华优秀传统文化中"修齐治平、贤能治国"的政治智慧相结合，丰富发展了马克思主义政党建设理论；同中华优秀传统文化中"亲仁善邻、协和万邦"的处世之道相结合，丰富发展了马克思主义世界普遍交往理论。

引领人类文明进步作出新贡献。面对世界百年未有之大变局，习近平总书记从人类前途命运出发，鲜明提出并深刻阐述了构建人类命运共同体的重大倡议，提出全球发展倡议、全球安全倡议，阐明了中国的安全观、发展观、义利观、全球化观、全球治理观，提出弘扬全人类共同价值、建设新型国际关系、推动共建"一带一路"高质量发展，描绘了建设持久和平、普遍安全、共同繁荣、开放包容、清洁美丽的世界的美好愿景，为维护世界和平与促进共同发展提供了中国智慧、中国方案。这些重要倡议和主张，充分体现了对国际形势变化的深刻把握，对人类发展重大问题的独特创见，占据了思想和道义制高点，凸显了中国特有的大国风范、大国担当。

当代中国马克思主义随着时代的发展而不断丰富发展

党的十八大以来，国内外形势新变化和实践新要求，迫切需要我们从理论和实践的结合上深入回答关系党和国家事业发展、党治国理政的一系列重大时代课题。习近平新时代中国特色社会主义思想是对事关新时代中国发展重大时代课题的系统解答，也必将随着时代发展和实践深化而不断发展和深化。党的二十大报告提出了一系列重大理论观点、重大战略思想，进一步丰富和发展了习近平新时代中国特色社会主义思想，深化了对马克思主义中国化时代化的规律性认识。

一是科学揭示"中国共产党为什么能、中国特色社会主义为什么好"的理论逻辑。习近平总书记指出："中国共产党为什么能，中国特色社会主义为什么好，归根到底是马克思主义行，是中国化时代化的马克思主义行。"这一重大论断，深刻阐明了科学理论对实践的重要指导意义，深刻揭示了"能""行""好"的内在逻辑，深刻揭示了马克思主义中国化时代化的内在规律和历史必然。"没有革命的理论，就不会有革命的运动。"马克思主义行，这是 1848 年马克思主义诞生以来世界历史给出的答案，也是 1917 年十月革命送来马克思主义之后中国历史给出的答案。中国化时代化的马克思主义行，这是百余年党史、七十多年新中国史、四十多年改革开放史给出的答案。新时代党和国家事业取得历史性成就、发生历史性变革，归根结底是习近平新时代中国特色社会主义思想行。

二是系统概括习近平新时代中国特色社会主义思想的主要内容。党的十九大、十九届六中全会提出的"十个明确""十四个坚持""十三个方面成就"概括了习近平新时代中国特色社会主义思想的主要内容，必须长期坚持并不断丰富发展。"十个明确"是支撑习近平新时代中国特色社会主义思想这座理论大厦的主体部分，构成了这一重要思想的"四梁八柱"。把握了"十个明确"，就掌握了这一重要思想的主要观点和基本精神。"十四个坚持"是对新时代我们党治国理政重大方针原则的高度凝练和科学概括，是对我们党不同时期形成的基本纲领、基本经验、基本要求的整合与发展，是习近平新时代中国特色社会主义思想的重要组成部分，是落实这一重要思想的实践要求，构成新时代坚持和发展中国特色社会主义的基本方略。"十三个方面成就"展示了以习近平同志为核心的党中央治国理政理念、成就与经验，既是在习近平新时代中国特色社会主义思想指导下取得的成就，又以一系列重要原创性成果丰富发展了这一重要思想。"十个明确""十四个坚持""十三个方面成就"不是孤立、割裂的，而是"一整块钢"，只有把三个方面结合起来、联系起来，才能全面准确把握习近平新时代中国特色社会主义思想。

三是明确推进马克思主义中国化时代化的根本途径。党的二十大报告指出，坚持和发展马克思主义，必须同中国具体实际相结合、同中华优秀传统文化相结合。党的二十大闭幕后，习近平总书记在考察殷墟博物馆时强调，"我们推进马克思主义中国化时代化的根本途径是'两个结合'"。"两个结合"深刻揭示了马克思主义在中国创新发展的现实路径和内在规律，深刻总结了中国共产党百年理论创新史的基本经验。习近平新时代中国特色社会主义思想是坚持"两个结合"的最新理论成果，也必将在坚持"两个结合"中不断丰富发展。

四是精辟概括习近平新时代中国特色社会主义思想的世界观方法论。继续推进实践基础上的理论创新，首先要把握好习近平新时代中国特色社会主义思想的世界观和方法论，坚持好、运用好贯穿其中的立场观点方法。对此，党的二十大报告从六个方面作了概括和阐述，强调必须坚持人民至上、必须坚持自信自立、必须坚持守正创新、必须坚持问题导向、必须坚持系统观念、必须坚持胸怀天下。"六个坚持"构成内在统一的有机整体，是习近平新时代中国特色社会主义思想的精髓，体现了习近平新时代中国特色社会主义思想的核心要求，是在实践中不断开辟马克思主义中国化时代化新境界必须遵循的世界观方法论、必须坚持和运用好的立场观点方法。

实践没有止境，理论创新也没有止境。不断谱写马克思主义中国化时代化新篇章，是当代中国共产党人的庄严历史责任。展望未来，关于新时代坚持和发展什么样的中国特色社会主义、怎样坚持和发展中国特色社会主义，建设什么样的社会主义现代化强国、怎样建设社会主义现代化强国，建设什么样的长期执政的马克思主义政党、怎样建设长期执政的马克思主义政党这些重大时代课题，仍存在广阔的理论发展空间。我们要着眼解决新时代改革开放和社会主义现代化建设的实际问题，不断回答中国之问、世界之问、人民之问、时代之问，作出符合中国实际和时代要求的正确回答，得出符合客观规律的科学认识，形成与时俱进的理论成果，更好指导中国实践。

二十一世纪马克思主义为解答"世界之问"不断作出新贡献

世界怎么了，人类往何处去，这是二十一世纪马克思主义需要回答的"世界之问"。习近平总书记指出："我们要拓展世界眼光，深刻洞察人类发展进步潮流，积极回应各国人民普遍关切，为解决人类面临的共同问题作出贡献，以海纳百川的宽阔胸襟借鉴吸收人类一切优秀文明成果，推动建设更加美好的世界。"开辟马克思主义中国化时代化新境界，发展二十一世纪马克思主义，关键是把握人类面临的共同问题，为建设更加美好的世界贡献中国智慧。

聚焦"四大赤字"，提出了构建人类命运共同体的中国方案。中国的现代化事业不是孤立的，而是人类发展进步事业的有机组成部分。党的十八大以来，习近平总书记为解决全球和平赤字、发展赤字、安全赤字、治理赤字，加强和完善全球治理，提出了一系列有针对性的倡议，推动实施了一系列积极举措，为构建人类命运共同体贡献了中国智慧和中国力量。比如，针对和平赤字，提出了共同、综合、合作、可持续的新安全观；针对发展赤字，提出了全球发展倡议；针对安全赤字，提出了全球安全倡议；针对治理赤字，提出了共商共建共享的全球治理观；等等。这些理念、主张、方案，为解决人类重大问题，为建设持久和平、普遍安全、共同繁荣、开放包容、清洁美丽的世界贡献了中国智慧，成为推动人类发展进步的重要力量。

以全人类共同价值为基准，形成了文明交流互鉴的中国主张。和平、发展、公平、正义、民主、自由的全人类共同价值，是习近平新时代中国特色社会主义思想的重大原创性贡献，为跨越不同文明、道路、制度、发展水平等方面的差异提供了精神桥梁，为推动构建人类命运共同体、推动人类历史车轮向着美好世界前进提供了价值基础，竖起了 21 世纪人类社会共同发展进步的思想灯塔。全人类共同价值坚持和而不同、兼收并蓄，反对以意识形态划界，推动以文明交流超越文明隔阂、文明互鉴超越文明冲突、文明共存超越文明优越，使文明交流互鉴成为增进人民友谊的桥梁、推动人类进步的动力、维护世界和平的纽带，是我们处理国际关系、优化全球治理的基本价值遵循，为构建人类命运共同体提供了重要价值引领。

聚焦全球现代化问题，建构了"中国式现代化"的理论体系、概念体系和话语体系，形成了具有世界意义的现代化理论新范式。我们党历经百年奋斗，领导人民成功走出了中国式现代化道路，改变了世界现代化的空间格局和地理版图。习近平总书记在党的二十大报告中从性质、中国特色、本质要求、重大原则、战略安排、实践部署等方面作了全面系统深入阐释，建构了中国自主的现代化理论、概念体系和话语体系，极大破除了"现代化＝西方化"的路径依赖和思维定式，重构了世界现代化的理论版图和学术范式，形成具有中国特色和普遍意义的现代化理论范式，拓展了发展中国家走向现代化的途径，给世界上那些既希望加快发展又希望保持自身独立性的国家和民族提供了全新选择。

总结反贫困中国经验，形成了全球贫困治理的中国理论。贫困是世界性问题，反贫困是全人类特别是广大发展中国家的共同事业。中国反贫困成就举世瞩目，习近平总书记在系列重要讲话中系统回答了脱贫攻坚的政治保证、价值取向、制度支撑、实践路径、动力源泉、社会基础、作风保障等一系列重大问题，形成了中国特色反贫困理论。我们要进一步全面系统总结反贫困的中国经验，推动全球贫困治理的中国理论、中国方案走出去，为全球反贫困事业作出更大的中国贡献。

党和国家的事业不停顿，首先理论上不能停顿。我们要立足全面建设社会主义现代化国家这个最新实际，坚持运用习近平新时代中国特色社会主义思想的世界观方法论，坚持运用贯穿其中的立场观点方法，科学回答实践中遇到的新问题，以更多原创性的新理念新思想新战略，更好为中国人民谋幸福、为中华民族谋复兴，更好为人类谋进步、为世界谋大同。

【作者系中央党校（国家行政学院）分管日常工作的副校（院）长，本文首发于《光明日报》2022 年 11 月 16 日】

深刻理解和把握"第二个结合"的重大意义

王伟光

习近平总书记在文化传承发展座谈会上指出:"'第二个结合',是我们党对马克思主义中国化时代化历史经验的深刻总结,是对中华文明发展规律的深刻把握,表明我们党对中国道路、理论、制度的认识达到了新高度,表明我们党的历史自信、文化自信达到了新高度,表明我们党在传承中华优秀传统文化中推进文化创新的自觉性达到了新高度。"习近平总书记的重要论述,为深刻理解和把握"第二个结合"的重大意义、不断谱写马克思主义中国化时代化新篇章、建设中华民族现代文明提供了科学指引。

表明我们党对中国道路、理论、制度的认识达到了新高度

习近平总书记指出:"'结合'打开了创新空间,让我们掌握了思想和文化主动,并有力地作用于道路、理论和制度。"从"宅兹中国"的文化根基,到"何以中国"的文化自觉,"第二个结合"贯通过去、现在和未来,让我们能够在更广阔的文化空间中,充分运用中华优秀传统文化的宝贵资源,探索面向未来的理论和制度创新。

我们党对坚持和发展中国道路的认识达到新高度。马克思主义基本原理同中华优秀传统文化的结合,筑牢了道路根基,让中国特色社会主义道路有了更加宏阔深远的历史纵深,拓展了中国特色社会主义

道路的文化根基。中国特色社会主义道路，是在马克思主义指导下走出来的，也是从 5000 多年中华文明史中走出来的。没有中华 5000 多年文明，就不会有中国特色；没有中国特色，就不会有我们今天如此成功的中国道路。中国道路每一步的开拓，都是基于马克思主义与中国历史、中华文化和中国国情的结合。中华民族和中国人民在修齐治平、尊时守位、知常达变、开物成务、建功立业的过程中，形成的讲仁爱、重民本、守诚信、崇正义、尚和合、求大同等价值观念，自强不息、敬业乐群、扶危济困、见义勇为、孝老爱亲等中华传统美德，求同存异、和而不同，文以载道、以文化人，俭约自守、中和泰和等人文精神，构成了中国道路的内在基因密码。这些重要价值观念、传统美德、人文精神深刻体现于安邦理政的治国之道中，贯彻于修身处世的道德理念中，灌注于格物究理的思想方法中，呈现于质文兼具的表达方式中。中华优秀传统文化的恒久与坚韧、清醒与思辨，为我们坚定不移走中国特色社会主义道路提供了丰沛精神动力和丰厚思想资源。

我们党对坚持和发展中国理论的认识达到新高度。马克思主义真理之树只有植根本国、本民族历史文化沃土才能根深叶茂。马克思主义理论不是教条，而是行动指南，必须随着实践的变化而发展。一部马克思主义发展史就是马克思、恩格斯以及他们的后继者们不断根据时代、实践、认识发展而发展的历史，是不断吸收人类历史上一切优秀思想文化成果丰富自己的历史。马克思主义中国化时代化这个重大命题本身就决定，我们决不能抛弃马克思主义这个魂脉，决不能抛弃中华优秀传统文化这个根脉。百余年来，我们党坚持把马克思主义写在自己的旗帜上，把科学社会主义基本原则同本国具体实际、历史文化传统、时代要求紧密结合起来，在推进"两个结合"中，把马克思主义思想精髓同中华优秀传统文化精华贯通起来、同人民群众日用而不觉的共同价值观念融通起来，从中华优秀传统文化中寻找源头活水，不断推进马克思主义中国化时代化，创立了毛泽东思想、邓小平理论，形成了"三个代表"重要思想、科学发展观，创立了习近平新时代中国特色社会主义思想，不仅深刻改变了中国，而且极大丰富和发展了马克思主义。

我们党对坚持和发展中国制度的认识达到新高度。"经国序民，正其制度。"制度优势是一个政党、一个国家的最大优势。中国特色社会主义制度是当代中国发展进步的根本保证。中国制度以马克思主义为指导、植根中国大地、具有深厚中华文化根基。中华优秀传统文化为坚持和发展中国制度提供了深厚文化根基，"第二个结合"为坚持和发展中国制度指明了必由之路。在几千年的历史演进中，中华民族创造了灿烂的古代文明，形成了关于国家制度和国家治理的丰富思想，如大道之行、天下为公的大同理想，六合同风、四海一家的大一统政治理念，德主刑辅、以德化人的德治主张，等等。这些重要思想理念作为中华优秀传统文化的组成部分，深深植根在中国人民内心，潜移默化影响着中国人民的思想方式和行为方式，成为新时代我们党治国理政的重要思想文化源泉。

表明我们党的历史自信、文化自信达到了新高度

习近平总书记指出："中国有坚定的道路自信、理论自信、制度自信，其本质是建立在 5000 多年文明传承基础上的文化自信。"历经革命烽火、走过建设时期、激荡改革风云、奋进复兴征程，我们党始终将马克思主义基本原理同中华优秀传统文化相结合，将马克思主义

思想精髓同中华优秀传统文化精神特质相融通。在这一过程中，党的历史自信、文化自信日益坚定。

坚定历史自信、文化自信的实践必然。我们党是中国先进文化的积极引领者和践行者，中华优秀传统文化的忠实传承者和弘扬者，具有高度历史自信、文化自信。在新民主主义革命时期，我们党坚持用民族形式、大众话语阐释中国革命问题。在社会主义革命和建设时期，我们党坚持"双百"方针，对中华优秀传统文化中的哲学、历史、文学、艺术等进行了系统整理与研究。在改革开放和社会主义现代化建设新时期，我们党坚持"二为"方向，从中华优秀传统文化中汲取智慧和力量。进入新时代，以习近平同志为核心的党中央把文化建设摆在全局工作的重要位置，不断深化对"第二个结合"的规律性认识，提出一系列新思想新观点新论断。在庆祝中国共产党成立 100 周年大会上，习近平总书记首次提出把马克思主义基本原理同中华优秀传统文化相结合。"第二个结合"先后被写入《中共中央关于党的百年奋斗重大成就和历史经验的决议》和党的二十大报告。在文化传承发展座谈会上，习近平总书记对"第二个结合"作出深入系统论述，为推动中华优秀传统文化创造性转化、创新性发展，推进中国特色社会主义文化建设提供了根本遵循。

坚定历史自信、文化自信的使命必然。习近平总书记强调："在新的起点上继续推动文化繁荣、建设文化强国、建设中华民族现代文明，是我们在新时代新的文化使命。"中华民族现代文明立足于强国建设、民族复兴的伟大实践，以中华民族 5000 多年文明史为深厚基础，以在新的历史起点上推动文化繁荣、建设文化强国为时代关切，具有深厚的历史渊源和广泛的现实基础，与中国道路、中国理论、中国制度相契合。中华民族现代文明是赓续古老文明的现代文明，不是消灭古老文明的现代文明；是从中华大地长出来的现代文明，不是照搬照抄其他国家的现代文明；是文明更新的现代文明，不是文明断裂的现代文明，蕴含中华民族的智慧、精神、文化，内含生生不息的力量。只有不断推进"第二个结合"，才能切实担负起新的文化使命，在实践创造中造就有机统一的新的文化生命体，在历史进步中建设中华民族现代文明。

坚定历史自信、文化自信的逻辑必然。马克思主义和中华优秀传统文化来源不同，但彼此存在高度的契合性。马克思主义进入中国，没有水土不服，而是在中国大地牢牢扎根；中华文明发展到现代，没有断流枯萎，而是在中国式现代化的伟大进程中展现出勃勃生机，都与这种高度契合性密切相关。中华优秀传统文化蕴含的天下为公、民为邦本、为政以德、革故鼎新、任人唯贤、天人合一、自强不息、厚德载物、讲信修睦、亲仁善邻等，是中国人民在长期生产生活中积累的宇宙观、天下观、社会观、道德观的重要体现，同科学社会主义价值观主张具有高度契合性。这决定了"第二个结合"不是拼盘，不是简单的物理反应，而是深刻的化学反应，不仅让马克思主义深深植根于中华民族的文化沃土中，更用真理的力量激活了中华文明。"第二个结合"，让马克思主义成为中国的，让中华优秀传统文化成为现代的，深刻体现我们党坚定历史自信、文化自信的逻辑必然。

表明我们党在传承中华优秀传统文化中推进文化创新的自觉性达到了新高度

习近平总书记指出："'结合'巩固了文化主体性，创立新时代中国特色社会主义思想就是这一文化主体性的最有力体现。"在推进"第二个结合"中，我们党始终以开放包容的姿态不断推进马克思主义中国化时代化，传承发展中华优秀传统文化，促进外来文化本土化，以守正创新的正气和锐气，赓续历史文脉、谱写当代华章，推动中华文明重焕荣光。

在"第二个结合"中巩固文化主体性。中国人民和中华民族从近代以来的深重苦难走向伟大复兴的光明前景，从来就没有教科书，更没有现成答案。中国的问题必须从中国基本国情出发，由中国人自己来解答。百余年来，我们党基于对中国基本国情、历史传统与文化积淀的深刻认识，以积极的历史担当、文化主动和自觉精神，在"两个结合"中不断推动党的指导思想与时俱进，充分体现了文化主体性。在统筹把握中华民族伟大复兴战略全局和世界百年未有之大变局的时代条件下，"第二个结合"有力推进马克思主义基本原理同中华文明的突出特性内在贯通、相互融通，为推进马克思主义中国化时代化注入了蓬勃生机和内生动力。

在"第二个结合"中坚持守正创新。习近平总书记指出："要坚持守正创新，以守正创新的正气和锐气，赓续历史文脉、谱写当代华章。"在推进"第二个结合"中坚持守正创新，一方面要始终把马克思主义作为立党立国、兴党兴国的根本指导思想，坚守"第二个结合"的主义之"正"、理论之"正"、道路之"正"、制度之"正"、文化之"正"，坚持走自己的路，用中国道理总结好中国经验，把中国经验提升为中国理论，实现精神上的独立自主。另一方面要坚持在继承传统中创新发展，深入挖掘中华优秀传统文化的时代价值，不断用中华优秀传统文化丰富马克思主义的内容与形式，使之更好与中华民族现代文明相适应，更好与推进中国式现代化相协调，切实做到在"结合"中创新、在创新中"结合"，在守正创新中构筑中华文化新气象、激扬中华文明新活力。

在"第二个结合"中保持开放包容。中华文明具有突出的包容性，从根本上决定了中华民族交往交流交融的历史取向，决定了中华文化对世界文明兼收并蓄的开放胸怀。中华文明自古就以开放包容闻名于世，在同其他文明的交流互鉴中不断焕发新的生命力。我们在推进"第二个结合"中，要自觉弘扬和平、发展、公平、正义、民主、自由的全人类共同价值，推动不同国家、不同民族、不同文化和谐共处、互学互鉴，共同消除现实生活中的文化壁垒，共同抵制妨碍人类心灵互动的观念纰缪，共同打破阻碍人类交往的精神隔阂，让各国人民相知相亲、互信互敬，让世界各国文明交流对话、求同存异，弘扬全人类共同价值，丰富世界文明百花园。

【作者系中共第十七届中央候补委员、中共第十八届中央委员，第十届全国人大代表、全国人大法律委员会委员，党的十九大代表，第十三届全国政协常委、民族和宗教委员会主任，中国社会科学院原党组书记、院长】

"第二个结合"造就新的文化生命体，巩固了文化主体性

姜　辉

习近平总书记在主持中共中央政治局第六次集体学习时强调："坚定历史自信、文化自信，坚持古为今用、推陈出新，以马克思主义为指导对中华五千多年文明宝库进行全面挖掘，用马克思主义激活中华优秀传统文化中富有生命力的优秀因子并赋予新的时代内涵，将中华民族的伟大精神和丰富智慧更深层次地注入马克思主义，有效把马克思主义思想精髓同中华优秀传统文化精华贯通起来，聚变为新的理论优势，不断攀登新的思想高峰。"一个国家、一个民族，只有具备文化主体性，才能形成文化意义上坚定的自我，实现精神上的独立自主，从而不断推进文明进步和理论创新。在文化传承发展座谈会上，习近平总书记指出："'结合'巩固了文化主体性，创立新时代中国特色社会主义思想就是这一文化主体性的最有力体现。"习近平总书记的重要论述，深刻阐明了"两个结合"特别是"第二个结合"的重大意义，彰显了中国共产党人的文化自觉、文化自信，为在新的历史起点上继续推动文化繁荣、推进理论创新提供了科学指南。

"结合"造就新的文化生命体，巩固了文化主体性

习近平总书记指出："'结合'的结果是互相成就，造就了一个有机统一的新的文化生命体，让马克思主义成为中国的，中华优秀传统文化成为现代的，让经由'结合'而形成的新文化成为中国式现代化的文化形态。""结合"推动形成了有机统一的新的文化生命体，塑造了中国式现代化的文化形态，巩固了中国共产党、中国人民、中华民族的文化主体性。文化主体性的巩固和不断提升，为坚定文化自信提供了根本依托，为我们党引领时代汇聚了强大文化力量。

"结合"推动实现精神上的独立自主。在五千多年中华文明深厚基础上开辟和发展中国特色社会主义，把马克思主义基本原理同中国具体实际、同中华优秀传统文化相结合是必由之路。马克思主义作为我们立党立国、兴党兴国的根本指导思想，是科学的世界观、方法论，是我们认识世界、改造世界的强大思想武器。中华优秀传统文化是中华文明的智慧结晶和精华所在，是我们在世界文化激荡中站稳脚跟的根基。守护好运用好马克思主义这个魂脉、中华优秀传统文化这个根脉，党的理论创新就能在守正创新中永葆旺盛生机活力，不断取得新的重大成果；中国人民和中华民族就能在自信自立中坚定信仰信念信心，坚定道路自信、理论自信、制度自信、文化自信，真正实现精神上的独立自主。新时代新征程，马克思主义思想精髓同中华优秀传统文化精华有机结合、融会贯通于坚持和发展中国特色社会主义的伟大实践。"结合"巩固了文化主体性，让我们掌握了思想和文化主动，实现精神上的独立自主，激发全民族文化创新创造活力，为强国建设、民族复兴提供强大精神力量。

"结合"激发中华文化繁荣发展的内在生机活力。"第二个结合"

推动马克思主义基本原理同中华优秀传统文化由自发自在的彼此契合转化为自觉自为的有机结合，造就了一个有机统一的新的文化生命体。在这一新的文化生命体中，马克思主义成为中国的，中华优秀传统文化成为现代的。一方面，马克思主义基本原理为中华优秀传统文化的创造性转化、创新性发展提供科学世界观和方法论指导，激活了中华优秀传统文化中富有生命力的优秀因子并赋予新的时代内涵，推动中华优秀传统文化在创造性转化、创新性发展中同革命文化、社会主义先进文化融为一体，成为与时代发展相适应、与实践需要相契合、与现代文化相融合的新文化。另一方面，中华民族的伟大精神和丰富智慧更深层次地注入马克思主义，为马克思主义中国化时代化提供了丰厚文化滋养和坚实历史基础，使马克思主义呈现出更多中国特色、中国风格、中国气派，让马克思主义在中国大地上展现出更强大、更有说服力的真理力量。"第二个结合"造就的新的文化生命体，构筑了中国人民自信自立自强的精神家园，汇聚了中华文化繁荣发展的内在生机活力，为文化主体性的巩固提供了有力支撑和显著标识。

坚守好魂和根

习近平总书记指出："马克思主义中国化时代化这个重大命题本身就决定，我们决不能抛弃马克思主义这个魂脉，决不能抛弃中华优秀传统文化这个根脉。坚守好这个魂和根，是理论创新的基础和前提。"正是在深化对马克思主义发展和中华文明发展的规律性认识中，我们党不断巩固文化主体性。我们必须既坚持马克思主义这个立党立国、兴党兴国之本不动摇，又坚持植根本国、本民族历史文化沃土发展马克思主义不停步，这样才能持续巩固文化主体性，继续推进"两个结合"、推进马克思主义中国化时代化。

不断深化对马克思主义发展规律的认识。拥有马克思主义科学理论指导，是马克思主义政党的鲜明品格和独特优势。同时，马克思主义不是教条而是行动的指南，必须随着时代和实践的发展而发展。马克思主义必须中国化才能落地生根、本土化才能深入人心。坚持"两个结合"，不断推进马克思主义中国化时代化的过程，也是我们党对马克思主义发展规律认识不断深化的过程。坚持"两个结合"，我们党立足中华民族的历史实践和当代实践，着眼中国的历史实际和当代实际，用马克思主义真理之"矢"去射历史中国之"的"和新时代中国之"的"，让马克思主义在中国牢牢扎根，始终保持蓬勃生机和旺盛活力。特别是作为又一次的思想解放的"第二个结合"，使马克思主义中国化时代化的根本途径得到进一步拓展，内容更加丰富深厚，理论更具中国特色，让我们以更加巩固的文化主体性不断拓宽理论视野，以海纳百川的开放胸襟学习和借鉴人类社会一切优秀文明成果，在"人类知识的总和"中汲取优秀思想文化资源来创新和发展党的理论，形成兼容并蓄、博采众长的理论大格局大气象。

深化对中华文明发展规律的认识。中华民族有着五千多年源远流长的文明历史，为人类文明进步作出了巨大贡献，但近代以后却陷入了被动挨打的境地。毛泽东同志指出："自从中国人学会了马克思列宁主义以后，中国人在精神上就由被动转入主动。"一百多年来，我们党在实现中华民族伟大复兴历史进程中坚持推进"两个结合"，不断深化对中华文明发展规律的认识，奋力推进文化自信自强，创造了中国式现代化新道路，创造了人类文明新形态。中国式现代化深深植根于中华优秀传统文化，体现科学社会主义的先进本质，借鉴吸收一切人类优秀文明成果，代表人类文明进步的发展方向，展现了不同于西方现代化模式的新图景，是一种全新的人类文明形态。中国式现代化赋予中华文明以现代力量，中华文明赋予中国式现代化以深厚底蕴。中国式现代化创造的人类文明新形态，坚持人民至上、共同富裕、物质文明与精神文明相协调、人与自然和谐共生、和平发展，推动物质文明、政治文明、精神文明、社会文明、生态文明协调发展，促进人的全面发展和社会全面进步，为人类文明发展作出重大贡献。

继续推进实践基础上的理论创新

人类社会的每一次跃进，人类文明的每一次升华，无不伴随文化的历史性进步。习近平新时代中国特色社会主义思想是当代中国马克思主义、二十一世纪马克思主义，是中华文化和中国精神的时代精华，是"两个结合"的光辉典范，实现了马克思主义中国化时代化新的飞跃。这一重要思想坚持把马克思主义基本原理同中国具体实际相结合、同中华优秀传统文化相结合，科学回答了中国之问、世界之问、人民之问、时代之问。创立习近平新时代中国特色社会主义思想是文化主体性的最有力体现。

习近平新时代中国特色社会主义思想，坚持古为今用、推陈出新，把马克思主义思想精髓同中华优秀传统文化精华贯通起来、同人民群众日用而不觉的共同价值观念融通起来。习近平总书记强调："传承中华文化，绝不是简单复古，也不是盲目排外，而是古为今用、洋为中用，辩证取舍、推陈出新，摒弃消极因素，继承积极思想，'以古人之规矩，开自己之生面'，实现中华文化的创造性转化和创新性发展。"在习近平新时代中国特色社会主义思想科学指引下，我们党充分运用中华优秀传统文化宝贵资源，以现代视野接续中华文脉，不断推进马克思主义基本原理同中华优秀传统文化在制度、文化、价值观等方面的深度结合。立足历史发展和时代需要，我们党将制度层面的中华优秀文明成果创造性转化为国家治理体系和治理能力现代化的重要支撑；将文化层面的中华优秀文明成果创造性转化为文化自信的重要基础；将价值观层面的中华优秀文明成果创造性转化为中国特色社会主义核心价值观的重要内容；将历史观层面的中华优秀文明成果创造性转化为中国道路的历史基础；将中华人文精神层面的优秀文明成果创造性转化为中国精神，推动中华文明从传统形态跃升为现代形态，让中国人民具备了更为主动的精神力量，极大巩固了当代中国的文化主体性。

习近平总书记指出："开辟马克思主义中国化时代化新境界的重大任务，是当代中国共产党人的庄严历史责任。"在"两个大局"加速演进并深度互动的时代背景下，人类社会面临许多亟待解决的共同问题，我国改革发展稳定、内政外交国防、治党治国治军等各个领域也都面临着一系列新的重大课题，中国之问、世界之问、人民之问、时代之问给我们提出的新考题比过去更复杂、更难，迫切需要我们从理论与实践的结合上提交答案。我们要坚持文化主体性，以更宽广的视野、更长远的眼光把握世界历史的发展脉络和正确走向，继续推进实践基础上的理论创新。要聆听人民心声、回应现实需要，坚持解放思想、实事求是、守正创新，继续推进"两个结合"，让当代中国马克思主义、二十一世纪马克思主义展现出更为强大、更有说服力的真理力量。

中华民族伟大复兴必须以中华文化发展繁荣为条件。在新的历史起点上继续推动文化繁荣、建设文化强国、建设中华民族现代文明，必须坚持以习近平新时代中国特色社会主义思想为指导，更好担负起新的文化使命，坚定文化自信、秉持开放包容、坚持守正创新，立足中华民族伟大历史实践和当代实践，用中国道理总结好中国经验，把中国经验提升为中国理论，不断攀登新的思想高峰，推动中华文明重焕荣光，为实现中华民族伟大复兴的中国梦提供强大精神力量。

【作者系中共重庆市委常委、宣传部部长，本文首发于《人民日报》2023 年 9 月 5 日】

中华文明原本就是世界上一个非常兴盛的文明

林毅夫

在新征程上，习近平总书记强调我们要胸怀两个大局：一是实现中华民族伟大复兴的战略全局，二是百年未有之大变局。此外，我们还要在新征程中构建新发展格局。

我认为，所有这些目标能否实现都与我国能不能保持一个较为良好的经济增长速度有很大关系。因此，我的主要观点是——发展是解决中国一切问题的基础和关键。

实现中华民族伟大复兴，是因为中华文明原本就是世界上一个非常兴盛的文明。16世纪之前，中国的发展水平领先于世界其他国家将近一千年，人均GDP高于西方国家，并且人口众多，当之无愧地成为世界上最强大国家的同时拥有最兴盛的文明。18世纪工业革命以后，西方国家发展加速，但中国还停留在过去的发展方式，人均GDP很快从世界领先跌至西方国家的十分之一甚至更低，沦为"人为刀俎，我为鱼肉"的落后国家。因此，实现中华民族伟大复兴，人均GDP必须赶上，发展是基础，没有发展，任何目标都难以实现。

在中国共产党的领导下，建立了中华人民共和国，开启了工业化、现代化的建设，改革开放后取得了人类历史上不曾有过的增长奇迹，目前人均GDP超过1万美元，在2021年全面建成了小康社会，实现了第一个百年奋斗目标，但与世界上最强大的美国相比，按照市场汇率计算，人均GDP只有美国的六分之一左右，按照购买力平价计算，只有它的四分之一左右。要实现中华民族的伟大复兴，我们的人均 GDP 至少要达到美国的 50%。要从"四分之一"变成"50%"，唯一的办法就是发展速度要比美国快。我们的人均 GDP 按照购买力平价计算何时能够达到美国的 50%？我做了计算，如果我们的人均 GDP 增速每年比美国高 2.5 个百分点，那么到 2050 年大概就可以达到美国的 50%；如果高 1.5 个百分点，那么要等到 2070 年；如果只高 1 个百分点，那么还要等到 2090 年。因此，要实现中华民族伟大复兴的第二个百年奋斗目标，就不得不加快发展。

构建新发展格局有两个内涵：一是以国内大循环为主体，二是国内国际双循环相互促进。新发展格局非常重要，但是如何才能提高国内大循环的主体地位？根本的决定因素有两个，即经济体量和服务业占比的提高。现代制造业的规模经济很大，经济体量越大国内循环比重就会越高；同时，服务业中许多是不可贸易，服务业占比越高也会使得国内循环比重加大。要扩大经济体量与提高服务业占比，就必须要不断提高收入水平。因此，构建新发展格局，关键在于提高收入水平，归根结底是要发展经济。

百年未有之大变局，实际上是由经济格局改变引起的。20 世纪开始的 1900 年，攻打北京的"八国联军"由当时世界的八个列强——英国、美国、法国、德国、意大利、俄国、日本和奥匈帝国组成的。按购买力平价计算，它们当时经济总量的全球占比为 50.4%。进入 21 世纪的 2000 年，又一个"八国集团"——美国、英国、法国、德国、意大利、俄罗斯、日本和加拿大，之前的奥匈帝国在"一战"后崩溃，被加拿大取代。此时，八国集团经济总量全球占比为 47%。整个 20 世纪，八个强大的工业化大国经济总量在全球的占比基本没有变化，以经济为基础它们一直左右着世界格局，世界是战乱或是和平决定于这八个国家的关系。例如第一次世界大战是由德国和奥匈帝国组成的同盟国和其他六国组成的协约国之间的矛盾引起，第二次世界大战则是由德国、日本、意大利组成的轴心国和其他五国组成的同盟国之间的矛盾引发。

2018 年，习近平总书记提出"百年未有之大变局"的论断时，八国集团（G8）GDP 总量的全球占比已经下降为 34.7%，只略高于三分之一，失去了主导世界格局的能力。2008 年国际金融危机爆发，过去应对这样的危机，只需要八国领导人开会做决定就能化解，但这次他们已经无能为力，只能召开二十国集团（G20）会议来应对，此后二十国集团取代了八国集团，决定着世界的格局。

为什么八个工业化强权的 GDP 在全球的占比在整个 20 世纪都能保持稳定，而进入 21 世纪后就下降了 12.3 个百分点？原因是中国的崛起。改革开放后中国快速发展，我们的 GDP 总量全球占比从 2000 年的 6.9% 上升至 2018 年的 16.8%（按购买力平价计算）。换句话说，八国集团 GDP 占比下降的 12.3 个百分点中有 80% 来自于中国经济的快速发展所致。

中国快速崛起对谁的影响大？整个 20 世纪，美国一直是世界第一大国。2000 年，美国的 GDP 总量（按照购买力平价计算）全球占比为 21.9%，但 2014 年被中国反超。经济基础决定世界影响力，中国随着经济规模扩大，世界影响力也在增强。于是，守成大国与新兴大国之间的矛盾出现了。这个矛盾给世界带来了很多不确定性，这就是"百年未有之大变局"。

什么时候世界格局才能进入一个新的稳定期？我认为，要等到中国人均 GDP 达到美国的 50% 左右时。当我国的人均 GDP 达到美国的 50%，我国的发达地区——北京、天津、上海和东部沿海的山东、江苏、浙江、福建、广东五省，人口加起来 4 亿多一点，人均 GDP 可以和美国人均 GDP 相当，人均 GDP 代表着平均劳动生产率水平、平均产业和技术水平，美国就会失去卡我国脖子的技术优势。同时，中国人口是美国的 4 倍，经济规模是美国的 2 倍，美国再不高兴也改变不了这个事实。并且，今天上午我与斯蒂格利茨教授对话时讲到，贸易是双赢，小经济体的获益会比大经济体大。到那时，美国在和中国贸易中得到的好处要比中国多得多，美国的财富 500 强的企业要维持在财富 500 强的地位不能没有中国的市场，美国要就业要增长不能没有中国市场，届时美国对中国的崛起自然也就心悦诚服。

正如前面的计算，如果中国人均 GDP 增速每年比美国只高 1 个百分点，按照购买力平价计算，中国人均 GDP 要达到美国的 50% 要等 70 年，世界不稳定的格局就太漫长，所以中国应该发展快一点。

发展快的同时，还要保证高质量发展。高质量发展是按照"创新、协调、绿色、开放、共享"的新发展理念来发展，其中创新是基础，因为只有创新才能提高生产力水平，才有物质基础实现其他 4 个目标。中国在创新上有很大潜力。目前我国和世界其他发达国家的收入水平、劳动生产率和产业、技术相比还有相当大的差距，这代表在技术创新和产业升级上还有相当大的"后来者优势"。我国在 2019 年人均 GDP 按购买力平价计算达到美国的 22.6%，与德国在 1946 年、日本在 1956 年、韩国在 1985 年时和美国的差距处于同一水平，此后 16 年这三个国家利用与美国的差距所具有的后来者优势，保持了年均 9.4%、9.6%、9.0% 的增长，扣除人口增长，由劳动生产率的增长所带来的增长则分别达到 8.6%、8.6% 和 8.1% 的年均增长，即使我国面临人口老龄化问题，人口不增长，在 2035 年之前单纯依靠劳动生产力水平的提高也具有保持 8% 的增长潜力。更何况，中国目前和当时的德国、日本、韩国相比，还在技术研发周期短、以人力资本投入为主的大数据、人工智能等新经济领域具有换道超车优势。鉴于此，我国未来还有巨大的增长潜力。

综上所述，为了实现中华民族的伟大复兴，为了构建新发展格局，为了让世界从百年未有之大变局进入新的稳定格局，发展尤其是保持一个较快速度的发展是第一要务，要充分利用好中国在本阶段拥有的发展潜力。

当然，中国在未来发展中会面临不少问题，但绝不能因为有问题就放慢速度。从各国历史经验来看，每个国家都有自身的发展问题，发展快的时候有问题，但发展慢的时候问题通常会更多、更难解决，因为只有发展快的时候才可能创造更多资源、更具信心地解决问题。

正如中央的文件中一再强调的，发展是中国解决一切问题的基础和关键。实现中华民族的伟大复兴，需要保持比较快速的发展；构建新发展格局，只有发展越快，国内大循环的主体地位才会越强；世界面临百年未有之大变局，有赖于中国进一步的发展，世界才会进入一个新的稳定的格局。

【作者系北京大学新结构经济学研究院教授、院长，北京大学南南合作与发展学院院长，北京大学国家发展研究院名誉院长，经济学家，发展中国家科学院院士，英国科学院外籍院士，第十四届全国政协常委、经济委员会副主任】

在推进中国式现代化中建设中华民族现代文明

黄一兵

中华文明为中国式现代化积淀深厚的文化底蕴，提供强大的精神支撑，积累丰富的经验智慧。中国式现代化的推进和拓展，是由我国历史传承和文化传统决定的，是由我国独特的国情决定的，体现了我们党对社会主义现代化建设规律认识的不断深化。

习近平总书记在文化传承发展座谈会上的重要讲话中指出："中国式现代化赋予中华文明以现代力量，中华文明赋予中国式现代化以深厚底蕴。"习近平总书记的重要论述，深刻阐明了中华文明与中国式现代化相互融通、彼此成就的历史逻辑、理论逻辑和实践逻辑，为我们在五千多年中华文明深厚基础上推进中国式现代化、在推进中国式现代化的伟大进程中建设中华民族现代文明提供了根本遵循。

中国式现代化是赓续古老文明的现代化，而不是消灭古老文明的现代化

怎样对待本国历史？怎样对待本国传统文化？这是任何国家在实现现代化过程中都必须解决好的问题。习近平总书记指出："中国共产党人不是历史虚无主义者，也不是文化虚无主义者。"在团结带领中国人民进行现代化建设的长期历史实践中，中国共产党人始终是中

华优秀传统文化的忠实继承者和弘扬者。

中华文明为中国式现代化积淀深厚的文化底蕴。习近平总书记指出："中华民族形成和发展过程中产生的各种思想文化，记载了中华民族在长期奋斗中开展的精神活动、进行的理性思维、创造的文化成果，反映了中华民族的精神追求，其中最核心的内容已经成为中华民族最基本的文化基因。"这些最基本的文化基因，是中华民族和中国人民在修齐治平、尊时守位、知常达变、开物成务、建功立业过程中逐渐形成的有别于其他民族的独特标识。它们植根于中国人民内心，潜移默化影响着人们的思想方式和行为方式，坚定了民族自信心和自豪感，始终滋养着中华民族永续发展，赋予当代中国独特的发展优势，也为中国式现代化提供深厚的文化底蕴。

中华文明为中国式现代化提供强大的精神支撑。习近平总书记指出："为什么中华民族能够在几千年的历史长河中顽强生存和不断发展呢？很重要的一个原因，是我们民族有一脉相承的精神追求、精神特质、精神脉络。"中国人民在长期奋斗中培育、继承、发展起来的伟大民族精神，为中国发展和人类文明进步提供了强大精神动力。伟大创造精神、伟大奋斗精神、伟大团结精神、伟大梦想精神是伟大民族精神的重要体现，铸就了中华民族的独特面貌，也为中国式现代化提供了强大精神支撑。

中华文明为中国式现代化积累丰富的治国理政经验。习近平总书记指出："中国优秀传统文化的丰富哲学思想、人文精神、教化思想、道德理念等，可以为人们认识和改造世界提供有益启迪，可以为治国理政提供有益启示，也可以为道德建设提供有益启发。"中华民族独特的历史文化传统，形成了富有特色的思想体系，体现了中国人几千年来积累的知识智慧和理性思辨，也积累了丰富的治国理政经验。中华优秀传统文化所蕴含的天下为公、民为邦本、为政以德、革故鼎新、任人唯贤、天人合一、自强不息、厚德载物、讲信修睦、亲仁善邻等，是中国人民在长期生产生活中积累的宇宙观、天下观、社会观、道德观的重要体现，能够给推进中国式现代化以重要启示。

中国式现代化是从中华大地长出来的现代化，不是照搬照抄其他国家的现代化

习近平总书记指出："只有坚持从历史走向未来，从延续民族文化血脉中开拓前进，我们才能做好今天的事业。"中国式现代化的推进和拓展不是偶然的，是由我国历史传承和文化传统决定的，是由我国独特的国情决定的，体现了我们党对社会主义现代化建设规律认识的不断深化。

中国式现代化扎根中华大地，切合中国实际。习近平总书记指出："一个国家走向现代化，既要遵循现代化一般规律，更要符合本国实际，具有本国特色。"人类历史上没有一个民族、一个国家可以通过依赖外部力量、照搬外国模式、跟在他人后面亦步亦趋实现强大和振兴。解决中国的问题只能在中华大地上探寻适合自己的道路和办法。我们党始终保持清醒头脑，强调从中国实际出发，走自己的现代化道路。中国式现代化的每一步拓展和推进，都是党团结带领人民基于中国国情和中华文化的实践探索，因此中国式现代化既有各国现代化的共同特征，更有基于自己国情的中国特色。

中国式现代化是强国建设、民族复兴的唯一正确道路。习近平总书记指出，中国式现代化 5 个方面的中国特色"既是理论概括，也是

实践要求，为全面建成社会主义现代化强国、实现中华民族伟大复兴指明了一条康庄大道"。人口规模巨大的现代化，要求我们始终从我国人口规模巨大的国情出发想问题、作决策、办事情，坚持稳中求进、循序渐进、持续推进；全体人民共同富裕的现代化，要求我们坚持把实现人民对美好生活的向往作为现代化建设的出发点和落脚点，着力维护和促进社会公平正义；物质文明和精神文明相协调的现代化，要求我们既要不断厚植现代化的物质基础，又要不断满足人民日益增长的精神文化需求；人与自然和谐共生的现代化，要求我们同步推进物质文明建设和生态文明建设，坚定不移走生产发展、生活富裕、生态良好的文明发展道路；走和平发展道路的现代化，要求我们在坚定维护世界和平与发展中谋求自身发展，同时又以自身发展更好维护世界和平与发展。

中国式现代化拓展了发展中国家走向现代化的路径选择。习近平总书记指出："中国式现代化，打破了'现代化＝西方化'的迷思，展现了现代化的另一幅图景，拓展了发展中国家走向现代化的路径选择，为人类对更好社会制度的探索提供了中国方案。"世界上既不存在定于一尊的现代化模式，也不存在放之四海而皆准的现代化标准。中国式现代化，深深植根于中华优秀传统文化，体现科学社会主义的先进本质，借鉴吸收一切人类优秀文明成果。中国式现代化蕴含的独特世界观、价值观、历史观、文明观、民主观、生态观等及其伟大实践，是对世界现代化理论和实践的重大创新。中国式现代化代表人类文明进步的发展方向，展现了不同于西方现代化模式的新图景，为广大发展中国家独立自主迈向现代化树立了典范、提供了全新选择。

中国式现代化是文明更新的结果，不是文明断裂的产物

习近平总书记指出："中国式现代化，深深植根于中华优秀传统文化"。中国式现代化是中国共产党和中国人民长期实践探索的成果，是一项伟大而艰巨的事业。中国式现代化的伟大实践，不是抛开中华文明的另起炉灶，而是扎根中华文化沃土，在中华文明从蒙尘到更新、中华优秀传统文化创造性转化和创新性发展中逐步开创、推进和拓展的。

习近平总书记指出："中华文明具有突出的连续性，从根本上决定了中华民族必然走自己的路。"中国式现代化是文明更新的结果，不是文明断裂的产物，首先是因为中华文明五千多年来从未中断。当代中国正经历着我国历史上最为广泛而深刻的社会变革，也正在进行着人类历史上最为宏大而独特的实践创新，这不是飞来峰，而是中华文明的长河行进到了现代化的渡口。中华优秀文化传统是我们民族的"根"和"魂"，如果丢掉了这个"根"和"魂"，我们的现代化和文明发展就没有了根基。

习近平总书记指出，中国式现代化"是一种全新的人类文明形态"。一切国家和民族的崛起，都以文化创新和文明进步为先导和基础。把马克思主义基本原理同中国具体实际、同中华优秀传统文化相结合，造就了一个有机统一的新的文化生命体，让马克思主义成为中国的，中华优秀传统文化成为现代的，让经由"结合"而形成的新文化成为中国式现代化的文化形态。同时，新时代中国特色社会主义的伟大实践正在为中华文明创新发展提供强大动力和广阔空间。我们坚信，随着中国式现代化理论和实践的不断创新突破，中华文明必将顺应时代发展焕发出更加蓬勃的生命力。

中国式现代化是中华民族的旧邦新命，必将推动中华文明重焕荣光

习近平总书记指出："对历史最好的继承，就是创造新的历史；对人类文明最大的礼敬，就是创造人类文明新形态。"站在新的历史起点，吸吮着五千多年中华民族漫长奋斗积累的文化养分，新时代中国共产党和中国人民一定能够担负起新的文化使命，在推进中国式现代化进程中建设中华民族现代文明。

坚定文化自信，坚持走自己的路。文化自信是更基础、更广泛、更深厚的自信，是更基本、更深沉、更持久的力量。只有充满自信的文明，才会在保持自己民族特色的同时包容、借鉴、吸收各种不同文明。贯穿党的百年奋斗伟大历程的一个基本点就是中国的问题必须从中国基本国情出发，由中国人自己来解答。中国人民和中华民族从近代以后的深重苦难走向伟大复兴的光明前景，从来就没有教科书，更没有现成答案。面向未来，我们要立足中华民族伟大历史实践和当代实践，用中国道理总结好中国经验，把中国经验提升为中国理论，实现精神上的独立自主。

秉持开放包容，不断培育和创造新时代中国特色社会主义文化。中华文明自古就以开放包容闻名于世，在同其他文明的交流互鉴中不断焕发新的生命力。在各国前途命运紧密相连的今天，不同文明只有包容共存、交流互鉴，才能共同推动人类社会现代化进程、繁荣世界文明百花园。在新的历史起点上铸就中华文化新辉煌，要坚持马克思主义中国化时代化，传承发展中华优秀传统文化，促进外来文化本土化，以更加博大的胸怀，更加广泛地开展同各国的文化交流，更加积极主动地学习借鉴世界一切优秀文明成果。

坚持守正创新，赓续历史文脉、谱写当代华章。守正才能不迷失方向、不犯颠覆性错误，创新才能把握时代、引领时代。守正创新，就要在传承中华文明优秀文化基因的基础上，赋予中华优秀传统文化以新的时代内涵和当代表达。特别是要把马克思主义思想精髓同中华优秀传统文化精华贯通起来、同人民群众日用而不觉的共同价值观念融通起来，充分吸收其中蕴含的治国理政的思想智慧、格物究理的思想方法、修身处世的道德理念，不断赋予科学理论鲜明的中国特色。

【作者系中共中央党史和文献研究院副院长】

人类文明新形态深刻地蕴含着中华优秀传统文化的滋养，借鉴和吸收了世界文明进步的成就和成果

顾海良

在庆祝中国共产党成立 100 周年大会上的讲话中，习近平总书记在对人类文明新形态进行阐释时提出："我们坚持和发展中国特色社会主义，推动物质文明、政治文明、精神文明、社会文明、生态文明协调发展，创造了中国式现代化新道路，创造了人类文明新形态。"党的二十大，在对十八大以来党和国家事业取得举世瞩目的伟大成就阐释时，习近平总书记再次提到人类文明新形态，指出"我们对新时代党和国家事业发展作出科学完整的战略部署，提出实现中华民族伟大复兴的中国梦，以中国式现代化推进中华民族伟大复兴，统揽伟大斗争、伟大工程、伟大事业、伟大梦想，明确'五位一体'总体布局和'四个全面'战略布局，确定稳中求进工作总基调，统筹发展和安全，明确我国社会主要矛盾是人民日益增长的美好生活需要和不平衡不充分的发展之间的矛盾，并紧紧围绕这个社会主要矛盾推进各项工作，不断丰富和发展人类文明新形态"。人类文明新形态以中国特色社会主义道路的发展为基本前提，以中国式现代化的探索和发展为主要过程和根本目标，以"五大文明"进步为主体内容，是对人类社会发展规律的科学探索，丰富了习近平新时代中国特色社会主义思想体系。

一、人类文明新形态，以党的十八大以来社会主要矛盾变化为根据，是对中国特色社会主义发展形态根本特征的概括

对社会发展形态特征和本质的正确认识，是以社会基本矛盾的分析和理解为基础的，特别是以社会主要矛盾的准确判断为根据的。人类文明新形态是以中国共产党对新时代社会基本矛盾特别是社会主要矛盾转化的判断为根据的。新时代社会主要矛盾是把握和理解人类文明新形态的关键。

根据改革开放以来特别是党的十八大以来中国特色社会主义发展的实际，习近平总书记在党的十九大上作出了我国社会主要矛盾已经转化为"人民日益增长的美好生活需要和不平衡不充分的发展之间的矛盾"的判断。与之前党的八大和党的十一届六中全会提出的社会主要矛盾相比较，可以看到：党的八大提出"人民对于建立先进的工业国的要求同落后的农业国的现实之间的矛盾""人民对于经济文化迅速发展的需要同当前经济文化不能满足人民需要的状况之间的矛盾"的社会主要矛盾之后，经过 20 年的艰辛探索，在总体上确立了社会主义根本经济制度，提升了国家经济实力，逐步满足了人民基本需要。党的十一届六中全会提出"人民日益增长的物质文化需要同落后的社会生产之间的矛盾"这一社会基本矛盾之后，经过 30 年的艰苦奋斗，在深化经济体制改革和经济快速发展的基础上，实现了人民物质文化从温饱不足到全面小康的跨越。党的十九大提出社会主要矛盾时，中国特色社会主义正面临发展更为完善的制度保证、更为坚实的物质基础、更为主动的精神力量，朝着满足人民"美好生活需要"方向奋进的新时代。通过解决这三次社会主要矛盾，中国共产党砥砺奋进、不断探索，同步迎来了中华民族从站起来、富起来到强起来的伟

大飞跃。

在对待和处理新时代社会主要矛盾中，中国特色社会主义在发展形态上呈现新的特征。

第一，"美好生活"的"需要"得到拓展，涵盖了物质、文化、民主、法治、公平、正义、安全、环境等八个主要方面。"需要"，在人类文明进步及其形态变化中起着重要作用，有时甚至是首位重要作用。马克思在对人类文明进步及其形态演进因素的概述中，是以"他们各自的需要、他们的生产力、生产方式以及生产中使用的原料是怎样的；最后，由这一切生存条件所产生的人与人之间的关系是怎样的"为序列过程和传导系统的，"需要"在其中发挥着基础性的和牵引性的重要作用。恩格斯晚年把社会主义不断丰富的"需要"的内涵，概括为"愈益丰富地得到生活资料、享受资料、发展和表现一切体力和智力所需的资料"，"美好生活"涵盖了恩格斯提出的"需要"的全部内涵。新时代"美好生活"的"需要"，显示了人的全面发展的基本内涵，刻画了人类文明新形态的基本特征。

第二，相对于"需要"而言，发展的"不平衡不充分"突出体现的是经济、政治、文化、社会和生态文明五大建设发展的"供给"能力和状况。"五大建设"是满足"美好生活"八个方面"需要"的"供给"系统，推进"五位一体"总体布局充分的和全面的发展，是提升"美好生活"的"需要"的根本基础和必然要求，也是新时代中国共产党坚守"坚持全心全意为人民服务的根本宗旨""践行以人民为中心的发展思想""推动人的全面发展、全体人民共同富裕取得更为明显的实质性进展"的必然选择。新时代社会主要矛盾的两个方面的辩证发展，是新时代人类文明新形态形成过程的内在机理和根本特征。

第三，新时代社会主要矛盾的变化，是关系坚持和发展中国特色社会主义全局的历史性变化。要提升"美好生活"的"需要"的水平和程度，就要在继续推动发展的基础上，着力解决好发展不平衡不充分问题，在全局上就要坚持党的基本理论、基本路线、基本方略，统筹推进"五位一体"总体布局、协调推进"四个全面"战略布局，全面深化改革开放，立足新发展阶段，贯彻新发展理念，构建新发展格局，全面建成社会主义现代化强国。在编制"十四五"规划时，习近平总书记指出："我们要辩证认识和把握国内外大势，统筹中华民族伟大复兴战略全局和世界百年未有之大变局，深刻认识我国社会主要矛盾发展变化带来的新特征新要求，深刻认识错综复杂的国际环境带来的新矛盾新挑战，增强机遇意识和风险意识，准确识变、科学应变、主动求变，勇于开顶风船，善于转危为机，努力实现更高质量、更有效率、更加公平、更可持续、更为安全的发展。"人类文明新形态是新时代社会主要矛盾发展的必然趋向，它同新时代坚持和发展中国特色社会主义紧密地联系在一起，同中国共产党规划和部署的第二个百年奋斗目标牢牢地连接在一起，也是面向全面建成社会主义现代化强国发展的必然形态。

二、人类文明新形态，是实现全面建成小康社会目标后，对中国式现代化发展方向和目标的科学概括，也是中华民族伟大复兴进程中的新形态

中国共产党百年历程，致力于"求得民族独立和人民解放"和"实现国家繁荣富强和人民共同富裕"两大历史任务。在新民主主义革命胜利，完成第一大历史任务后，新中国一经成立，中国共产党就开始以实现社会主义现代化为旗帜，矢志不移地为完成第二大历史任务而

奋斗。1954年9月，在第一届全国人大第一次会议开幕词中，毛泽东提出"将我们现在这样一个经济上文化上落后的国家，建设成为一个工业化的具有高度现代文化程度的伟大的国家"的奋斗目标。中国共产党深切感悟到："如果我们不建设起强大的现代化的工业、现代化的农业、现代化的交通运输业和现代化的国防，我们就不能摆脱落后和贫困，我们的革命就不能达到目的。"1957年，毛泽东在《关于正确处理人民内部矛盾的问题》的讲话中，进一步明确"将我国建设成为一个具有现代工业、现代农业和现代科学文化的社会主义国家"的重要思想。"四个现代化"的宏伟目标，表达了全国各族人民的共同愿望，体现了中国共产党完成"实现国家繁荣富强和人民共同富裕"历史任务的决心。在1975年召开的四届全国人大一次会议上，中国共产党提出"全面实现农业、工业、国防和科学技术的现代化，使我国国民经济走在世界的前列"的奋斗目标。

1978年12月召开的党的十一届三中全会，决定把党和国家工作的重点转移到社会主义现代化建设上来。1979年3月，邓小平提出"中国式的现代化道路"的"新说法"，认为"我们当前以及今后相当长一个历史时期的主要任务就是搞现代化建设。能否实现四个现代化，决定着我们国家的命运、民族的命运。社会主义现代化建设是我们当前最大的政治。现在搞建设，也要适合中国情况，走出一条中国式的现代化道路"。"中国式的现代化道路"思想是邓小平同时提出的"小康社会"的基础；"小康社会"以及之后实施的"全面建设小康社会"和"全面建成小康社会"，则丰富了"中国式的现代化"的内涵和目标。

党的十八大以来，以习近平同志为主要代表的中国共产党人坚持和发展中国特色社会主义，在决胜全面建成小康社会、实现第一个百年奋斗目标的历程中，在继续推进社会主义现代化强国建设、继续实现第二个百年奋斗目标新的历程中，赋予中国式现代化以新的内涵，成就了人类文明新形态的历史底色和时代精神。

新时代的中国式现代化，以中国"独特的文化传统，独特的历史命运，独特的基本国情，注定了我们必然要走适合自己特点的发展道路"为圭臬，在目标内涵上，形成了富强、民主、文明、和谐、美丽的社会主义现代化强国的新目标；在总体发展中，提出了国家治理体系和治理能力现代化的新课题；在战略规划中，升华了社会全面文明发展形态的新境界。回溯历史、立足现实和瞻望未来，习近平总书记把坚持和发展中国特色社会主义，推动物质文明、政治文明、精神文明、社会文明、生态文明全面的、协调的发展，升华为"创造了人类文明新形态"的新思想。

新时代的中国式现代化，赋予社会主义现代化以更加卓著的发展目标和更加鲜亮的中国特色。习近平总书记在对新发展阶段"中国式现代化"基本特征的新概括中提出："我国现代化是人口规模巨大的现代化，是全体人民共同富裕的现代化，是物质文明和精神文明相协调的现代化，是人与自然和谐共生的现代化，是走和平发展道路的现代化。"这五个方面的概括，既是中国式现代化道路特征的概括，也是"人类文明新形态"内在规定的集中体现，在内涵和特征上，把"中国式现代化"与"人类文明新形态"更为紧密地结合在一起。马克思在对以往社会文明形态特征概括时指出："一方的人的能力的发展是以另一方的发展受到限制为基础的。迄今为止的一切文明和社会发展都是以这种对抗为基础的。"新时代与中国式现代化相结合的人类文明新形态，开辟了人类文明发展的新的道路和新的方向。

三、人类文明新形态，蕴含着中华优秀传统文化的基本元素和思想精粹，赋予中华优秀传统文化以新的时代内涵和思想活力

在党的二十大上，习近平总书记指出："中国共产党人深刻认识到，只有把马克思主义基本原理同中国具体实际相结合、同中华优秀传统文化相结合，坚持运用辩证唯物主义和历史唯物主义，才能正确回答时代和实践提出的重大问题，才能始终保持马克思主义的蓬勃生机和旺盛活力。"坚持把马克思主义基本原理同中国具体实际相结合、同中华优秀传统文化相结合的这"两个结合"，是对马克思主义中国化时代化基本原则和实现途径的科学概括，也是对马克思主义中国化时代化学理依循和学科要义的深刻凝练。人类文明新形态作为马克思主义中国化时代化的重要理论成果，既是马克思主义基本原理同中国实际和当今时代相结合的结果，也是同中华民族优秀传统文化精粹相结合的过程。

一是在对中国传统文化的"转化"和"发展"中，激活中华优秀传统文化的生命活力，升华人类文明新形态的思想底蕴。对中华传统文化实现"创造性转化、创新性发展"，是中华优秀传统文化在新时代升华的必然过程。习近平总书记指出："中华优秀传统文化源远流长、博大精深，是中华文明的智慧结晶，其中蕴含的天下为公、民为邦本、为政以德、革故鼎新、任人唯贤、天人合一、自强不息、厚德载物、讲信修睦、亲仁善邻等，是中国人民在长期生产生活中积累的宇宙观、天下观、社会观、道德观的重要体现，同科学社会主义价值观主张具有高度契合性。"人类文明新形态正是在对中华优秀传统文化这些重要元素的吸收和重塑中，才使得人类文明新形态具有更为显著的中华文明的突出特性。习近平总书记提到：

"要围绕我国和世界发展面临的重大问题，着力提出能够体现中国立场、中国智慧、中国价值的理念、主张、方案。中华文明延续着我们国家和民族的精神血脉，既需要薪火相传、代代守护，也需要与时俱进、推陈出新。"人类文明新形态体现了这样的思想特征和文化底蕴。

二是中华优秀传统文化是中华民族在漫长历史奋进中积累的文化精粹，"我们党在传承中华优秀传统文化中推进文化创新的自觉性达到了新高度"，把蕴藏着中华民族世代聚合的文化精华凝聚于人类文明新形态中。把中国优秀传统文化的思想智慧，再现为人类文明新形态的思想特质的过程，也就是提升人类文明新形态具有的文化软实力的过程。"在艰苦卓绝的奋斗中，中国人民以一往无前的决心和意志，以前所未有的智慧和力量，开辟了中国特色社会主义道路，创造了经济快速发展和社会长期稳定两大奇迹，创造了人类文明新形态，大幅提高了中国文化软实力。"在历史自信和文化自信基础上生成的具有中国特色、中国风格、中国气派的思想辉煌，彰显了人类文明新形态的历史自觉和理论底气。

三是中华优秀传统文化精粹，在呼应时代发展的新趋势中，在契合时代发展的新要求中，成为人类文明新形态思想的文化沃土。中华文化中蕴藏的"天行健，君子以自强不息""大道之行也，天下为公""天下兴亡，匹夫有责""天人合一""和而不同"等思想和理念，是中华民族优秀传统文化中积淀的中华民族最深层的精神追求，也是中华民族独特的精神标识，适合于新时代中国式现代化发展的大趋势，契合于中华民族伟大复兴新进程的要求。中华文化中这些思想和理念得以结合，并被赋予新的时代内涵，成为激扬人类文明新形态的思想力量的最为丰富的精神资源和文化源泉。

四是以历史思维讲清楚中华优秀传统文化的文化内涵和发展脉络，从文化自觉和文化自信的高度，使中华优秀传统文化在人类文明新形态思想中尽显中国特色和中国特征。中华文化历来主张的民惟邦本、政得其民，礼法合治、德主刑辅，为政之要莫先于得人、治国先治吏，为政以德、正己修身，居安思危、改易更化等优秀文化要素，是中华优秀传统文化的历史积淀、是中华民族特有的精神财富。中华优秀传统文化中这些民族气质、独特创造、价值理念和鲜明特色，深透于人类文明新形态的思想内涵和理论特质之中，对21世纪人类文明进步和时代发展必将产生巨大的理论感召力和文化影响力。

四、人类文明新形态，是在新发展阶段"量变"向"部分质变"转变的过程，是对中国特色社会主义道路发展和制度完善特征的全面概括

人类文明形态存在于人类社会发展不同阶段和接续发展过程中。中国特色社会主义道路和制度，是在经济文化相对落后的不发达阶段和过程中形成和发展起来的，"不发达"也一直是社会主义发展的基本态势。1959年，毛泽东指出："社会主义这个阶段，又可能分为两个阶段，第一个阶段是不发达的社会主义，第二个阶段是比较发达的社会主义。后一阶段可能比前一阶段需要更长的时间。"毛泽东同时也认为，这种"不发达"的阶段性特征，绝不是静止不变的，而是不断变化发展的，"一切事物总是有'边'的。事物的发展是一个阶段接着一个阶段不断地进行的，每一个阶段也是有'边'的。不承认'边'，就是否认质变或部分质变"。社会发展阶段"质变或部分质变"

的过程，一方面是"量变中有部分的质变，不能说量变的时候没有质变；质变是通过量变完成的，不能说质变中没有量变"。另一方面是"在一个长过程中，在进入最后的质变以前，一定经过不断的量变和许多的部分质变"。

改革开放新时期，中国社会主义在总体上还是处在"不发达"的状态中。1987年，邓小平提出："社会主义本身是共产主义的初级阶段，而我们中国又处在社会主义的初级阶段，就是不发达的阶段。一切都要从这个实际出发，根据这个实际来制订规划。"1992年，邓小平指出："我们搞社会主义才几十年，还处在初级阶段。巩固和发展社会主义制度，还需要一个很长的历史阶段，需要我们几代人、十几代人，甚至几十代人坚持不懈地努力奋斗，决不能掉以轻心。"邓小平站在"初级阶段"的现实基础上，对巩固和发展社会主义制度还有"一个很长的历史阶段"作出瞻望，体现了邓小平对"初级阶段"的长期性及其变化发展的必然性的观点。

社会主义初级阶段作为中国的基本国情，成为新时期立论的基础和发展的立足点；而社会主义初级阶段自身，也在这一过程中不断发展。经过新中国成立后70多年特别是改革开放以来40多年的不懈奋斗，到"十三五"规划收官之时，我国经济实力、科技实力、综合国力和人民生活水平跃上了新的台阶。我国已经成为世界第二大经济体、第一大工业国、第一大货物贸易国、第一大外汇储备国，国内生产总值超过100万亿元，人均国内生产总值超过1万美元，城镇化率超过60%，中等收入群体超过4亿人。习近平总书记指出："特别是全面建成小康社会取得伟大历史成果，解决困扰中华民族几千年的绝对贫困问题取得历史性成就。这在我国社会主义现代化建设进程中具有里程碑意义，为我国进入新发展阶段、朝着第二个百年奋斗目标进军奠定了坚实基础。"

中国共产党成功开辟了中国特色社会主义道路，使得中国大踏步赶上时代，实现了社会主义现代化进程中新的历史性跨越，正在奋力续写全面建设社会主义现代化国家新的历史篇章。在制定"十四五"规划和第二个百年奋斗目标时，习近平总书记作出今后30年我们将处在新发展阶段的判断。新发展阶段，是我们所处的社会主义初级阶段中的一个阶段，同时也是社会主义发展进程中的一个重要阶段，是在经过几十年积累、站到了新的起点上的一个阶段。正如习近平总书记指出的："社会主义初级阶段不是一个静态、一成不变、停滞不前的阶段，也不是一个自发、被动、不用费多大气力自然而然就可以跨过的阶段，而是一个动态、积极有为、始终洋溢着蓬勃生机活力的过程，是一个阶梯式递进、不断发展进步、日益接近质的飞跃的量的积累和发展变化的过程。全面建设社会主义现代化国家、基本实现社会主义现代化，既是社会主义初级阶段我国发展的要求，也是我国社会主义从初级阶段向更高阶段迈进的要求。"

恩格斯认为，"世界不是既成事物的集合体，而是过程的集合体"。新发展阶段作为"日益接近质的飞跃的量的积累和发展变化的过程"，面临着坚持和发展中国特色社会主义的艰巨任务：用三个五年规划期的时间，到2035年基本实现社会主义现代化；再用三个五年规划期的时间，到本世纪中叶把我国建成富强民主文明和谐美丽的社会主义现代化强国。新发展阶段所具有的"日益接近质的飞跃的量的积累和发展变化的过程"的特征，成为理解人类文明新形态内在规定的基本立场，成为理解人类文明新形态发展路向的基本标识。

五、人类文明新形态与坚持推动构建人类命运共同体过程相连接，体现了它所具有的广泛的世界意义及其蕴含的共同价值观和普遍性特征

人类文明新形态不只是基于中国社会发展形态的特殊性的概括，也是对人类社会发展形态的一般性特征的理解。人类文明新形态不只是专属于中国的范畴，也是对人类文明发展的一切有价值的思想资源的借鉴和吸收，体现了对人类文明形态探索的中国智慧。习近平总书记指出："'孔子登东山而小鲁，登泰山而小天下'。面对世界大发展大变革大调整的新形势，为更好推进人类文明进步事业，我们必须登高望远，正确认识和把握世界大势和时代潮流。"人类命运共同体，体现了人类文明新形态具有的共同价值观的普遍性特征。

人类命运共同体，是"人类文明新形态"对世界范围内文明形态理解的拓展。习近平总书记提到，19 世纪 40 年代中期马克思主义创立的时候，马克思和恩格斯就提出"人类社会最终将从各民族的历史走向世界历史。"在纪念马克思诞辰 200 周年大会上的重要讲话中，习近平总书记把人类命运共同体看作是世界历史理论在当代的赓续。习近平总书记提出："我们要站在世界历史的高度审视当今世界发展趋势和面临的重大问题，坚持和平发展道路，坚持独立自主的和平外交政策，坚持互利共赢的开放战略，不断拓展同世界各国的合作，积极参与全球治理，在更多领域、更高层面上实现合作共赢、共同发展，不依附别人、更不掠夺别人，同各国人民一道努力构建人类命运共同体，把世界建设得更加美好。"习近平总书记的这一重要论述，在最广泛意义上体现了人类文明新形态具有的普遍性和一般性的特征，是从人类文明新形态上对人类命运共同体基本特征作出的

科学阐释。

人类命运共同体的内涵，是人类文明新形态的基本特征和普遍意义在世界文明形态发展中的集中体现。人类命运共同体的基本要求在于："国际社会要从伙伴关系、安全格局、经济发展、文明交流、生态建设等方面作出努力。"与之相对应的主要内涵在于"五个坚持"，即坚持对话协商，建设一个持久和平的世界；坚持共建共享，建设一个普遍安全的世界；坚持合作共赢，建设一个共同繁荣的世界；坚持交流互鉴，建设一个开放包容的世界；坚持绿色低碳，建设一个清洁美丽的世界。习近平总书记指出："世界命运应该由各国共同掌握，国际规则应该由各国共同书写，全球事务应该由各国共同治理，发展成果应该由各国共同分享。"人类命运共同体的内涵及其主旨，集中体现了"人类文明新形态"在经济全球化背景下的基本内涵和具体要求。

坚持推动构建人类命运共同体，也是人类文明新形态面向世界的根本要求和基本方略。人类命运共同体与人类文明新形态相连接，顺应了我国经济深度融入世界经济的趋势，发展更高层次的开放型经济，促进国际经济秩序朝着平等公正、合作共赢的方向发展等要求。人类文明新形态依托推动构建人类命运共同体的过程，能在经济全球化深入发展的条件下，更好地统筹国内国际两个大局，利用好国内国际两个市场、两种资源。习近平总书记指出："中国人民将继续与世界同行、为人类作出更大贡献，坚定不移走和平发展道路，积极发展全球伙伴关系，坚定支持多边主义，积极参与推动全球治理体系变革，推动新型国际关系，推动构建人类命运共同体。"为构建人类命运共同体贡献中国智慧和中国方案，是人类文明新形态的基本指向和发展方略。

2023 年 3 月，习近平总书记在中国共产党与世界政党高层对话会上以"携手同行现代化之路"为题的主旨讲话中提出："人类社会创造的各种文明，都闪烁着璀璨光芒，为各国现代化积蓄了厚重底蕴、赋予了鲜明特质，并跨越时空、超越国界，共同为人类社会现代化进程作出了重要贡献。中国式现代化作为人类文明新形态，与全球其他文明相互借鉴，必将极大丰富世界文明百花园。"人类文明新形态思想，具有深刻的时代意义和历史意义，它集中体现了科学社会主义关于社会文明形态的理论，深刻地蕴含着中华优秀传统文化的滋养，借鉴和吸收了世界文明进步的成就和成果。这一思想是中国共产党在中华民族伟大复兴百年奋斗中，特别是在新时代坚持和发展中国特色社会主义过程中凝结的理论结晶和思想智慧，是 21 世纪马克思主义发展的重要成果。

【作者系北京大学博雅讲席教授、北京大学《马藏》编纂与研究中心主任】

"一带一路"核心理念是构建人类命运共同体，这将为人类文明带来更加美好的明天

陈文玲

古丝绸之路是人类文明的宝贵遗产，积淀了以和平合作、开放包容、互学互鉴、互利共赢为核心的丝路精神，中国在这个历史进程中积累了难得的历史信任。"一带一路"核心理念是构建人类命运共同体，这使"一带一路"成为具有更高境界的超越民族、国家、意识形态造福于人类的全球公共产品，将为人类文明带来更加美好的明天。

2013 年 9 月和 10 月，中国国家主席习近平在出访哈萨克斯坦和印度尼西亚时，分别提出建设"丝绸之路经济带"和"21 世纪海上丝绸之路"。"一带一路"根植于历史，但面向未来；源于中国，但属于世界。"一带一路"建设跨越不同地域、不同发展阶段、不同文明，成为一个开放包容的经济合作平台、载体和渠道。在中国提出共建"一带一路"倡议之前，世界上曾有 28 个国际组织和国家先后提出了类似"一带一路"的倡议、计划或规划，但是都没有像中国提出的"一带一路"倡议有如此大的国际影响、如此多的响应者和参与者。为什么这一倡议会被国际社会广泛接受和认同？这项跨时空、跨世纪、跨洲际的跨国经济合作重大倡议理论框架是什么？从历史维度、现实维度和时空维度如何实现这一造福于人类的伟大倡议和行动？这是极其重大且具有挑战性的历史命题。

习近平主席指出："这个世界，各国相互联系、相互依存的程度

空前加深，人类生活在同一个地球村里，生活在历史和现实交汇的同一个时空里，越来越成为你中有我、我中有你的命运共同体。"一带一路"建设是人类发展史上的一次认识跃升和伟大实践，习近平主席从人类发展大事、从哲学和价值观高度提出构建人类命运共同体，提出人类命运共同体的理念，具有划时代的历史意义。

人类命运共同体诠释了中国文化的核心价值观。"人类命运共同体"思想与中国优秀传统"和文化"理念一脉相承，适应当代世界文明多样化发展的现实需要，植根于中华民族兼济天下的博大情怀和世界其他民族包容共生的文化基础之上，本质是包容互鉴的文明观、百家争鸣的文化观以及和而不同的价值观。2015 年 9 月，习近平主席在纽约联合国总部出席联合国成立 70 周年系列峰会时指出："'大道之行也，天下为公。'和平、发展、公平、正义、民主、自由，是全人类的共同价值，也是联合国的崇高目标。""当今世界，各国相互依存、休戚与共。我们要继承和弘扬联合国宪章的宗旨和原则，构建以合作共赢为核心的新型国际关系，打造人类命运共同体。"回顾人类发展史，人类社会演进是一个由较小群体演进为较大群体、由信息封闭逐步到信息流通释放出新一代科技革命的内在动力、由相互隔膜走向相互依存、由文化差异走向观念融合的过程。在古代国际社会的五大文明中，中国是唯一一个将古代文明与现代文明链接起来的国家，是植根于中国历史的深厚文化，给了一个伟大国度繁衍发展、生生不息的力量。中国传统文化中，天下为公的大同世界就是一个和合天下的世界，也是人类命运共同体的世界，大同世界、天下为公、天下和平、民胞物与、天下一家、万国咸宁、天下和合，是中华民族古往圣贤以其对天下观的智慧卓识。人与自然的和谐关系集中体现为"天人合一"思想：五经之首的《周易》以"天地风雷"预示人之吉凶、国之命运；老子提出"人法地，地法天，天法道，道法自然"；孔子提出"仁者乐山，智者乐水"；庄子提出"天地与我并生，而万物与我为一"；荀子提出"四海之内若一家，莫不趋使而安乐之。夫是之谓人师，是王者之法也"。构建人类命运共同体，体现了中国人自古信奉的"世界大同，天下一家"哲学观。中国有"大同"理想，以"天下为公"为原则，向往富裕、公平、诚信、友爱、太平的世界，如费孝通所说："各美其美，美人之美，美美与共，天下大同。"中华优秀传统文化中的"天下观"源远流长，无内无外、天下一家是其核心原则，协和万邦、世界大同是其终极目标。人类命运共同体理念汲取"天下观"与"和文化"的思想精髓，通过携手共建"一带一路"，将攸关中国前途命运的中国梦与攸关世界各国前途命运的世界梦紧密连接在一起，给了世界更多国家分享中国智慧、中国经验，既使世界发展成为中国的机遇，又使中国发展成为世界的机遇。

人类命运共同体超越了西方传统的国际关系思想。习近平主席提出的人类命运共同体理念，与过去西方国际政治学宣扬的"威斯特伐利亚体系""维也纳秩序""日不落帝国安排""雅尔塔秩序"以及所谓的"华盛顿共识"完全是两个不同的思想基础和语言表达。从人类发展的进程来看，西方中心的国际秩序是一种历史的进步，它把国际关系纳入一定的框架中，以相对稳定的规则和机制加以治理。今后的世界秩序和全球秩序将包含这个国际秩序的大部分合理因素，并根据科技革命带来的挑战和人类对美好生活的共同需要不断变革与调整。纵观历史，从 1492 年哥伦布发现新大陆，到 1992 年正好是 500 年，也是从国际秩序到世界秩序形成的 500 年，其根本缺陷在于排斥了占人类多数的非西方国家。500 年间，15 世纪有文艺复兴和新航路大发现；16 世纪发生了宗教革命和教皇体系解体；17 世纪形成威斯特伐利亚体系和大西洋三角贸易；18 世纪，欧洲王朝体系解体，世界殖民体系形成；19 世纪，东方朝贡体系崩溃，同时世界市场体系形成。世界每 100 年都有体系的大变化，都有前 100 年没有的重大特征，但是每次变化都是"西方中心"秩序的扩张，而不是形成真正平等的世界秩序。在西方主导全球政治经济治理体系和规则 500 年之后，共建"一带一路"的进程，为许多后殖民地国家和地区提供平等机会并参与全球治理在国际舞台自主发展的新机遇，这是对旧有全球化的一次大扬弃，将会推动世界从行政隔离走向互联互通，从民族分割走向合作共赢，形成整体大于部分之和的全球化社会和全球人类新文明。人类命运共同体意识超越种族、文化、国家与意识形态的界限，共建"一带一路"通过共享发展机遇和成果，是对仍在奉行冷战思维、零和博弈、丛林法则、一家独大、赢者通吃的霸权主义和强权政治的回应。历史和现实都表明，傲慢和偏见是文明交流互鉴的最大障碍，平等和尊重才是文明交流互鉴的前提。符合更多国家人民群众渴望共享发展机遇、创造美好家园的憧憬和期待，促使人类社会逐渐形成命运共同体、责任共同体和利益共同体，让合作共赢超越 20 世纪至今的地缘对抗，创造出实现更高视野、更高层次、更高水平且具有普世价值的思想和理念，适应人类发展规律、经济发展规律、社会发展规律和"新全球观"，成为 21 世纪的人类新文明。

人类命运共同体体现了马克思主义的时代精神。马克思、恩格斯曾明确提出并系统阐释关于"共同体思想"，他们把作为无产阶级奋斗目标的共产主义社会命名为"自由人联合体"。在这种共同体中，个人是世界历史性的、经验上普遍的个人，是自由而全面发展并因此具有丰富个性的"自由人"。马克思揭示了人或社会发展的三种形态：最初的人类以"族群"为本位（人的依赖关系形态），中间经过"个体"本位阶段（以物的依赖性为基础的人的独立性形态），进而实现以"类"为本位的自由人联合体（建立在个人全面发展和他们共同的、社会的生产能力，成为从属于他们的社会财富这一基础上的自由个性形态）。马克思、恩格斯的"共同体思想"，为人类命运共同体理念奠定了坚实理论基础。习近平主席提出的构建人类命运共同体理念与马克思恩格斯的"共同体思想"一脉相承，它首先是一个认识作为"个人是世界历史性的、经验上普遍的个人，是自由而全面发展并因此具有丰富个性的自由人"最大限度交织、交汇的价值观和世界观，以和平、发展、公平、正义、民主、自由等全人类的共同价值为基础。人类命运共同体为人类未来提供了全新的视角，体现了马克思主义当代化的崭新思想境界。习近平主席强调："我们看世界，不能被乱花迷眼，也不能被浮云遮眼，而要端起历史规律的望远镜去细心观望。"细心观望，越来越多的人在越来越多的全球性挑战面前，认清了一个道理：任何国家都不可能独善其身，也没有哪个国家可以包打天下。唯有"大道之行也，天下为公"的胸襟，"穷则变，变则通"的眼光，才能把握时代的脉搏。构建人类命运共同体，迫切呼唤不同国家、不同文化和历史背景的人们深入交流，增进彼此理解。

人类命运共同体推动共建"一带一路"成为全球公共产品。共建"一带一路"之所以成为中国为全球提供的重要公共产品，就是因为作为核心理念和目标的人类命运共同体，体现了作为负责任大国的责任担当。在多个国际场合，习近平主席介绍中国互利共赢的开放战略，他说："中国的发展得益于国际社会，也愿为国际社会提供更多公共产品。我提出'一带一路'倡议，旨在同沿线各国分享中国发展机遇，实现共同繁荣。"经过40多年改革开放，中国的前途命运已前所未有地同世界的前途命运联系在一起，中国正在把自己的发展经验与机遇，提供给更多的发展中国家和地区，扩大利益汇合点、理念共鸣点、合作契合点，为"一带一路"建设寻找最大公约数，彰显大国智慧与气度。"一带一路"的古丝绸之路沿线国家大多是新兴经济体和发展中国家，人均国民收入不到世界平均水平的一半，很多是低收入国家，有 9 个是最不发达国家，还有大量民众仍生活在贫困线之下。这些国家基础设施落后、产业和社会事业发展水平低，相当多国家无论从发展经济、改善民生看，还是从应对金融危机后影响和适应变革演化中的世界看，各国谋和平、求发展的愿望比以往更加强烈，沿线各国的前途命运，从未像今天这样紧密相连、休戚与共。习近平主席在联合国大会 70 周年会议的讲话中提出，打造人类命运共同体要建立平等相待、互商互谅的伙伴关系，营造公道正义、共建共享的安全格局，谋求开放创新、包容互惠的发展前景，促进和而不同、兼收并蓄的文明交流，构筑尊崇自然、绿色发展的生态体系。构建人类命运共同体，推动"一带一路"成为最受欢迎的全球新型公共产品，成为沿线国家和地区分享市场、投资、贸易收益，分享绿色发展环境的重大机遇，也成为发达国家发挥资金、智力、服务等优势参与第三方合作的新机遇。

人类命运共同体推动世界在更加持久的和平共处中获得生产力跃升。构建人类命运共同体代表着人类维护世界和平的先进世界观，共建"一带一路"是世界和平发展的载体与通途。20 世纪 90 年代以来，经济全球化以前所未有的规模和速度快速发展并改变世界，随着自由贸易的发展和世界市场的形成，随着工业化、信息化的推进以及与之相适应的生活方式趋于一致，各国人民之间的分隔和对立日益消失。它不仅改变世界的面貌，而且改变人们对世界的看法，普遍交往，把区域性、民族性的历史带入全球范围，不同的文化、宗教、价值观在相遇相知中交流互鉴。但是世界范围的和平赤字、发展赤字、治理赤字和信任赤字空前膨胀，引发战争风险、经济风险、金融风险、能源风险、粮食风险的因素也在上升，个别国家成为既有国际秩序、国际规则的搅局者、破坏者和肇事者，他们不仅拉帮结伙搞小团体，破坏全球产业链供应链稳定与联系，破坏各国为了维护和平大局、保护生态等形成的国际共识或条约，甚至有可能瓦解现有国际机构或者体系。全球和平发展的时代潮流，经济全球化和贸易便利化自由化的发展趋势，正在与把一个国家利益凌驾于其他国家之上和国际规则之上的民粹主义展开激烈博弈。尽管逆全球化是回头浪，最终会被滚滚向前的历史大潮所淘汰，但当前这股逆流仍在拍打着两岸，是容易引发矛盾、冲突、纠葛与战争的因素和力量，它不可能自动离开历史舞台。人类社会面临新的挑战，当今世界安全问题极为复杂，传统安全威胁和非传统安全威胁相互交织，一个国家的繁荣不可能建立在周边国家贫穷的基础上，一个国家的安全也不可能基于周边国家的不安全，一个国家的内部动荡会外溢到其他国家。人类命运共同体理念涉及政治、经济、安全、社会、文化、生态等多个领域，是对政治共同体、经济共同体、安全共同体、社会共同体、文化共同体等的概括和升华。人类命运共同体既是利益共同体和责任共同体，也是人类情感共同体与安全共同体。安全应当是普遍、平等和包容的，各国都有平等参与地区乃至世界安全事务的权利和维护世界安全的责任，共建"一带一路"把世界多样性和各国差异性转化为促进世界经济合作、安全合作的活力和动力。中国已经不再是孤立或封闭于世界的国家，而是与世界联系在一起的国家，构建人类命运共同体，就要求中国必须与其他国家一道同呼吸、共患难，共同抵御外部风险和挑战。

人类命运共同体绘就人类更加文明和美好的明天。自 2013 年习近平主席提出"一带一路"重大倡议以来，沿着丝绸之路在世界所到之处，构建人类命运共同体成为一条链接中国与相关国家地区的感情纽带。习近平主席指出，打造人类命运共同体是人类社会发展的历史大趋势。在各区域组织关系上，习近平主席提出要打造亚洲命运共同体、亚太命运共同体、中国—东盟命运共同体、中国—中亚命运共同体、中国—阿拉伯命运共同体、中国—拉美命运共同体、中非命运共同体等。在国与国之间关系上，习近平主席提出，要打造中国—巴基斯坦命运共同体、中国—越南命运共同体、中国—俄罗斯命运共同体等。习近平主席关于共建"一带一路"的一系列重要讲话，提出了推进的清晰方向与实现路径，给了更多国家和地区休戚与共的依存感，给了通过共同努力解决发展困难的力量感，更重要的是，立足于各相关国家多元文明的群体性复兴，通过提升文化的相互开放水平，推动不同文明交流碰撞，形成更具包容精神的多样性文化，汇聚和释放文化促进发展的强大正能量，实现更有效率、更具包容性、更可持续的增长，"一带一路"成为在新型经济全球化大潮下打造人类命运共同体的强大力量。习近平主席指出，"放眼世界，我们面对的是百年未有之大变局"。中国刚刚走过了改革开放45年的历程，迎来中华人民共和国成立74周年，蓦然回首，中国发生了翻天覆地的变化，世界也发生了翻天覆地的变化。从20世纪后半期到21世纪初，由于中国快速发展与和平崛起，使世界格局特别是经济格局发生了历史性、根本性、基础性变化，中国积蓄了发展的能量和力量，理应为世界作出更大贡献。中国是共建"一带一路"倡议者、推动者、建设者，更多国家和地区人民的参与"一带一路"的热情和行动，将绘就更加美好的人类明天。

在人类漫长的历史进程中，文明的交流和碰撞的人文精神，促进了东西方物质文明与精神文明的接触、交流、互动与友好往来，推动世界历史不断向前发展。世界潮流，浩浩荡荡，顺之者昌，逆之者亡。正如习近平主席指出的，世界经济的大海，你要还是不要，都在那儿，是回避不了的。想人为切断各国经济的资金流、技术流、产品流、产业流、人员流，让世界经济的大海退回到一个一个孤立的小湖泊、小河流，是不可能的，也是不符合历史潮流的。世界已经到了各国与全球同频共振的时代，"一带一路"核心理念是构建人类命运共同体，认识这个充满矛盾的时代，认识这个充满希望的时代，坚定不移地推进共建"一带一路"，这将为人类社会带来更加美好的明天。

【作者系中国国际经济交流中心总经济师】

中华民族创造了辉煌灿烂的中华文明，
是人类文明新形态之源

逄锦聚

党的二十大报告提出，中国式现代化的本质要求是：坚持中国共产党领导，坚持中国特色社会主义，实现高质量发展，发展全过程人民民主，丰富人民精神世界，实现全体人民共同富裕，促进人与自然和谐共生，推动构建人类命运共同体，创造人类文明新形态。把中国式现代化的本质要求与人类文明新形态紧密联系在一起，是崭新的理论命题。学习贯彻党的二十大精神，围绕中国式现代化和人类文明新形态，从经济学的视角谈三个问题。

一、中国经济学在对中国式现代化的研究中要加强对人类文明形态的研究

文明是人类所创造的物质财富和精神财富的总和。社会文明是人类认识世界、改造世界全部有形的与无形的、物质的与非物质的成果的总括和结晶。广义的社会文明包括物质文明和政治文明、精神文明、生态文明，涵盖了人与人、人与社会、人与自然之间相互关系的各个方面。其中，物质文明是经济领域发展进步的状态和成果，政治文明是政治领域的进步状态和成果，精神文明是人类认识和改造主观精神世界的进步状态和成果，生态文明是人类认识和协调人与自然关

系的进步状态和成果，它们共同构成了以物质文明为基础的丰富多彩的人类社会文明。

在人类文明演进过程中，物质文明、政治文明、精神文明、生态文明相互促进，辩证统一。其中，物质文明是基础，政治文明是引领，精神文明是灵魂，生态文明是前提。物质文明、政治文明、精神文明、生态文明不断对立统一，构成人类社会文明的矛盾运动，推动着人类社会整体文明的进步。如果某个文明要素发展滞后或缺失，就会造成整个社会文明的紊乱或停滞，影响整个社会的健康协调发展。

物质文明、政治文明、精神文明、生态文明的相互作用和矛盾运动，从根本上说是由社会基本矛盾决定的，是社会基本矛盾运动的具体表现。唯物史观认为，人类社会是一个由生产力、生产关系、经济基础、上层建筑等基本要素构成的有机整体，其中各个因素相互联系、相互作用，构成社会基本矛盾，社会基本矛盾的运动推动着人类社会文明不断进步，社会形态不断从低级向高级发展。

马克思在创立马克思主义政治经济学的过程中创立了唯物史观，运用唯物史观，马克思不仅深入研究资本主义社会生产方式和与之相适应的生产关系、交换关系，揭示资本主义经济运动规律，同时很重视对人类社会演变的研究，揭示人类社会发展规律。今天，中国特色社会主义政治经济学在研究中国式现代化时也应该加强对人类社会文明形态的研究。

在以私有制为基础的社会中，尽管物质财富有可能不断增长，但由私有制社会的基本矛盾所决定，物质文明、政治文明、精神文明、社会文明、生态文明很难协调发展。所以，尽管西方的现代化进程从第一次工业革命就开始，已经有几百年的历史，在一定程度上推动了生产力的发展，但西方的现代化具有以资本为中心、两极分化、物欲膨胀、对外扩张和侵略别国资源的现代化的特点。从总体上说，这不是人类文明所追求的目标。社会主义制度的建立，消除了社会基本矛盾的对抗性质，使人与人、人与社会、人与自然之间的相互关系从根本上具有一致性，从而使物质文明、政治文明、精神文明、社会文明、生态文明的协调发展具有了可能。

二、中国式现代化对人类文明形态的中国贡献

中国式现代化根植于五千多年的中华文明，是中国共产党领导中国人民在长期奋斗中创造的中国特色社会主义现代化。现代化是中国共产党成立 100 多年来团结带领全国各族人民团结奋斗一直追求的目标。只是在新民主主义革命时期由于受到外敌入侵和制度落后的局限，现代化的进程才被遏制和打断。新民主主义革命的胜利和中华人民共和国的建立，为我国现代化进程奠定了坚实的制度基础和社会基础。经过社会主义革命和建设时期、改革开放和社会主义现代化建设新时期的改革建设和发展，中国特色社会主义进入新时代。在经济社会长期稳定发展的基础上，我国的现代化建设进入全面建设社会主义现代化国家、以中国式现代化全面推进中华民族伟大复兴的新时期。中国式现代化就是中国特色社会主义现代化，是中国共产党领导的14 亿多人民共同奋斗的现代化，是全体人民共同富裕的现代化，是物质文明和精神文明相协调的现代化，是人与自然和谐共生的现代化，是坚持和平发展的现代化。在中国共产党的领导下和在中国特色社会主义基本经济制度基础上，推动物质文明、政治文明、精神文明、社会文明、生态文明的协调发展，是中国式现代化道路的基本要求和重要特征。

习近平总书记指出：中国特色社会主义是党和人民历经千辛万苦、付出巨大代价取得的根本成就，是实现中华民族伟大复兴的正确道路。我们坚持和发展中国特色社会主义，推动物质文明、政治文明、精神文明、社会文明、生态文明协调发展，创造了中国式现代化新道路，创造了人类文明新形态。

坚持和发展中国特色社会主义，推动物质文明、政治文明、精神文明、社会文明、生态文明协调发展的人类文明新形态，是中国特色社会主义制度载体与价值取向的统一体，是现代文明成果的最新结晶。历史发展到 21 世纪，当世界处于百年未有之大变局、人类文明面临向何处去的关键时刻，中国共产党团结带领中国人民创造的中国式现代化新道路和人类文明新形态，回答了"世界向何处去"的时代之问、世界之问，为弘扬全人类共同价值、推动人类文明进步作出了中华民族的杰出贡献。

坚持和发展中国特色社会主义，推动物质文明、政治文明、精神文明、社会文明、生态文明协调发展的人类文明新形态，是对五千多年中华文明的赓续和创新发展。在漫长的历史岁月中，中华民族创造了辉煌灿烂的中华文明，是人类文明新形态之源。人类文明新形态是中国特色社会主义崭新的文明形态，是对西方资本主义文明的超越。资本主义用战争、掠夺等暴力手段，为其现代化开辟道路。而物质文明、政治文明、精神文明、社会文明、生态文明协调发展的中国式现代化道路和人类文明新形态，凸显以人民为中心、共同富裕，人与自然和谐共生，物质文明和精神文明协调发展，促进人的全面发展和社会全面进步，把和平共处、互利共赢作为处理国际关系的基本准则，坚持走和平发展道路等理念，是人类崭新的文明形态。

坚持和发展中国特色社会主义，推动物质文明、政治文明、精神文明、社会文明、生态文明协调发展的人类文明新形态，是社会主义文明形态的升华。20世纪90年代，苏联解体、东欧剧变，世界社会主义运动遭受挫折，但中国共产党团结带领中国人民，坚持把马克思主义基本原理同中国具体实际相结合，同中华优秀传统文化相结合，在实践中成功地开辟了中国特色社会主义道路，开辟了世界社会主义的光辉前景，使社会主义制度焕发出强大的生机和活力。

改革开放以来，我国坚持发展中国特色社会主义道路，推动物质文明、政治文明、精神文明、社会文明、生态文明协调发展，取得了举世瞩目的成就。在物质文明上，用几十年时间走完西方发达国家几百年走过的工业化历程，创造了经济快速发展和社会长期稳定的奇迹。在政治文明上，积极发展全过程人民民主，健全人民当家作主制度体系，使各方面制度和国家治理更好体现人民意志、保障人民权益、激发人民创造。在精神文明上，不断吸收中华优秀传统文化精华，继承发扬革命文化，发展社会主义先进文化，构筑起中国精神、中国价值、中国力量，巩固全党全国各族人民团结奋斗的共同思想基础。在社会文明上，建设更高水平的平安中国，完善社会治理体系，建设共建共治共享的社会治理制度，建设人人有责、人人尽责、人人享有的社会治理共同体，使社会既充满活力又拥有良好秩序，同时以保障和改善民生为重点加强社会建设，使人民获得感、幸福感、安全感更加充实、更有保障、更可持续。在生态文明上，生态环境保护发生历史性、全局性变化，破解了发展与保护难题，为人类应对气候变化等全球性挑战提供了中国智慧和中国方案。但也应该看到，在政治文明、精神文明、社会文明、生态文明建设上还面临一些新问题，需要我们不断研究新情况，在实践中加以解决。

社会主义精神文明同物质文明、政治文明、社会文明、生态文明，都是社会主义社会的重要特征，是社会主义现代化建设的重要目标和保证。物质文明同政治文明、精神文明、社会文明、生态文明如不能协调发展，既违背社会主义的本质要求，也制约中国特色社会主义现代化的建设。基于此，党的十八大以来，我国在大力发展经济、发展社会生产力的同时，高度重视社会主义政治文明、精神文明、社会文明、生态文明建设，提出了加强社会主义政治文明、精神文明、社会文明、生态文明建设，促进中华民族优秀传统文化繁荣等一系列重大举措，并取得了一系列重大进展。党的十八届五中全会提出五大新发展理念，习近平在庆祝中国共产党成立一百周年大会上发表重要讲话，把坚持发展中国特色社会主义道路，推动物质文明、政治文明、精神文明、社会文明、生态文明协调发展，作为中国式现代化新道路和人类文明新形态的伟大创造，党的二十大又进一步对"五位一体"全面建设社会主义现代化，以中国式现代化全面推进中华民族伟大复兴作出战略部署，标志着我国对物质文明、政治文明、精神文明、社会文明、生态文明协调发展的认识达到了新的历史高度，为新时代新阶段中国特色社会主义建设提供了理论指南。

三、进一步推动物质文明、政治文明、精神文明、社会文明、生态文明协调发展，构建人类文明新形态

新时代新征程，要全面建设社会主义现代化国家，实现中华民族伟大复兴，不断满足人民日益增长的美好生活需要。满足人民日益增长的美好生活需要，不仅是满足物质需要，也要满足人民日趋多样化的政治文明、精神文明、社会文明、生态文明需要。这就要求我们要坚定不移坚持和发展中国特色社会主义，进一步推动物质文明、政治

文明、精神文明、社会文明、生态文明协调发展，构建人类文明新形态。一要加强党对中国式现代化的统一领导和战略谋划，完善党领导中国式现代化的体制机制；二要坚持以人民为中心的根本立场，深入贯彻以人民为中心的中国式现代化思想；三要坚持以经济建设为中心，贯彻新发展理念，加快构建新发展格局，着力推动高质量发展不动摇，大力发展生产力，进一步建立强大的物质基础；四要进一步全面深化改革，扩大开放，建设更高水平的社会主义市场经济体制和新型开放型经济体系，为物质文明、政治文明、精神文明、社会文明、生态文明协调发展注入新的动力；五要坚持用马克思主义中国化成果武装全党、教育人民，坚持用社会主义核心价值观凝聚共识、汇聚力量，继承和弘扬中华优秀传统文化，努力推出更多传播当代中国价值观念、体现中华文化精神、反映中国人审美追求的精品力作，坚定文化自信，增强文化自觉，加快文化改革发展，努力建设社会主义文化强国；六要加强生态文明建设，并为世界生态文明建设贡献中国智慧，作出中国贡献。

【作者系南开大学讲席教授、政治经济学研究中心主任、原副校长】

在新时代，继承与创新中华优秀传统文化

康　震

中华优秀传统文化具有极其丰富的思想观念、价值追求、道德规范等，是我们成长成才、改造世界、治国理政的有益借鉴。中国特色社会主义迈入新时代，我们肩负新使命，走上新征程，应以习近平新时代中国特色社会主义思想为指导，继续大力推进中华优秀传统文化在新时代背景下、新传播条件下的创造性转化和创新性发展，为中国特色社会主义文化繁荣发展，为中华民族繁衍进步、中华文明持续兴盛提供强大智力支撑。

近年来，对于一批各具特色的文化类产品，充分运用传统媒介和新兴媒体平台，构建信息化时代立体多元的传播话语体系，以独特创意让其赢得观众喜爱，让经典焕发新的力量照亮未来，成为传统经典创造性转化和创新性发展的有效尝试。如，电视节目《经典咏流传》，将诗词与现代流行音乐进行结合，以经典传唱方式重新演绎。电视节目《中国诗词大会》让诗词走出书斋，走向大众，让群众参与成为引发传统文化热潮的原动力。

师古而不泥古，是文化创造与创新工作应当始终遵循的要义。中华传统文化中的一些伦理观念、道德思想、行为准则，经过历史长河淘洗，已经深入民族血液，具有强大民众感召力和公信力，在汇聚人心、凝聚共识、积聚力量方面发挥着巨大作用。但这些传统文化生长于中国古代农业社会土壤之中，随着科学技术演进、社会思潮发展以

及文明形态变革，传统文化赖以生长的土壤业已发生深刻变化。这就需要我们顺应当代中国改革创新要求，以发展眼光对传统文化的思想观念进行激活。

在新时代，传统文化的创新发展承担着树立文化自信、贡献文化智慧的崇高使命，这就必须进一步创新文化话语体系，并提升其创造与创新能力。首先应当牢固树立中华文化主体意识，充分认识到当代中国发展进程中传统文化的积极作用，在全球化语境中与西方话语体系展开积极对话，激发创新意识和思维活力，在对话与比较中进一步树立中国优秀传统文化的主体地位。其次要积极对接中国当代话语体系，让传统文化立足人生、立足生活，面向大众、面向社会，使其更加符合当代中国社会大众普遍接受的思维方式、情感方式和审美方式，形成丰富、活泼、正向、包容的话语体系。

中华优秀传统文化伴随五千年中华民族发展道路而来，有着丰富深远的文化内涵。从春秋战国到秦汉魏晋，从隋唐五代到宋元明清，从鸦片战争到五四运动，从中国共产党成立到新中国成立，从全面推行改革开放到确立"两个一百年"奋斗目标，中华民族在一条艰难曲折而又繁荣兴盛的发展道路上，创造出无数享誉世界的文明成果，对全球文明进步和社会发展产生了巨大影响力和推动力。只有深入研究、系统总结中华优秀传统文化的思想内涵与成长机制，才能深刻领会中华文明生生不息的精神伟力与生命活力。

要实现精准传播，通过创造性转化和创新性发展不断激发传统文化的内在生命活力。让传统文化走进千家万户，走进百姓日常生活，不断增强传统文化在当代的影响力和感召力。注重知识普及与价值观传递相结合，课堂讲授与社会实践相结合，国内普及与国际传播相结合。对传统文化经典文本进行准确提炼、萃取，将传统文化精髓根植到内心里，落实到行动中。通过对中华优秀传统文化的不断体认，做到知行合一，这是我们坚定文化自信的重要基础。

积极实践是实现中华优秀传统文化创造性转化和创新性发展的第一要务。也只有实践，才能将中华优秀传统文化的丰厚资源切实转化为满足人民日益增长的美好生活需要的积极成果。实践讲品位、讲格调、讲责任，抵制低俗、庸俗、媚俗，避免让中华优秀传统文化在实践中流于浮表，跑味儿变形，脱离人民群众，我们要做传统文化忠实的传承者、传播者和创新者。近些年来，在中华优秀传统文化研究领域涌现出一大批研究成果，对培育社会主义核心价值观、建设社会主义先进文化起到了积极推动作用。

进入中国特色社会主义新时代，我国社会的主要矛盾已经转化为人民日益增长的美好生活需要和不平衡不充分的发展之间的矛盾。应当意识到，充分深入发掘、多种样式呈现历代先贤身体力行的历史文化，对提升全民人文素养、推动文化繁荣发展、完善社会治理体系建设有着巨大推动作用。今后，需要更多专家学者走出书斋、走出课堂，走向社会、走向大众，加入传统文化普及的队伍，为传统文化教育尤其是中小学传统文化教育培养优质师资，提供优质资源，弘扬民族正能量，激发传统文化内在活力，为人民日益增长的美好生活需要提供丰富的精神资源。

【作者系北京师范大学党委常委、副校长，中国古代文学与传统文化研究专家】

中华民族现代文明与社会主义现代化强国

刘守英

党的二十大报告指出，中国共产党的中心任务就是团结带领全国各族人民全面建成社会主义现代化强国、实现第二个百年奋斗目标，以中国式现代化全面推进中华民族伟大复兴。2023 年 6 月 2 日，习近平总书记提出要坚定文化自信、担当使命、奋发有为，建设中华民族现代文明。文化在一个国家现代化中的影响与作用越来越引起关注，现代化必然包含文化的现代化。只有建立起基于本民族文化的现代文明，才能建成现代化国家。

一、现代文明与现代化

现代化的本质是从传统向现代的转型。关于这场革命性转型的主流解释是技术决定论和制度决定论。前者认为，技术进步使人与自然的紧张关系得以缓解，人均 GDP 增长大大快于人口增长，逃脱马尔萨斯陷阱，人类进入一个由技术驱动的现代增长世界。后者认为，现代经济增长是一套适宜经济发展的制度装置的结果，包括精心设计和受人尊重的产权、有约束力的合约、健全的法律及规则、良性的政经互动。但是，到底是什么力量在一些地方产生了有利于技术创新和更有效的制度，而其他地方却适得其反？

近年来，经济学家越来越意识到"文化"对长期经济变革的影响是重要的。文化被定义为一套影响人类行为的信念、价值观以及偏好的组合。信念是关于世界中实际的（真实的）自然的观点，价值观是关于伦理及意识形态等社会和社会关系的规范性陈述，偏好则是关于个人事务（如消费等观念）的规范性陈述。人们的社会态度、信念和偏好能够促进合作、互惠、信任，以及形成有效的经济运转模式。人和人之间信任的增加与合作的加强会减少交易成本，从而促进商品交易和形成运作良好的市场，不同程度的信任被用来解释国家之间的收入差异。

文化和信仰与技术进步和创新有直接联系。现代经济增长被莫基尔解释为主要是由启蒙运动时期"有用知识"的广泛应用所驱动，文化变革使西方所经历的技术爆炸成为可能。"文化"直接影响了技术的发展，改变了人们对自然世界的看法，同时，它也间接影响技术的发展，创造并培养出能够刺激并支持"有用知识"的积累和扩散的制度。技术进步以及经济增长的驱动力是人们的态度和天赋，态度决定了哪些人会花费心思和力气解释他们周围的自然世界，天赋则决定了是否能够成功将他们的解释转化为更高级的生产力和更高的生活水平。创新型增长在很大程度上取决于人们对自然的态度以及人与自然环境之间关系的观念。如果一种文化将任何智力创新视为离经叛道、亵渎经典，技术创造力就会受到限制。

将重点放在制度对长期经济增长的解释上也存在明显的局限性。信任、诚实、合作、节俭、公益心、法治等现象可以解释大量的经济表现，贸易、劳动分工、劳动力、信贷及土地市场，以及与斯密增长中相似的制度安排的产生都依赖于人们的价值观，以及对他人价值观及行为的理解。文化有助于决定什么样的制度会出现，尽管它不能保证结果如何。制度创造了文化演变发生的环境。制度在社会中创造出一个激励结构，信仰和偏好是制度中的"支架"，从某种意义上来说文化构建了制度形成的基础，因为文化为制度提供了合法性。制度也会通过不同的方式和不同的机制反作用于文化信念。社会的激励结构是基于一些观念所构建的，有些观念是关于自然的，有些是关于人际互动的，还有一些是道德性的。换句话说，制度所依赖的根基就是人们所知道和相信的信念。如果文化与制度不一致，这一根基就不稳定。如果文化和制度之间存在冲突，在某些制度的基本信念或合法性已经不再牢固的情况下，就会出现政治不均衡。

从历史经验看，现代化源于对现代世界的新认识而形成的理性化与世俗化的发展观。文艺复兴思潮主张个性解放，反对中世纪的禁欲主义，倡导科学文化精神，摒弃一切权威和传统教条，主张理性主义，为西欧现代化带来启蒙。宗教改革使人们摆脱天主教会的束缚，倡导进取心，追求物质丰裕，助推企业家精神，为资本主义现代化带来精神动力。新航路的开辟促进了资本主义萌芽，引发了一场前所未有的商业革命，商业精神的发展使西欧最早走上工业化道路。正是对传统文化价值的反叛，宗教、哲学等主要的文化及价值体系日益分化，人们乐于接受新思想和改革、重视专门技术、尊重和自重，将人类推向了现代化的征程。

二、中华文化现代化与中国式现代化

中华民族从传统向现代的转型由外力所推动。挨打和受欺凌的局面使现代化的推进者更是将落后归结为传统文化的弊端，因而对传统文化的批判与革命成为现代化的主流。然而，进入现代化强国建设阶段，必须注重优秀传统文化的价值。

1840 年鸦片战争爆发，西方科学技术和现代思想对中国传统社会和价值传统带来前所未有的冲击，现代化成为整个中华民族的共识。数千年的中国价值传统，被认为是现代化的严重障碍。只有彻底突破传统，批判传统，最终放弃传统，现代化才能实现。1919 年的"五四运动"是一场彻底的反帝反封建运动。中国共产党也是以对传统文化的批判成为推动社会进步的主要力量，早期领导人旗帜鲜明地认为宗法社会、封建制度已成为"东方民族之社会进步的障碍"，只有掌握"无产阶级的社会科学"，才能"颠覆宗法社会、封建制度、世界的资本主义，以完成世界革命的伟业"。针对南京国民政府恢复旧道德和发起"新生活运动"，中国共产党驳斥其是企图"培养封建的复古的奴隶道德，替帝国主义的侵略者准备顺从的殖民地奴隶"。

在革命时期，中国共产党的主要任务是建立新中国，将灾难深重的中华民族从传统中拔出。这一时期对传统文化的态度是反封建，在社会动员中，用马克思主义改造传统价值观，让更多的民众接受马克思主义。红军第五次反"围剿"失败后，以毛泽东同志为主要代表的中国共产党人开启马克思主义与中国具体实际的第一次结合，推进马克思主义中国化。毛泽东同志在党的六届六中全会上向全党倡议，"学习我们的历史遗产，用马克思主义的方法给以批判的总结"，强调今天的中国是由历史的中国发展而来的，中国共产党人不可以切断历史、否定传统，而应该继承从古至今流传下来的一切优秀文化传统。在延安整风时，毛泽东批评"言必称希腊"的教条主义学风，学习马克思列宁主义"不要割断历史"，明确指出中国共产党信仰共产主义并不意味着忽视中国文化遗产和非马克思主义的外国思想的价值，并号召国人要用自己的头脑进行选择，决定哪种学说能够在中国的土地上生根发芽。

新中国成立后，中国共产党面临的主要任务是从农业国转变为工业国。毛泽东提出："中国人被人认为不文明的时代已经过去了，我们将以一个具有高度文化的民族出现于世界。""领导全国人民克服一切困难，进行大规模的经济建设和文化建设，扫除旧中国所留下来的贫困和愚昧，逐步地改善人民的物质生活和提高人民的文化生活。"他在《论十大关系》中指出，要学习一切民族、一切国家的长处，但"必须有分析有批判地学，不能盲目地学，不能一切照抄，机械搬用"。科学对待传统文化和外国文化，提出既要学习国外长处，也要重视民族传统的"古为今用，洋为中用"思想，"创造出中国自己的、有独特的民族风格的东西"。毛泽东把"现代科学文化"作为与"现代工业""现代农业"同等重要的内容，明确提出建设工业现代化、农业现代化、科学文化现代化和国防现代化。遗憾的是，随着1957年"反右"斗争扩大化，对历史文化遗产采取了粗暴态度，对以孔子为代表的儒家文化进行了全盘否定。

改革开放和社会主义现代化建设新时期，中国共产党面临的主要任务是带领全国人民奔小康和实现现代化。邓小平重新确立"实事求是"的思想路线，"实事求是是马克思主义的精髓。要提倡这个，不要提倡本本。"这一时期，一方面学习和借鉴西方市场化和物质现代化的观念、价值和文化，推动社会主义市场体制的建立和物质文明的进步，另一方面也反复强调"要懂得些中国历史，这是中国发展的一个精神动力"，明确"百花齐放、洋为中用、古为今用"的文化政策。江泽民明确指出，中国人要正确对待我们的文化传统，分辨出其中的精华和糟粕，使中国几千年来传承至今的优秀传统文化，在新的时期重获新生。以胡锦涛同志为总书记的党中央明确提出科学发展观，体现了对历史长河中所积淀的传统文化的重视。

党的十八大以来，中国特色社会主义进入新时代。习近平总书记特别强调，中华优秀传统文化是我们民族的突出优势，具有深厚的文化内在力和强大的传承力，明确提出把马克思主义基本原理同中华优秀传统文化相结合，从中华优秀传统文化中汲取治国理政的智慧，提出中华优秀传统文化是涵养社会主义核心价值观的重要源泉，提出的"人类命运共同体"理念体现了对"天下为公""世界大同""仁者爱人"传统思想的创新性发展。习近平总书记对中华优秀传统文化的思想和实践谱写了马克思主义与中华传统文化相结合的新篇章。

三、建设中华民族现代文明与建设社会主义现代化强国

世界各国现代化的经验表明，随着现代化程度提高，民族自信心增强，本土文化价值更加彰显，现代化的主体文化特性更强。到了现代化强国建设阶段，文化主体性成为一个国家、一个民族发展中最基本的力量。中国共产党带领中国人民实现了中华民族从站起来、富起来到强起来的伟大飞跃，中华民族伟大复兴进入不可逆转的历史进程。进入新时代，中国确立将建成富强民主文明和谐美丽的社会主义现代化强国作为第二个百年奋斗目标，只有建立本民族文化主体价值，才能实现中华民族伟大复兴。在新的历史起点上，要立足中华民族伟大历史实践和当代实践，建设文化强国，建设中华民族现代文明。

第一，促进马克思主义基本原理与中华优秀传统文化的更完美结合。马克思主义和中华优秀传统文化有机结合、互相成就，让马克思主义成为中国的，中华优秀传统文化成为现代的，经由"结合"形成的新文化成为中国式现代化的文化形态，使中国特色社会主义道路有

了更加宏阔深远的历史纵深，中国式现代化赋予中华文明以现代力量，中华文明赋予中国式现代化以深厚底蕴。"第二个结合"让我们能够在更广阔的文化空间中，充分运用中华优秀传统文化的宝贵资源，探索面向未来的理论和制度创新。必须坚持马克思主义理论指导，坚持运用辩证唯物主义和历史唯物主义回答时代和实践提出的重大问题，用马克思主义观察时代、把握时代、引领时代。坚持解放思想、实事求是、与时俱进、求真务实，一切从实际出发，着眼解决新时代改革开放和社会主义现代化建设的实际问题。必须同中华优秀传统文化相结合，把马克思主义思想精髓同中华优秀传统文化精华贯通、同人民群众日用而不觉的共同价值观念融通，不断夯实马克思主义中国化时代化的历史基础和群众基础。

第二，建构现代化强国的文化主体价值。在现代化强国建设进程中，激活优秀传统文化基因，从中吸取内在精神价值和动力。中华优秀传统文化是中华文明的智慧结晶，其中蕴含的天下为公、民为邦本、为政以德、革故鼎新、任人唯贤、天人合一、自强不息、厚德载物、讲信修睦、亲仁善邻等，是中国人民在长期生产生活中积累的宇宙观、天下观、社会观、道德观的重要体现。中华文明在长期演进过程中，形成了中国人看待世界、看待社会、看待人生的独特价值体系、文化内涵和精神品质，是我们区别于其他国家和民族的根本特征。中华文明具有突出的连续性、创新性、统一性、包容性、和平性，是我们在世界文化激荡中站稳脚跟的根基。中华优秀传统文化是我们建设现代化强国的基因。站在新的历史起点上，我们要从历史长河中看待文化推动人类文明进步的重要功能，在时代大潮中把握文化引领社会变革的重要作用，在人的全面发展中发挥文化创造美好生活的重要价值。

第三，建设中华民族现代文明。实现社会主义现代化和中华民族伟大复兴，需要思想文化的深刻变革。中华文明延续着我们国家和民族的精神血脉，既需要薪火相传、代代守护，也需要与时俱进、推陈出新。要对传统文化进行科学分析，对有益的东西、好的东西予以继承和发扬，对负面的、不好的东西加以抵御和克服，取其精华、去其糟粕，而不能采取全盘接受或者全盘抛弃的绝对主义态度。对历史文化特别是先人传承下来的价值理念和道德规范，要坚持古为今用、推陈出新，有鉴别地加以对待，有扬弃地予以继承，在学习、研究、应用传统文化时，结合新的实践和时代要求进行正确取舍。不能搞厚古薄今、以古非今，要努力实现传统文化的创造性转化、创新性发展，使之与现实文化相融相通。要坚持不忘本来、吸收外来、面向未来，在继承中转化，在学习中超越，不断推动文化创新创造。要坚持守正创新，推动中华优秀传统文化创造性转化、创新性发展，为民族复兴立根铸魂。努力用中华民族创造的一切精神财富以文化人、以文育人，发展面向现代化、面向世界、面向未来的，民族的科学的大众的社会主义文化。

第四，增强文明互鉴。文明的繁盛、人类的进步，离不开求同存异、开放包容，离不开文明交流、互学互鉴。我们越接近民族复兴的目标，越是国际地位显著提高，就越需要让世界更多的人了解、理解并共享中国价值。建设文化强国的过程，既是传承弘扬中华文化、增强其生命力和影响力的过程，又是吸纳外来文化文明精华、推动中华文化不断丰富的过程。要坚守中华文化立场，展现中华文明的悠久历史和人文底蕴。要深入开展同各国的文化交流合作，广泛参与世界文明对话，深化文明交流互鉴，推动中华文化更好走向世界。拓展世界眼光，深刻洞察人类发展进步潮流，为解决人类面临的共同问题作出贡献，以海纳百川的宽阔胸襟借鉴吸收人类一切优秀文明成果，推动建设更加美好的世界。秉持开放包容，传承发展中华优秀传统文化，促进外来文化本土化。

【作者系中国人民大学经济学院党委书记兼院长】

中国式现代化创造新文明

戴木才

党的二十大报告指出："在新中国成立特别是改革开放以来长期探索和实践基础上，经过十八大以来在理论和实践上的创新突破，我们党成功推进和拓展了中国式现代化。"中国共产党带领中国人民以中国式现代化推进中华民族伟大复兴，"不断丰富和发展人类文明新形态"。中国式现代化道路的成功开创，既体现了人类社会现代化发展的一般规律，又体现了马克思主义关于社会主义现代化发展的特殊规律，是对资本主义现代化道路的超越性创造，创造性地回答了马克思关于跨越"卡夫丁峡谷"的现代化问题。中国式现代化道路旗帜鲜明、主题突出、路径清晰、全面推进，是一个递进式的发展过程，创造了人类文明新形态。习近平总书记深刻指出："中国特色社会主义是党和人民历经千辛万苦、付出巨大代价取得的根本成就，是实现中华民族伟大复兴的正确道路。我们坚持和发展中国特色社会主义，推动物质文明、政治文明、精神文明、社会文明、生态文明协调发展，创造了中国式现代化新道路，创造了人类文明新形态。"

一、从历史角度看中国式现代化创造新文明

在特定的历史意义上说，中华民族虽然是被动地卷入世界现代化

发展的历史进程之中的，但是应该看到，早从洋务运动时期就开始了对近代中国实现现代化的理论与实践探索，所谓"中体西用""师夷长技以制夷""洋务运动"等，都是当时的中国探寻现代化的一种理论与实践，都是在一定的理论建构基础上进行的现代化实践和尝试，之后的"戊戌变法""辛亥革命""新文化运动""全盘西化论""全面复古论""社会性质大论战"等也莫不是如此，只是在不同领域、不同层面、从不同角度求索中华民族如何实现现代化而已。这些探索和尝试虽然都失败了，但都是近代以来中华民族对试图走上现代化发展道路的理论探索与实践链条上的重要环节，不论其成败如何，在中华民族走向现代化的发展历程中都留下了深深的历史痕迹和印记，在一定程度上也推动了中华文明的发展进步，具有不可磨灭的历史意义。

中国共产党成立后尤其是新中国建立后，中国共产党提出实现我国社会主义的"四个现代化"，这既是建立在当时对现代化理论的一定认识基础之上，也是从贫穷落后的中国的具体实际出发而进行的一种务实的现代化实践，在一定意义上也是一种理论与实践相统一的现代化求索。改革开放后，从我国处于并将长期处于社会主义初级阶段的具体国情出发，中国共产党带领中国人民对"中国式的现代化"既开始了系统深入的理论探索，又开始了伟大而具体的实践推进。一方面，20 世纪 80 年代的国外现代化理论、90 年代的"自由民主理论"、21 世纪初的西方"治理理论"等被大量译介到中国。同时，大量的现代化理论研究也是在西方现代化知识体系的主导下思考和研究中国的现代化理论的，并以其概念、框架和方法来解释中国的现代化实践。这种状况，在中国式现代化的理论研究之初，由于自身的知识积累和学术创造能力较为薄弱，具有一定的必要性。另一方面，我国始终坚持以马克思主义为指导，坚持把马克思主义基本原理与中国具体实际相结合、与中华优秀传统文化相结合，在学习借鉴国外现代化理论研究有益成果的基础上，尤其是在中国特色社会主义现代化建设伟大实践的基础上，我国对中国式现代化的理论研究从一开始就具有一定的独立思考能力和开创性、创新性和开拓性，必然促进东西方现代化理论的相互借鉴，东西方文明的相互碰撞、交流和交汇。

习近平总书记指出："一些理论观点和学术成果可以用来说明一些国家和民族的发展历程，在一定地域和历史文化中具有合理性，但如果硬要把它们套在各国各民族头上、用它们来对人类生活进行格式化，并以此为裁判，那就是荒谬的了。对国外的理论、概念、话语、方法，要有分析、有鉴别，适用的就拿来用，不适用的就不要生搬硬套。哲学社会科学要有批判精神，这是马克思主义最可贵的精神品质。"近代以来中华民族探寻现代化道路的发展历史早已证明，在通往现代化的发展道路上，决不只有西方资本主义发达国家的现代化发展道路即西方式现代化道路，即使在西方发达资本主义国家的现代化道路上也存在着多种多样的模式，诸如盎格鲁－撒克逊模式、莱茵模式、北欧模式、东亚模式等多种西方式现代化模式，更不用说苏联时期的社会主义现代化道路、新中国建立后对"四个现代化"的探索和拉美国家、亚洲"四小龙"的现代化发展模式。与现代化发展模式的多样性相联系，人类文明的存在样式也必然是多种多样的，中国式现代化道路的成功开创也必然创造人类文明的新形态。

二、从实践角度看中国式现代化创造新文明

从中国式现代化的具体实践领域来阐释中国式现代化创造的新文

明，可以发现，中国式现代化创造的新文明形成了一系列具有标识性的概念、范畴和理论逻辑。例如在经济现代化、政治现代化、文化现代化、社会现代化、生态现代化、国家治理体系和治理能力现代化、军队现代化、全球治理现代化等具体实践领域，都形成了一系列"以中国式现代化为主题"和"以中国式现代化为方法"而构建起来的、具有理论解释力和说服力的、具有中国式标识性的新文明概念、范畴和理论逻辑。

从经济现代化上看，已经形成了人民物质文化生活需要、人民美好生活需要、人民生活水平、小康社会、全面建成小康社会、实现共同富裕、高质量发展、现代化经济体系、现代化产业体系、供给侧结构性改革、经济发展新常态、乡村振兴、区域协调发展、对外开放、科技创新体系、创新驱动、自主创新能力、建设创新型国家、推动科技和经济深度融合、新型"工业化、信息化、城镇化、农业现代化"同步发展、区域协调发展新格局、完善社会主义市场经济体制、形成全面开放新格局等具有中国式标识性的经济现代化概念、范畴和理论逻辑，体现着经济领域的新文明。

从政治现代化上看，已经形成了立党为公、执政为民，中国特色社会主义政治发展道路，坚持党的领导、人民当家作主、依法治国有机统一，坚持人民主体地位，充分体现人民意志、保障人民权益、激发人民创造活力，民主选举、民主协商、民主决策、民主管理、民主监督，建设社会主义法治国家、法治政府、法治社会，科学立法、严格执法、公正司法、全民守法，推进国家治理能力和治理体系现代化、全过程人民民主、协商民主，坚持党的领导、统一战线、协商民主有机结合，学习型政党、使命型政党、服务型政府立党为公、党的全面领导、执政为民、科学执政、民主执政、依法执政、依法治国与以德治国相结合、爱国统一战线、"一国两制"、特别行政区宪制秩序、国家统一、民族复兴、反对霸权主义、集中统一领导、民主集中制、政治生态、全面从严治党、自我革命、党内政治生活、党内法规制度体系、反腐倡廉、政治巡视等具有中国式标识性的现代化概念、范畴和理论逻辑,体现着政治领域的新文明。

从文化现代化上看,已经形成了文化自信、文化强国、中国特色社会主义文化发展道路、全民族文化创新创造活力、中华优秀传统文化、革命文化、社会主义先进文化、中华文化立场、"面向现代化、面向世界、面向未来的,民族的科学的大众的"社会主义文化、社会主义精神文明和物质文明协调发展,坚持为人民服务、为社会主义服务,坚持百花齐放、百家争鸣,坚持创造性转化、创新性发展,社会主义核心价值体系、社会主义核心价值观、中国精神、民族精神和时代精神、中国共产党人精神谱系、全社会文明程度、公民道德建设工程、群众性精神文明创建活动、科学精神、诚信建设、志愿服务制度化、坚持以人民为中心的创作导向、学术民主、艺术民主、社会效益放在首位、社会效益和经济效益相统一、公共文化服务体系、现代文化产业体系和市场体系、新型文化业态、体育强国、中外文化交流互鉴、国际传播能力、国际话语权、国家文化软实力、文化传播力等具有中国式标识性的现代化概念、范畴和理论逻辑,体现着文化领域的新文明。

从社会现代化上看,已经形成了美好生活、保障和改善民生、公共服务体系、获得感、幸福感、安全感、教育强国、教育现代化、人民满意的教育、立德树人、教育公平、城乡义务教育一体化发展、更高质量和更充分就业、和谐劳动关系、实现居民收入与经济增长同步增长、实现劳动报酬与劳动生产率同步提高、促进收入分配更合理更有序、基本公共服务均等化、全面建成"覆盖全民、城乡统筹、权责清晰、保障适度、可持续"的多层次社会保障体系、实施健康中国战略、文明健康生活方式、打造共建共治共享的社会治理格局，社会治理体系、社会治理共同体，形成"党委领导、政府负责、社会协同、法治保障"的社会管理体制等具有中国式标识性的现代化概念、范畴和理论逻辑，体现着社会领域的新文明。

从生态现代化上看，已经形成了美丽中国、坚持绿水青山就是金山银山、绿色发展、低碳发展、人与自然和谐共生、尊重自然、顺应自然、保护自然，形成节约资源和保护环境的空间格局、产业结构、生产方式、生活方式，节约集约、碳中和、优质生态产品、生态安全格局、自然岸线格局、绿色低碳循环发展产业体系、废弃物循环利用体系、绿色低碳的生产方式和生活方式，"清洁低碳、安全高效"的现代能源体系，现代环境治理体系，构建政府为主导、企业为主体、社会组织和公众共同参与的环境治理体系，建设资源节约型、环境友好型社会，自然保护地体系、新型能源体系、生态系统碳汇能力，形成人与自然和谐发展的生命共同体、积极参与全球环境治理等具有中国式标识性的现代化概念、范畴和理论逻辑，体现着生态领域的新文明。

从国家安全和军队现代化上看，已经形成了总体国家安全观、平安中国、国家安全体系和能力、人民安全、政治安全、经济安全、军事科技文化社会安全、国际安全、公共安全体系、公共安全治理水平、人民军队、军委主席负责制、政治建军、改革强军、科技强军、人才强军、依法治军、国防和军队现代化、军事理论现代化、军队组织形态现代化、军事人员现代化、武器装备现代化、全民国防、世界一流军队、中国特色军事法治体系、一体化国家战略体系和能力、科技是核心战斗力、联合作战能力、全域作战能力、机械化信息化智能化融合发展、坚持富国和强军相统一、军民融合深度发展格局、构建一体化的国家战略体系和能力、国防动员体系、现代边海空防等具有中国式标识性的现代化概念、范畴和理论逻辑，体现着军事领域的新文明。

从全球治理现代化上看，中国没有走历史上西方发达资本主义国家依靠侵略和扩张实现现代化的老路，而是坚定走和平发展实现现代化的新路，坚持走对话而不对抗、结伴而不结盟的新路，已经形成了世界和平与发展、独立自主、和平外交政策、防御性国防政策、积极构建人类命运共同体，倡导和平、发展、公平、正义、民主、自由的人类共同价值，坚持对外开放、坚持共商共建共享、维护国际公平正义，中国无论发展到什么程度永远不称霸，永远不搞扩张，建设相互尊重、公平正义、合作共赢的新型国际关系，建设持久和平、普遍安全、共同繁荣、开放包容、清洁美丽的世界，贸易和投资自由化便利化、全球伙伴关系、尊重世界文明多样性、建设开放型世界经济、推动国际关系民主化、多边主义、共同创造人类美好未来等具有中国式标识性的现代化概念、范畴和理论逻辑，体现着全球治理领域的新文明。

这些概念、范畴和理论逻辑，在一定程度上都体现了"以中国式现代化为主题"和"以中国式现代化为方法"的研究范式和理论范式，既具有中国式现代化的独特性创造，又具有现代化发展的普遍性要求，是中国与世界、特殊性与普遍性、民族性与世界性的有机统一，既是中国式现代化理论体系、学术体系和话语体系的身份标识，又是人类文明新形态的知识体系基础。

三、从理论角度看中国式现代化创造新文明

中国式现代化的理论研究，必须真正提出中国实现现代化的中国问题、给出中国实现现代化的解决方案，必须立足于中国式现代化面对的独特的文化传统、独特的历史命运、独特的基本国情和独特的奋斗目标，努力构建关于中国式现代化的理论体系，形成具有标识性的概念、范畴、逻辑，通过概念、范畴、逻辑对中国式现代化的伟大实践、发展轨迹、丰富内涵和重要特征等进行概括、分析、判断和推理，科学得出中国式现代化的特殊发展规律、普遍发展原理与未来发展前景，形成完整而严密的关于中国式现代化的理论体系、学术体系和话语体系，科学阐明中国式现代化在世界现代化理论体系和理论格局中的特有贡献和应有地位。中国式现代化创造的这种独特知识体系，在实质上也就是一种与西方式现代化创造的西方文明相区别的文明形态。

概念和范畴都是人类在认知客观事物的发展过程中，从经验思维到理论思维，进而形成专门理论知识和专业学科知识的产物，是对事实或理论的本质反映和本质概括，是构建理论体系、学术体系和话语体系的重要基础。概念是反映客观事物根本属性的一种基本思维形式，在人类的认知思维体系中是一种基本构筑单位，是人脑对客观事物本质的反映。如果没有一些基本概念，就不可能从经验思维上升到理论思维，进行逻辑推理、概括和组成文字语言。范畴则是比概念更加深入一步的思维形式，是反映客观事物普遍本质的一些基本概念，一般是指人的思维对客观事物本质的概括反映。换言之，如果说概念是反映单个事物的本质属性，具有个别性、特殊性的话，那么范畴则是反映多个事物或某类事物的本质属性，具有概括性、普遍性，是对

事物作出归类整理后所得出的共同性质的反映，也就是事物种类的本质反映。在概念的基础上，逻辑则以一定的推理形式反映人类思维的因果规律和反映人类认知事物而得出的客观规律性，也就是通过事物的因果规律反映出人类认知事物的科学性和事物的客观规律性。各种专门理论、各专业学科都应有自己的一些基本概念、基本范畴和逻辑推理形式，从而形成专门理论思维、专业学科思维的基本单元和基本逻辑。显然，关于中国式现代化的理论研究也同样如此，正是中国式现代化的理论体系、学术体系和话语体系为它所创造的人类文明新形态提供了知识体系支撑。

改革开放以来，中国式现代化已经产生和拥有了一批有效的概念、范畴以及理论逻辑，形成了中国式现代化的研究范式或理论范式，体现了中国式现代化独特的文化传统、独特的历史命运、独特的基本国情和独特的奋斗目标，体现了自身的标识性，与西方式现代化的研究范式、理论范式、知识体系具有明显的不同。比如从中国式现代化的总体性概念、范畴和理论逻辑上看，已形成了中国式的现代化、小康社会、共同富裕、"三个有利于"、"三个代表"重要思想、科学发展观、和谐发展、和平发展、"两个一百年"奋斗目标、中华民族伟大复兴中国梦、以人民为中心、"物质文明、政治文明、精神文明、社会文明、生态文明"协调发展、"经济建设、政治建设、文化建设、社会建设、生态文明建设"五位一体总体布局、"全面建设社会主义现代化国家、全面深化改革、全面依法治国、全面从严治党"四个全面战略布局、"创新、协调、绿色、开放、共享"新发展理念，实施"科教兴国战略、人才强国战略、创新驱动发展战略、乡村振兴战略、区域协调发展战略、可持续发展战略、军民融合发展战略"、人与自然和谐共生的现代化、走和平发展道路的现代化、积极构建人类命运共同体等具有中国式现代化的标识性概念、范畴和理论逻辑，这些概念、范畴和理论体系都是人类文明新形态的丰富内涵。

关于中国式现代化创造的人类文明新形态，应在来源于中国式现代化实践又指导着中国式现代化实践的概念、范畴和理论逻辑的基础上，进一步将中国式现代化的历史逻辑、实践逻辑、理论逻辑、比较逻辑（国际视野）纳入研究范式和理论范式，使中国式现代化的理论逻辑与历史逻辑、实践逻辑和比较逻辑有机统一起来，形成一个总体性的有机统一整体，进一步推动中国式现代化的理论体系、学术体系和话语体系不断丰富更新，使之更具有标识性与科学性、解释力与说服力，更加体现中国与世界、特殊性与普遍性、民族性与世界性的有机统一，从而体现人类文明新形态的科学性、系统性和多样性，实现好与西方式现代化创造的西方文明的有效对话，提升中国式现代化及其创造的人类文明新形态的国际话语权和世界影响力。

【作者系清华大学马克思主义学院教授、博士生导师，清华大学习近平新时代中国特色社会主义思想研究院研究员，曾任中宣部政研所副所长、中宣部宣传舆情研究中心副主任等职】

"文化基因"论将我们党对文化
发展规律的认识提升到新境界

耿识博

习近平总书记有着深厚的中华传统文化修养。自担任中共中央总书记以来，他不管是在论述中国特色社会主义、中华民族伟大复兴的"中国梦""小康社会"等宏伟战略规划，还是在谈论加强党的建设、培育社会主义核心价值观、建设社会主义文化强国、进行生态文明建设、依法治国、走和平发展道路等治国理政的根本遵循时，都积极从博大精深的中华优秀传统文化中汲取养料。讲话中，他多次用"基因""文化基因""精神基因""精神命脉""精神标识""坚实根基""'根'和'魂'"等概念来肯定中华优秀传统文化，从而形成了以"文化基因"为核心的关于传统与现代、中华传统文化与中国特色社会主义之间关系的系统论说，将我们党对中华传统文化和文化发展规律的认识提升到新境界、新高度，具有深远的理论意义和重要的现实意义。

"基因"（gene）原本是一个生物遗传学概念，最早由奥地利生物学家孟德尔提出，一般指控制生物性状的基本遗传单位。20世纪中叶以来，在结构人类学和生物遗传学逐渐兴盛并取得丰硕成果的大背景下，一些文化学者尝试从"基因"角度考察人类文化现象。如20世纪50年代，美国人类学家克罗伯和克拉克洪猜想，不同文化中是否具有像生物之"基因"那样基本而又齐一的"文化基因"？20世纪60年代，一些文化学者建议把可以交流、传递的文化微观单元称为

"特征丛"（Traitcomplex）或"行子"（actone）。1976 年，英国生物学家和行为生态学家道金斯在其《自私的基因》一书中，仿照"基因（gene）"创造了"Meme"（一般译作"谜米"或"文化基因"）一词，用来指称"文化传递单位"，文化复制和传播机制进行，"是一种传播学意义上的学问"。如权威的《牛津英文字典》即将"Meme"定义为：文化的一种要素，可设想为一种非基因手段的复制。

我国的"文化基因"研究，从 1981 年《自私的基因》一书翻译成中文开始起步。随着三十多年的发展，产生了不少研究成果。和国外同行相比，我国的"文化基因"研究视野比较开阔，既有哲学学者如刘长林等，以文化基因探讨社会文化进化论；也有文化史学者如刘植惠等，从文化传承的角度来讨论文化基因的意义；还有民族学者、文化人类学者如徐杰舜等，通过文化基因研究人类文化结构中存在的本性因素等等。毕文波对"文化基因"所下的定义，代表了国内学者对"文化基因"的一般理解。他说："内在于各种文化现象中，并且具有在时间和空间上得以传承和展开能力的基本理念或基本精神，以及具有这种能力的文化表达或表现形式的基本风格，叫作'文化基因'。"近年来，虽然关于"文化基因"本身的研究还有很大开拓空间，但越来越多文学、哲学、史学、法学、政治学、伦理学、传播学、建筑学、医学、经济学、地理学等诸多学科的学者，采用"文化基因"这个概念来说明、解释其研究领域中存在的现象、问题。另外，报刊、网络、微信等媒体上，"文化基因"也成为一个频繁出现的热词。这说明，"文化基因"作为一个科学范畴，正在引起一股全球性的"谜米"研究热潮。概括来说，国外的"谜米"研究一直围绕学者和社会公众的普遍认可。

党的十八大以来，习近平总书记站在数千年人类文明的高度，结合时代问题，继承马列主义经典作家和革命领袖的思想智慧，汲取博大精深的中华优秀传统文化精华，吸纳学术界最新研究成果提出的"文化基因"论，将我们党对中华传统文化和文化发展规律的认识提升到新境界、新高度，具有丰富的内涵和蕴意。

一、深刻揭示了中华文化发展演变的内在规律

习近平总书记借用学界和公众熟知的"基因""文化基因"范畴来论说文化，实际上在对"传统文化"和"文化传统"深刻理解的语境中，点明了文化发展演变过程中稳定性和变异性的统一，揭示了中华文化葆有长久生命力的奥秘。

不少学者论及传统文化和当下文化的关系时，引用了"传统文化"和"文化传统"的概念。如朱维铮认为，传统文化"涵盖历史上的精神与物化了的精神的主要领域"，而文化传统则是历代相传、至今不绝的为社会所累积的经验，"属于历史的遗存，却在现代社会稳立数千年而长盛不衰，正是因为在其生命运动中兼具稳定性和变异性双重品格，能够不断实现传承与更新的对立统一"。这种统一，"不是结果的统一性而是活动的统一性，不是产品的统一性而是创造过程的统一性"。如果按照人们通常的理解，将文化限定在精神层面的话，似可将"传统文化"看作过去人们所创造的一切精神财富，而"文化传统"则是当下人们所承继的活生生的精神存在。通观习近平总书记关于"文化基因"的论说，如"中华优秀传统文化已经成为中华民族的基因"，"古诗文经典已融入中华民族的血脉，成了我们的基因"，中国传统思想文化"最核心的内容已经成为中华民族最基本的文化基因"，等等，正是在对"传统文化"和"文化传统"深刻理解的语境中进行的。

他所谓的"文化基因"，应该是指在"传统文化"中孵化而成、正在或可以在"文化传统"中承继发展的最小文化因子，是过去、现在和未来时空中传承、传播的文化的基本功能单位。

基因是遗传物质的最小功能单位，具有稳定性和可变性。一方面，基因的分子结构稳定，能够通过精确的自我复制把原有的遗传信息分配给子细胞，或通过性细胞传给子代，由此保证了遗传的稳定和生物性状的世代相传；另一方面，基因在自我复制过程中受内外环境影响会发生相应的变化，这种变化会保留在遗传密码或生物性状中，从而增加了生物的多样性，为选择提供了更多的机会。"文化基因"亦具有类似于生物基因的稳定性和可变性。文化基因的传承、传播构成了文化发展、演变的波澜壮阔景象。正是文化基因的稳定性和可变性，保证了文化发展、演变过程中稳定性和变异性的统一。正如冯天瑜所云："文化诸层次，在特定的结构——功能系统中融为统一整体。这个整体既是前代文化历时性的累积物，具有遗传性、稳定性，同时又在变化着的生态环境影响下，内部组织不断发生递变和重建，因而又具有变异性、革命性。"

中华文化之所以既坚守本根又不断与时俱进，是因为"中国是有着悠久文明的国家。在世界几大古代文明中，中华文明是没有中断、延续发展至今的文明，已经有 5000 多年历史了。我们的祖先在几千年前创造的文字至今仍在使用"。两千多年前，老子、孔子、墨子等思想家"提出的很多理念，如孝悌忠信、礼义廉耻、仁者爱人、与人为善、天人合一、道法自然、自强不息等，至今仍然深深影响着中国人的生活"。这是对中华文化稳定性的自觉和肯定。同时，习近平总书记强调，中华文化长久的生命力和其与时迁移、应物变化的品质密不可分。他说："儒家思想和中国历史上存在的其他学说都是与时迁移、应物变化的，都是顺应中国社会发展和时代前进的要求而不断发展更新的，因而具有长久的生命力。"这种对传承与更新、稳定性与变异性的辩证理解，深刻揭示了中华文化发展演变的内在规律和葆有长久生命力的奥秘所在，为当下文化建设提供了重要启示。

二、准确申说了中华优秀传统文化的历史定位

习近平总书记将中华优秀传统文化看作中华民族的文化基因，在人类文明纵向流变和横向交流的广袤时空中，准确申说中华优秀传统文化的历史定位，指出中华优秀传统文化既是中华民族的"精神标识"和"精神命脉"，又具有"跨越时空、超越国度"的永恒魅力。

生物繁衍、生息过程中，其性状的独特性是由基因遗传控制的。人类文明的演进亦然。正如隐藏在我们肉体中的生物基因决定了我们黑头发、黄皮肤的生命体征一样，是我们的文化传统保证了我们别具一格的民族特性。在对文明多样性有着深刻认知的基础上，习近平总书记指出，每一个国家和民族的文明都扎根于本国本民族的土壤之中，都有自己的本色、长处、优点，都应受到尊重。任何想用强制手段来解决文明差异的做法都不会成功，反而会给世界文明带来灾难。"中华文化源远流长，积淀着中华民族最深层的精神追求，代表着中华民族独特的精神标识。"中国传统思想文化"体现着中华民族世世代代在生产生活中形成和传承的世界观、人生观、价值观、审美观等，其中最核心的内容已经成为中华民族最基本的文化基因。这些最基本的文化基因，是中华民族和中国人民在修齐治平、尊时守位、知常达变、开物成务、建功立业过程中逐渐形成的有别于其他民族的独特标识"，植根在中国人内心，潜移默化影响着中国人的思想方式和

行为方式。"我们生而为中国人，最根本的是我们有中国人的独特精神世界，有百姓日用而不觉的价值观。"这些重要论断，体现了对中华文化独特性的深刻自觉。正是上下五千年辉煌灿烂的传统文化，将中华民族和其他民族区别开来。纵观人类历史，完全因为战乱或自然灾害而灭亡的民族几乎没有，但因为本民族文化被其他文化覆盖而"消失"的民族比比皆是。既然中华优秀传统文化是我们的"精神标识"和"文化基因"，我们就应该像对待自己的生命和血脉一样爱护它，像守护"民族的'根'和'魂'"一样珍爱它。为此，习近平总书记强调，"抛弃传统、丢掉根本，就等于割断了自己的精神命脉。博大精深的中华优秀传统文化是我们在世界文化激荡中站稳脚跟的根基"，是中华民族永远不能离开的精神家园。

基因及其决定的生物性状既有独特性，也有普遍性。比如，是基因使我们和祖先、父母等亲属外貌相像，和其他人区别开来；同样，从一个更大的层次和视域看，也是基因使古今中外的人具有了七窍四肢、直立行走、思维等"人类"共性，从而有别于马、牛等生物。基因的独特性和普遍性，实为一体之两面。文化基因和由其传承形成的文化传统也有这个特性。对此，庞朴曾有过精辟分析。他说："作为动物的人类，彼此是相同的；作为人性的人类，存在和发展的样式也大体相似。因而，不同的人群在各自圈子里形成的传统，必然要有相同和相似的成分。这些成分，或适用于全人类，或适用于全历史，而成为民族传统中的超民族、超历史者……超越成分的存在，是不同民族能相互理解的根据，不同时代得以前后传承的基因。"

习近平总书记在人类文明纵向流变和横向交流的广袤时空中申说中华优秀传统文化的历史定位，将其看作中华民族的文化基因，也就强调了中华文明独特性和普遍性的统一。在指出中华优秀传统文化是中华民族"精神标识"的同时，他也强调中华文明是世界文明的一部分，注意发掘中华优秀传统文化的永恒魅力和世界性意义。他认为："中华文明不仅对中国发展产生了深刻影响，而且对人类文明进步作出了重大贡献。"中华优秀传统文化中包含着许多人类共同遵循的普遍性生存智慧，其中的很多思想理念和道德规范，"都有其永不褪色的价值"。"老子、孔子、墨子、孟子、庄子等中国诸子百家学说至今仍然具有世界性的文化意义"，这些思想家"思考和表达了人类生存与发展的根本问题，其智慧光芒穿透历史，思想价值跨越时空，历久弥新，成为人类共有的精神财富"，"要使中华民族最基本的文化基因与当代文化相适应、与现代社会相协调，以人们喜闻乐见、具有广泛参与性的方式推广开来，把跨越时空、超越国度、富有永恒魅力、具有当代价值的文化精神弘扬起来"。从这样的高度肯定中华优秀传统文化，认为其具有"跨越时空、超越国度、富有永恒魅力"，标志着我们党对中华优秀传统文化的意义有了崭新的认识。

三、系统论述了中华优秀传统文化的时代价值

近代以来，基于"落后就要挨打"的沉痛教训，曾出现过不少否定传统文化价值的极端论调。比如，新文化运动主将胡适即将传统文化看作"国故"，把"故"解释为"过去""死亡"。为了让人知道"国故"也就"不过如此"，他甚至把"整理国故"比喻成"打鬼"。与之相反，面对新形势、新任务，习近平总书记将中华优秀传统文化当作融于中华民族血肉的鲜活"基因"来珍爱，无论是在绘制当代中国社会发展的宏伟蓝图，还是部署治国理政的具体方针，无论是应对国内问题，还是化解全球危机，都积极从中华优秀传统文化中汲取智慧。

特别是他关于中国特色社会主义植根于中华文化沃土，中华优秀传统文化是涵养社会主义核心价值观的重要源泉、是我们最深厚的文化软实力、蕴藏着治国理政和解决人类难题的重要启示等系列论断，将我们党对中华优秀传统文化时代价值的认识提升到了新高度。

中国特色社会主义植根于中华文化沃土。历史和现实之间存在着无法割舍的联系，人们总是"在直接碰到的、既定的、从过去承继下来的条件下创造"历史。习近平总书记指出，每个国家和民族的历史传统、文化积淀、基本国情不同，其发展道路必然有着自己的特色。独特的文化传统、历史命运和基本国情，注定了我们必然要走适合自己特点的发展道路，不能全盘照搬别国的政治制度和发展模式。今天的中国是历史中国的延续和发展。"中国特色社会主义植根于中华文化沃土、反映中国人民意愿、适应中国和时代发展进步要求"，是在对中华民族五千多年悠久文明的传承中走出来的，有着深厚历史渊源和广泛现实基础。"只有坚持从历史走向未来，从延续民族文化血脉中开拓前进，我们才能做好今天的事业。"论及中华民族伟大复兴的"中国梦"时，习近平总书记也强调，中国梦"既深深体现了今天中国人的理想，也深深反映了中国人自古以来不懈追求进步的光荣传统"，没有文明的继承、发展和文化的弘扬、繁荣，就没有中国梦的实现。"中华民族的历史智慧是中国人民世世代代形成和积累的，我们要总结发扬，使之服务于实现中华民族伟大复兴的伟大事业。"

中华优秀传统文化是涵养社会主义核心价值观的重要源泉。习近平总书记指出，核心价值观是民族的精神纽带、国家的思想道德基础。如果没有共同的核心价值观，一个民族、一个国家就会魂无定所、行无依归。"不同民族、不同国家由于其自然条件和发展历程不同，产生和形成的核心价值观也各有特点。一个民族、一个国家的核心价值观必须同这个民族、这个国家的历史文化相契合。"社会主义核心价值观传承着中国优秀传统文化的基因，充分体现了对中华优秀传统文化的传承和升华。"培育和弘扬社会主义核心价值观必须立足中华优秀传统文化"，必须从中华优秀传统文化中汲取丰富营养，否则就不会有生命力和影响力。"要认真汲取中华优秀传统文化的思想精华和道德精髓，大力弘扬以爱国主义为核心的民族精神和以改革创新为核心的时代精神，深入挖掘和阐发中华优秀传统文化讲仁爱、重民本、守诚信、崇正义、尚和合、求大同的时代价值，使中华优秀传统文化成为涵养社会主义核心价值观的重要源泉。"这个重要论断，深刻揭示了中华优秀传统文化与社会主义核心价值观之间的关系，科学阐明了中华优秀传统文化对培育和弘扬社会主义核心价值观的重要意义。

中华优秀传统文化是我们最深厚的文化软实力。习近平总书记强调：一个国家、民族的强盛总是以文化兴盛为支撑的。文化软实力体现一个国家最核心、最高层的综合实力，事关一个民族精气神的凝聚。丢掉了思想文化这个灵魂，国家、民族是立不起来的。"中华优秀传统文化是中华民族的突出优势，是我们最深厚的文化软实力"，是中华民族生生不息、发展壮大的丰厚滋养和自立于世界民族之林的精神支撑，是中华民族的"根"和"魂"。历史上，"包括儒家思想在内的中国传统思想文化中的优秀成分，对中华文明形成并延续发展几千年而从未中断，对形成和维护中国团结统一的政治局面，对形成和巩固中国多民族和合一体的大家庭，对形成和丰富中华民族精神，对激励中华儿女维护民族独立、反抗外来侵略，对推动中国社会发展进步、促进中国社会利益和社会关系平衡，都发挥了十分重要的作用"。今天，我国的经济总量已跃居世界第二、政治地位显著攀升，"在世界政治、经济舞台上扮演着越来越重要的角色",但中国文化的影响力还有待提升,"中外文化传播很不对等"。为了形成与我国国际地位相对称的文化软实力,习近平总书记强调,要努力夯实国家文化软实力的根基,大力弘扬民族精神和时代精神,推动文化事业全面繁荣、文化产业快速发展;努力传播当代中国价值观念,做好中国梦的宣传和阐释;大力推动中华文化"走出去",努力展示中华文化的独特魅力,把继承传统优秀文化又弘扬时代精神、立足本国又面向世界的当代中国文化创新成果传播出去;注重塑造我国的国家形象,重点展示中国历史底蕴深厚、各民族多元一体、文化多样和谐的文明大国形象;努力提高国际话语权,对中国人民和中华民族的优秀文化和光荣历史,加大正面宣传力度。

　　中华优秀传统文化蕴藏着治国理政和解决人类难题的重要启示。党的十八大以来,习近平总书记提出了一系列治国理政的新思想、新观点,其中很多闪现着中华优秀传统文化的智慧和经验。他强调:"在漫长的历史进程中,中华民族创造了独树一帜的灿烂文化,积累了丰富的治国理政经验,其中既包括升平之世社会发展进步的成功经验,也有衰乱之世社会动荡的深刻教训。我国古代主张民惟邦本、政得其民,礼法合治、德主刑辅,为政之要莫先于得人、治国先治吏,为政以德、正己修身,居安思危、改易更化,等等,这些都能给人们以重要启示。"思考化解全球危机的出路时,习近平总书记也善于从中华优秀传统文化中汲取智慧。他指出,当代人类面临着贫富差距持续扩大、个人主义恶性膨胀、人与自然关系日趋紧张等诸多突出难题。中国优秀传统文化中蕴藏着解决这些难题的重要启示。"中国优秀传统文化的丰富哲学思想、人文精神、教化思想、道德理念等,可以为人们认识和改造世界提供有益启迪,可以为治国理政提供有益启示，也可以为道德建设提供有益启发。"我们要结合时代条件加以继承和发扬，赋予其新的含义，让中国优秀传统文化同世界各国优秀文化一道造福人类。

四、科学阐明了对待中华传统文化的正确态度

生物基因通过自我复制传递着遗传信息。这种传递并非丝毫不变，而是受内外环境影响有所取舍。习近平总书记像看待基因遗传一样审视中华传统文化的传承，主张结合时代要求有鉴别地对待、有扬弃地继承，重点做好创造性转化和创新性发展，这就科学阐明了对待中华传统文化的正确态度。

中华民族在长期繁衍生息过程中，特别善于用历史眼光看待当下问题，所以中华文明中"历史理性"居于主导地位，史学也格外发达。郭象"承百代之流，而会乎当今之变"一语，道出了中华民族审视历史与当下的基本思路或观点。习近平总书记对待中华传统文化的态度，既闪烁着辩证唯物主义的光辉，也体现了中华优秀传统文化的智慧。他多次强调，中华民族从古到今的历史一脉相承、不可割裂。不忘历史才能开辟未来，善于继承才能善于创新。任何一个国家、一个民族都是在承先启后、继往开来中走到今天的。优秀传统文化是一个国家、一个民族传承和发展的根本。对于传统文化，"要坚持古为今用、以古鉴今，坚持有鉴别的对待、有扬弃的继承，而不能搞厚古薄今、以古非今"。这种态度，和历史虚无主义或文化保守主义划清了界限。之所以要"有鉴别的对待、有扬弃的继承"，是因为传统文化在形成和发展过程中，受历史条件制约，不可避免会存在陈旧过时或已成为糟粕性的东西。这就要求人们结合新的实践和时代要求进行正

确取舍，对存在合理内核又具有旧时代要素的内容，要取其精华、去其糟粕；对明显不符合当今时代要求的内容，要加以扬弃。

文化的继承与发展是辩证统一的关系。对此，习近平总书记有着深刻认识。他强调，"每一种文明都延续着一个国家和民族的精神血脉，既需要薪火相传、代代守护，更需要与时俱进、勇于创新"；弘扬中华优秀传统文化，"要处理好继承和创造性发展的关系，重点做好创造性转化和创新性发展"，"使之与现实文化相融相通，共同服务以文化人的时代任务"。所谓"创造性转化"，是指按照时代特点和要求，对那些至今仍有借鉴价值的内涵和陈旧的表现形式加以改造，赋予其新的时代内涵和现代表达形式，激活其生命力。所谓"创新性发展"，是指按照时代的新进步、新进展，以包容的心态、开放的胸怀积极吸收人类一切优秀文明成果，对中华优秀传统文化的内涵加以补充、拓展、完善，增强其影响力和感召力。做好"创造性转化、创新性发展"的最终目的，是要用既继承了中华优秀传统文化精华，又吸收了人类一切文明优秀成果，还体现了鲜明时代精神的当代新文化来陶冶人、教化人，完成"以文化人"的时代任务。"创造性转化、创新性发展"作为重大文化方针，指明了新形势、新条件下弘扬中华优秀传统文化的方向和路径，它的提出标志着我们党对中华传统文化和文化发展规律的认识达到了一个新高度。

做好创造性转化和创新性发展，首先，"要加强对中华优秀传统文化的挖掘和阐发"。要完善中华优秀传统文化传承、传播机制，加大正面宣传力度，通过学校教育、理论研究、历史研究、影视作品、文学作品等多种方式，发挥好微博、微信等网络新兴媒体作用，系统梳理传统文化资源，让收藏在禁宫里的文物、陈列在广阔大地上的遗产、书写在古籍里的文字都活起来，让14亿多人的每一分子都成为传播中华美德、中华文化的主体。其次，要结合新的实践和时代要求，"善于把弘扬优秀传统文化和发展现实文化有机统一起来，紧密结合起来，在继承中发展，在发展中继承"。对传统文化中适合于调理社会关系和鼓励人们向上向善的内容，要结合时代条件加以继承和发扬，激活其生命力，赋予其新含义。"要使中华民族最基本的文化基因与当代文化相适应、与现代社会相协调"。要在对优秀传统文化的继承中，再创中华文化新辉煌。"中华民族创造了源远流长的中华文化，中华民族也一定能够创造出中华文化新的辉煌。"最后，要推动文明的交流与对话，既大力推动中国文化"走出去"，又虚心学习、积极借鉴别国别民族思想文化的长处和精华，增强本国本民族思想文化的自尊、自信和自立。强调承认和尊重本国本民族的文明成果，不是要搞自我封闭、唯我独尊。对人类社会创造的各种文明，都要坚持从本国本民族实际出发，积极吸纳其中的有益成分，坚持取长补短、择善而从，使人类创造的一切文明中的优秀文化基因与当代文化相适应、与现代社会相协调，把跨越时空、超越国度、富有永恒魅力、具有当代价值的优秀文化精神弘扬起来，推动中华文化的大繁荣大发展。

综上所述，党的十八大以来，习近平总书记发表的关于中华传统文化的论说，既深刻揭示了中华文化发展演变过程中传承与更新、稳定性和变异性辩证统一的内在规律；也准确申说了中华优秀传统文化的历史定位，指出中华优秀传统文化既是中华民族的"精神标识"，也具有"跨越时空、超越国度"的永恒魅力；并结合社会发展的宏伟蓝图和治国理政的具体方针，从宏观到微观系统论述了中华优秀传统文化的时代价值；还科学阐明了对待中华传统文化的正确态度，主张结合时代要求有鉴别地对待、有扬弃地继承，重点做好创造性转化和创新性发展。这些论说，形成了完整系统的"文化基因"论，既有浓烈的民族情怀，又有开阔的全球视野；既有深邃的历史眼光，也有深切的现实关怀；既闪烁着马克思主义的光辉，也体现了中华优秀传统文化的智慧，将我们党对中华传统文化和文化发展规律的认识提升到新境界、新高度，具有深远的理论意义和重要的现实意义。

【作者系国务院参事室文史业务司司长】